尘埃里半开的花

张建华◎著

本书为榆林学院出版基金成果之一

吉林大学出版社

图书在版编目（CIP）数据

尘埃里半开的花 / 张建华著. —长春：吉林大学出版社，2018. 8

ISBN 978-7-5692-3272-1

Ⅰ. ①尘… Ⅱ. ①张… Ⅲ. ①中国文学 – 当代文学 – 作品综合集 Ⅳ. ①I217.2

中国版本图书馆CIP数据核字（2018）第219974号

书　　名　尘埃里半开的花
　　　　　CHENAI LI BAN KAI DE HUA

作　　者　张建华　著
策划编辑　刘明明
责任编辑　高欣宇
责任校对　冯慧心
装帧设计　中尚图
出版发行　吉林大学出版社
社　　址　长春市人民大街4059号
邮政编码　130021
发行电话　0431-89580028/29/21
网　　址　http://www.jlup.com.cn
电子邮箱　jdcbs@jlu.edu.cn
印　　刷　北京盛彩捷印刷有限公司
开　　本　710mm × 1000mm　1/16
印　　张　22
字　　数　330千字
版　　次　2018年12月　第1版
印　　次　2018年12月　第1次
书　　号　ISBN 978-7-5692-3272-1
定　　价　69.00元

尘埃里半开的花

——代自序

人忙起来，时间总是过得飞快。这不，刚起床开机就听见手机嘀嘀嘀一阵热闹，打开一看，是学生钰儿、琳琳美女和慧慧宝宝给我发来的问候，最近正心存烦恼的钰儿说："老师早安，母亲节快乐，希望您身体健康，一切都平安。"年前家庭巨变，对这孩子的打击真的是难以言表，她的诗写得很好，是用朦胧诗的格式表达唐诗的韵味，非常独特，我很欣赏这个冰雪聪明的学生。昨天她半夜跟我诉苦，师生俩絮絮叨叨说了许多废话。琳琳说："祝我美丽大方温柔贤惠知书达理上得厅堂下得厨房的建华麻麻母亲节快乐。"这妮子研究生刚毕业在电视台实习，长得明眸皓齿，性格温柔和气，是一个不可多得的好姑娘。慧慧宝宝一如既往地给我发了红包，虽然我每次都不领，她还是每次都要发，缠着我一定得领。她毕业后的境况有些难堪，目前生活苦难重重，但是小姑娘也很乐观上进。我忘了今天是周末，并且是母亲节，孩子却很暖心，一大早就说："张妈妈，母亲节快乐。"

妮子则是欢脱型的，孩子都七岁了，我发个朋友圈，她一见着也不管我说什么就扑过来开撕，每次都把我逼得急眼了，叫她同窗好友小月出来评理，小月捂着嘴在朋友圈哈哈大笑说：我是服了你们俩了，没个正形。还有一个去年我带过课的女孩子，长得大气婉约高挑美丽，她在朋友圈大大方方地说："今天跟我最喜爱的大学老师聊天了，大咖就是不一样。"我哭笑不得，我这种毫无建树的人，孩子怎么就封了我一个大咖呢，我连小咖都算不上，只是一个上课的时候还基本认真负责的教书匠而已。

刚看了一小会儿书，手机又响了，是老公发来的视频对话，点开镜头，迎面而来的是一朵康乃馨，儿子稚嫩的小手举着花儿说:“妈妈，快看这是什么？”老公在一旁说:“快说呀，母亲节快乐。怎么不说了，刚还说得好好的要给妈妈怎么说呢……哟哟，还害羞了。”儿子终究没有说出母亲节快乐的字眼，龇着掉成狗窦的大门牙笑了笑，关了视频，给我发了一个大红包。儿子小时候嘴巴特别甜，抹了蜜似的，见到人就爷爷好奶奶好叔叔好阿姨好，仰着一张迷死人不偿命的花骨朵一样圆润可爱的笑脸问候起来，真的是人见人爱花见花开车见车爆胎啊。不知从什么时候起，他突然拒绝问候他不认识的路人，哪怕我们介绍了催他问好，他也不置可否地保持沉默。偶尔我跟同事打招呼稍微热情点，人家走了他马上来一句:“妈妈，我最讨厌马屁精了。好恶心。”我作循循善诱状:“宝宝啊，这可不是什么拍马屁，真诚地赞美别人是一种礼节，其实妈妈也不喜欢跟人打招呼，但是咱不能没礼貌没教养让人家笑话。你能不能做到见到妈妈同事问候一声呢？”他嗤之以鼻，“我又不认识他们，干吗要浮着笑脸假装亲热啊，好没意思。”我教导了几次，也就暂时放弃了，孩子长大了，有自己的判断了，我只能引导，不好强迫。但愿他度过这个叛逆期，能够知道彬彬有礼在中国是有市场的，必要的妥协不能或缺。

儿子不肯说出那个儿时张嘴即来的字眼，但是我知道他是无比依恋我的，一回到家里，他简直秒变小尾巴，只要不写作业不练琴，他就像黏在我身上的口香糖一样，抠都抠不掉。

虽然这几天气温如同过山车，它想几度就几度，今天早上的兰州还有些微寒，我的心却立刻温暖起来，转手就给我的美女导师发了微信，也祝她健康快乐平安。

有了这些学生们，有了我天真活泼的儿子和虽然脾气不好却越来越宠爱我的老公，有了我文雅美丽满身正气的导师，人世间再大的风雨，我都不怕了。他们就是稀世的金玉，千金难买的情意才是世间无价的珍宝。

人和人，人和动物，都是讲缘分的，有缘相聚，必然要真诚相待。同行不易，且行且珍惜。

回首前半生，可以说坎坷不平是我生命的主旋律，别人的生活也许是一帆风顺的，也许是小打小闹的，也许是花红柳绿的，也许是闪电霹雳加和风细雨的，我的生活却是变化无穷的，一言半语，无法句诠。即便如今，生命里也到处是暗礁险滩，到处是刀光剑影，到处是泥泞风雨，也不知道怎么反而把我塑造成一个时而沉静时而活泼的存在。我能跟三五好友坐得四仰八叉就像抠脚大汉，笑得前仰后合就像乡村野夫，吃得龇牙咧嘴就像夜叉鬼魅；也能衣装齐整步履端庄眼神平和嘴角微笑地穿梭在校园和都市之间；偶尔又变身无助无措的孩子，怯生生地站在那里，连我自己都觉得自己在卑微地卖萌，用生命在尴尬无比地卖萌，尬萌通常会吓着我无意吓唬的人，抱歉啊。尽管我其实只是被狗吓着了。

令我欣慰的是，我似乎慢慢学会了辨别生活中的一切，学会了原谅父母的不完美，学会了放过自己的前尘往事，知道苦中作乐，不会让压力把自己彻底碾倒。

遇见每一个小动物，每一朵花，每一个人，每一件事，每一条河流，每一座山，我都尽可能地用发自内心的爱来对待、化解和相逢，人、动物，每一种生物都不容易，既然相遇，让我们忘却一切，好好地善待彼此吧，也许下一世，我们永远都不能相逢了。但前提是，爱并不应该用虚伪填充，那叫装。我老了，过去也没怎么掩饰，现在更不想做“装子”，那些两面三刀嘴甜心苦虚与委蛇的人就麻利从我身边走开，我也懒得和您扯淡，我的生命虽然没有多么伟大，但不想浪费。能做朋友，咱就痛痛快快坦坦荡荡地做，要是道不同，就你走你的阳关道我过我的独木桥。谁是什么人，天知道，自己也应该有点儿数。

我是那么渺小，在茫茫苍穹，我是一粒微末得看不见的尘埃，不知此生，还能不能留下活着的痕迹。不过，原知一切都会消失，留不留痕迹也无关紧要，既然来了，就淋漓尽致真真切切地活一回，不辜负春光，不辜负人间。

我的这个集子，大多胡言乱语毫无章法，但是心却是真的，希望给自己的生命留下一点淡淡的印记，也希望不要是无病呻吟。

相较那些动辄高文大册的巨咖，我的段位简直落后到肉眼不可见，所以也希望不要让读者诸君感到眼睛被蹂躏。但是，飞鸟来过，天空必定会留下痕迹。我曾经爱过，曾经美丽过，也曾经哭泣过。

我就是我，不一样的烟火。

2018 年 5 月 13 号母亲节于兰大宿舍

目录

第一部分 含泪的微笑

第二部分　长路漫漫

第三部分　尘埃微语

第四部分　新诗旧句

第一部分

含泪的微笑

尘埃里半开的花

白　狸

儿子突然起了养狗的心思，看他情真意切，我实在不忍心拒绝，就带他去了宠物店。这事是瞒着老公的，有了娃之后，他钢口铁牙坚决反对养宠物，完全忘了怀孕时他母亲养的橘猫上飞下跳我胆战心惊而他则不以为意的事情，母亲和媳妇，天然是有分别的。

沛沛凡事有主意，站在笼子跟前四处打量一顿，小手一指说：“妈妈，我喜欢这个。”我看了看，小子还真是有眼光，这个小家伙大大的眼睛、浑身白毛，头顶一朵小黄花，两只耳朵小巧美丽，实在很漂亮。我当场拍板，好的，就是它了。

小东西胆子小，在我们怀里瑟瑟发抖，我摸着它的小脑袋说：“乖了乖了，别怕哦，我们会好好待你的。”沛沛也在一旁诺诺连声：“对啊小乖乖，小可怜，我们会给你买好吃的，别怕。”

晚上老公回家之后，一个劲儿埋怨我不负责任，娃娃小，带只狗回家要是给娃娃传染病咋办？我悄悄地不吭气，暗中偷偷乐。沛儿也格外乖巧地关起门来，跪在地上围着小东西瞅个没完。

它还太小，仅仅四十多天，店主说半月之内最好不要洗澡，我不容许沛沛多抱它。娘俩乐呵呵地瞅着小狗开心，沛沛说：“妈妈，咱们给它取个名字吧。”

我想了想说：“妈妈昨晚上做了一个梦，一个慈眉善目的老太太抱着一只白狐狸送到咱家了，要不叫它白狸吧。”

沛儿翻着眼珠想了想说：“妈妈，我想叫它查理可以吗？”最近他疯狂迷上一套叫作《查理九世》的儿童读本，缠着老公给他买了四五十本，除了练琴学习外都手不释卷。

我乐了，“傻小子唉，它是母狗，咋能叫查理，就像给一个女生叫个男人名字，不好不好，还是叫白狸洋气。”

他嘛嘛嘴巴，勉强同意了。从此逢人就说：“告诉你，我家养了一条狗狗叫白狸，可漂亮了，太可爱了，你要不要去我家看看？”小小男子汉成了个晒狗狗的小话痨。

我知道他是从心里把这个小东西当作自己的小伙伴了，骄傲得不要不要的。

我其实也有些私心，就我和大叶这年龄，生二胎不但冒险，而且也不太负责，会让孩子、沛儿和我们自己以及父母都陷入尴尬不堪的境地，可是，我又实在不忍心看着沛儿写完作业一个人孤零零地攥个玩具翻来覆去地折腾。我喜欢女儿，也情知此生再无缘分，所以，养条小母狗，权当是养个女儿了。

第二天，还是忍不住给白狸洗了一个香喷喷的澡澡，沛沛迫不及待地抱着它不肯丢手，放学一进门第一件事由过去的高喊“妈妈”变成了“白狸白狸快过来”。

白狸已经渐渐适应了新环境，每次等沛儿回家的门铃一响，它自欢天喜地蹦蹦跳跳往门口扑过来，小尾巴摇得欢实，小小的狗脸上布满了笑意，乌溜溜的大眼睛水汪汪地透着清甜和快乐。

我含笑看着儿子和白狸嬉闹的身影，心想：这狗狗是买对了！

没有什么比养育孩子的爱心更有营养的了。

我要知道这个决定在后来会那么伤害到孩子的心，说什么也不会让这个故事开启。

直到今天，沛沛还动不动调侃说：“妈妈，你说我爱你爱到你把我最心爱的白狸送人了都没跟你翻脸，你还跟我计较这些干什么！”这成了孩子成长史上迈不过去的一个坎。

我心里有些后悔，遂问他：“要不妈妈再给你养一条狗狗吧？”

他说：“不！我这辈子也不会再养任何的狗狗，除非你把我的白狸带回来。”

白狸被我狠着心送了别人，沛沛为此痛哭了一整天，是号啕大哭，骂我是世界上最冷血无情的女人，最不讲道理的妈妈。此后几天，他一回家看到空空的屋子就开始眼泪汪汪，再也不愿意扑到我的怀里撒娇。

刚养了白狸的时候，我和儿子去哪里都会带着它，它又美又萌，一路总会收获一大波粉丝，那些鲜嫩得像花骨朵儿的女孩子们纷纷追着那个在地上蠕动的小毛团子求合影求抱抱，白狸先是有些抗拒和害怕，后来它就习惯了大家的追捧，一跑到阳光里就闪着黑宝石一样的大眼睛四处撒欢，看见了人会主动摇着细细的小尾巴亲昵地蹭上去，帅萌帅萌地盯着人家看，萌妹子们简直无法抵御它的这一攻势，欢呼着摸它的小脑袋，爱怜地把它抱起来噘着小嘴合影。连我最酷帅的同事们都无法遏制自己的爱狗之心，时不时把它抢过去各种疼爱。儿子蹦蹦跳跳地在白狸的粉丝团里自豪地介绍白狸的特性："贪吃，笨，臭美。"

的确，这个小东西自熟悉了我家的环境以后，简直化身吃货狗。我们给它按时按点吃狗粮喝水，按理是足够了，而且吃太多对它并不好，好几次就是因为贪吃，它突然烦躁不安，一个劲儿地往被窝、毛绒玩具堆里钻，我们吓坏了，结果它一顿呕吐之后很内疚地跑到狗笼子里养精蓄锐去了。可是即便如此，它简直不能听见我们端盘子的声音，不能听见我们吃饭的响动，但凡我们往餐桌前一坐，我们还没有动嘴，它已经像离弦之箭一般冲过来，后脚撑地，抬着头无辜而卖萌地看着你，似乎在说："给点吃的吧，就一点点。"我们受不了它贱萌贱萌的表情和黑葡萄似的眼睛，忍不住给它的小碗里放点美食。它的吃相，真的是风卷残云，有时候还没等美食落下去，它一个空中飞人的姿势就准确无误地接球成功且狼吞虎咽下去，噎得自己脖子一梗一梗的，毫无淑狗气息，儿子被逗得哈哈大笑，摸摸它的头说："小东西啊，你简直笑死哥哥了，活脱脱就是个食神啊。再不能吃了啊，吃多了肚肚又该难受了。"倒是最反对养狗的老公现在最细心了，每次给它吃东西都用手撕得碎碎小小，爱怜地捋捋它的小脖子说："吃吧吃吧，慢点，别噎着了。"

开始洗澡以后，最初几夜，白狸是跟我和儿子睡一床的，我们在头顶上方空出一块地方，把一块毛巾铺在那里，把白狸放上去。它很安心地蜷缩在我们身边呼呼大睡，晚上要是被尿憋醒了它就会哼哼唧唧地叫起来，我迷迷糊糊把它带到卫生间放在地板上，"嘘嘘——"一吹，它就像个小女孩那样后腿蹲着解决问题。完了我拿纸巾给它擦擦小屁股，继续放回它的小枕巾上，很快就又睡着了。

相安无事了几日，有一夜我吃了感冒药睡得沉了些，这狗东西居然就在我和沛沛的头顶尿了一大泡，天亮了我回头一看，赶紧手忙脚乱换床单洗枕巾，把白狸放回自己的小狗窝里去，其实它的小狗窝是淡粉色的，可漂亮了，我都想睡进去，可是自己体重明显超标，只能望洋兴叹。可白狸却不高兴了，第一回我担着心怕它会叫吵着邻居，可是它一声不响，我来回看了几次就放下心来，迷迷糊糊睡过去了，半夜听见一阵狗爪子挠门的声音，我开门一看，白狸可怜巴巴地站在我们的门前眼巴巴地看着我，嘴里还低声地呜呜着，我抱起它说："好了傻宝宝，你终究是狗狗，不能老跟我们住一起，快回去吧。"说着还是狠狠心把它放到它的小狗窝里。它倒是没有再闹，可是白天但凡我和儿子在龙猫床上一坐，它呼啦就卷过来蹦跳到床上很自然地卧下来了，丝毫不把自己当外人。这还不是关键，关键是它似乎很喜欢这些毛茸茸的东西，后来再也不去卫生间大小便，我们给它买了狗厕所放了诱导剂它也不肯用，憋着尿就要在我们家的龙猫软床、地毯、门口地垫这些地方干活，我百度了半天决定对它凶一点，可是这货被凶的时候就半弓着小腰，小尾巴摇个不停，小狗头低下去，眼睛愧疚地看着地板，偶尔偷偷瞄我一眼，认错态度似乎特别好，我就不忍心再责备它了。

可是下一次它又给你造反了，气得我大呼："白狸，你别看自己又美又萌，我就舍不得炖了你。红烧狗肉还是很香的。"说着狞笑了一下，狗东西听着呼噜一下就跑远了。沛沛"威胁"我说："你敢，你要是炖了我的乖狗狗，我跟你没完。"

上写作课的时候，我用手托着白狸去了教室，将它交给学生们抱着，它吓得瑟瑟发抖，我刚把它接过来，它毫不客气地挣扎下地，在众目睽睽之下尿了一泡，这就是传说中的吓尿了吗？看着我目瞪口呆的样子，学生们哄堂大笑，小女孩们都啧啧称赞着它的美丽和蠢萌，我把它举在手里对学生说："这里有一条小狗，大家看着它，尽可能地发散思维，不一定写人与动物的感情，也不一定写这小狗的外貌，越独出心裁越好。半小时之内给我交一篇小稿。"白狸甚至成了我讲课的教具，激发了学生们写出好几篇标新立异想落天外的好散文。

大一些的时候，白狸可以学着在室外草丛边解决便溺问题，我和儿子定时定点带它出去外头开工，手里拿着卫生纸和塑料袋，随时准备跟着它的屁股捡拾狗屎，这下成了名副其实的铲屎官。

天说冷就冷，怕它出门受凉，我和儿子给它买了好几件漂亮的衣服，可是它自由惯了，每次我们给它穿好衣服它就会摇头努嘴想办法褪去束缚，哎，一点也不体谅我们的苦心。尤其好笑的是，它本来爬楼梯很溜，有几次我硬给它穿了衣服出去，它就手忙脚乱不知道该怎么爬了，两只小脚伸一下缩回去，急得在楼梯口直打转，我只好抱着它上去。后来，我也不想勉强它了，那些衣服就闲置着，直到它去了别人家也没有再穿过。

年底事情多，我忙不过来，老公和儿子就成了白狸的全职看护，老公一下班就一边抱怨着一边烫狗碗拿狗粮倒温水给它吃喝，然后才顾得着自己。白天我们全部出去了，白狸就被我放在狗笼子里，毕竟它老人家喜欢到处撒尿留记号，我也不敢把它放出来拆家啊。狗笼子放在阳台上最暖和的角落，底部有一个用来接屎尿的盘子，我让老公从单位拿来一大沓报纸铺在盘子里，每天早晚给它清理一次报纸，因为怕它硌得慌，我把一只小型的狗窝放在笼子的一头供它坐卧，还买了狗玩具给它放在小窝里。我开玩笑说："狗东西，我爹妈还没有享受过我这样的照顾呢，你可真有福气啊。"

老公和儿子通常总是先到家，回家了就把这个小玩意儿放出来自由活动，老公说："这小东西可聪明了，每次听见楼下你的车钥匙'啾'地一响，它就疯了一样扑到门口摇着尾巴等你呢。"我累得精疲力竭，勉强地伸手在它已经逐渐长大的小脑袋上一摸，谢谢你哦。其实我心里很感动。它不到处捣乱的时候，我也很温柔，在有限的时间里逗它玩游戏，训练它的各项技能。

因为寂寞，白狸开始天性里的拆家，它无聊得把狗笼子里的报纸撕得条条缕缕，我不得不每天换好几次报纸，并学着百度里说的，用很凶的样子吓唬它，甚至狠着心揍它一顿。

老公不满，"你看你，一天打老公骂儿子，连狗都不放过。"儿子也斜着眼睛看我，说我是暴力狂。

我反省了一下，的确我是有些操之过急了，地毯上到处是白狸屎尿留下的印子，我时不时要拿干洗剂趴在地上清洗。它甚至开始晚上在狗窝里拉屎，然后滚得一身都是，我早上起来再忙都得给它洗澡然后清洗狗窝，我有洁癖，这简直让我难以忍受。度娘不是说狗狗一般都不在自己的窝里大小便吗？那这狗东西这样显然是跟我唱对台戏吧。

时间长了，我真是有些烦躁，谁都能想象一个八岁的男孩子在家能怎么样搞得家里鸡飞狗跳，现在又加了一条故意跟我顶嘴的狗东西，我简直要疯了。

快过年的时候，我突然得了肠梗阻，半夜肚子剧痛难忍，在一家三甲医院从天还未亮查到新月东升还没查出个病因，换到一家中医院又查，半小时得出结论住院。后来知道那家三甲医院医生开的检查单和工资是挂钩的，我不禁苦笑了一声。

大过年的别人鞭炮声声除旧岁，我躺在医院的病床上，食水被禁，全靠液体养着，屁股都输麻了。老公在病床前伺候，晚上陪我住在病房里，儿子被送到姑姑家去了，白狸就成了大问题，老公不得不每天早上等大夫给我检查过病情吊上液体，千叮咛万嘱咐地让我别睡着了仔细盯着液体，他拔腿直往家跑，匆匆忙忙喂过狗狗，在街边随便吃两口饭，再马不停蹄来医院看我。几天工夫，他就瘦了一大圈。

我心里有了把白狸送走的念头，实在是自顾不暇，把它一个放在家里也的确不公平，病房里又不允许把狗带来，老公说白狸狂躁得每次回去都把狗笼子里的报纸撕得粉碎，甚至发现它有了吃屎的迹象。

出院以后，把寄居在姑姑家里的儿子接回家，小心翼翼地跟他提到把白狸送人的想法，话还没说完，他就开始哭了——沛沛是个坚强的孩子，很少流眼泪哭闹，这一次他的眼泪却大朵大朵地喷涌而出，坚决反对我的决定。我赶紧抱着他安慰半天，其实我心里也是舍不下的。

最终促使我送走它是因为那一阵我体力虚弱，忘了给它剪指甲，结果一次它亲昵地摇着尾巴扑到我怀里，长长的指甲把我的胳膊划开了一小道不太清晰的血印子，我先是没在意，用肥皂水清洗了一下伤口。第二天告诉儿子让他一定小心，他一听就急了，当即拽着我就去打疫苗。在榆林狂犬病疫苗是很难找的，不容易才在一个小巷里找到打疫苗的医院，第一针还好，也没有什么反应，第二针打完当晚，我浑身肌肉酸疼，头脑发沉，身体发热，胃里还翻江倒海想吐，我就有点害怕，万一沛儿不小心被白狸抓了挠了，他要么不知道，要么知道了怕我揍白狸会不会就不告诉我，连疫苗也不打，或者打了疫苗也像我这样反应得很厉害？我的后背一阵发凉，很后悔当时轻率地决定给沛儿养狗。

正巧那几天腾讯新闻连续推出几个被自己家养的小狗咬伤或者挠伤得了狂犬病过世的事件，我心里的忐忑简直就演变成了恐惧，我自己倒没什么怕的，反正也活了这么久，足够了。但是我有必须活着的理由，我必须好好地把沛儿养大成人，看着他成家立业才可以心安理得地离开世界。天下父母，都是一样的。

白狸虽然打过八联，包括狂犬疫苗，也除过虫，天天洗澡，我还是害怕到夜不能寐。我怀疑自己是因为新鲜感过去了就想抛弃白狸，可是答案是否定的，如果家里没有沛儿，我是死也不会把自己一点一点养大的小狗狗送人。

要送走它之前，白狸似乎有了预感，那天中午，我想把它带到外面去遛遛，平日出门都欢天喜地的它怎么都不肯出去，我追着它在屋里气喘吁吁地吼，它却到处钻，沙发底下，柜子缝缝，死活不愿意听我的话下楼。我的怒火被它逗上来了，其实这怒火也有愧疚的成分，我拿起拖鞋就想扇它一顿，刚举起拖鞋，它夹着尾巴卧在角落回头看我，眼里满是委屈的泪花，我的手最终没忍心扇下去，只是吓唬地晃了一下，它就嚎叫得地动山摇，整个一个戏精附体，奥斯卡真的欠它一座小金人啊。

第二天，我跟儿子商量了很久，他终于同意了我的决定，但是眼泪一直哗哗地流个不停，我差点狠不下心来。

新主人是我们在宠物美容店找的，他养着一条小泰迪，正在那里给狗狗美容洗澡，看样子是个爱狗的主。他听说我要把这么漂亮的狗狗送人，眼睛都笑弯了，连连说正好可以送给他妈妈养，他父亲已经过世，妈妈一个人难免寂寞，养条小狗可以做个伴儿。

沛儿最后一次拥抱了白狸，眼泪把小脸浸得湿津津的，我的眼睛也有些酸涩，新主人说：没事，我过几天给你们发它的视频，你们也随时可以来看它。

送走了白狸，我理应轻松许多，可是看着儿子痛苦不堪的样子，我内心也没有一刻轻松。

沛儿一连哭了好几天，不容易接受了白狸被送养的事实。一天新主人发送了一个视频，白狸对着镜头躲闪着眼神不看人，看上去像个自卑的孩子，我的眼泪也忍不住了。

老公说："你看你，养也是你，送人还是你。你快快给我把狗要回来，养了那么久一时不见了还真想它呢。"

可是，一则已经送人不能反悔了，二则带回来又怎样，我也没有时间陪伴它，沛儿还会处在危险之中。我只能继续硬起心肠装作毫不在意。

直到今天，我还时常想起白狸临走前眼泪花花的脸，心里跟刀割了肉一样的疼。

苦　桃

6 号泵房的桃树今年只结成了一只桃子。

妈妈改守 6 号之前，辛辛苦苦把 2 号泵房收拾得花红柳绿，有人眼红了那块风水宝地，在领导跟前公关了一下，妈妈就被发配到这个鸟不拉屎的所在了。爸爸虽然是单位元老，也当了一辈子先进，却从不为自己争点什么。我们几个看着这个荒石败草的大院子，除了屋子是新修的，院落比 2 号宽大，墙比 2 号高点，实在没有可以圈点的地方。我注意看了看妈妈的脸色，以为她会难过，可是她捋捋袖子，很快上手，铲杂草，收拾死角，抹抹擦擦，很快让小院变了样子。至于这一块园地，妈妈利用空闲时间掘地三尺，借来铁筛子把土层里的石头全部分离掉，把土坷垃一一捣碎，再原土回填。爸爸则找来单位安装公司的民工，和他们一起砌了圈路牙石，又在两间屋子前面砌了一个长方形的小花坛，其余地方拿水泥抹得一马平川。院子里渐渐有些气象了。

早些时候，常常看见母亲汗流满面地往门外提那些无用的破石头，因为心疼，而且常自以为聪明，嫌母亲好好的清闲不享受，偏要做这些自讨苦吃的活计，又没有人要求你这样，而且也没人因为你做了这些给你多发工资啊。埋怨归埋怨，一有空也得帮把手吧。

母亲像绣花一样在这一小块土地上翻过不少花样，先是搭了半个简易温棚，费心费力垒了两堵侧墙，结果风大的时候总是把棚膜卷上半空去，母亲气急败坏地搡倒了自己的杰作。从那以后，开始处处留心别人的花苗和花种子，见有喜爱的就宝贝一样讨来，喜滋滋地种在地里，常常累得忘了吃饭，腰疼的时候半天直不起来，艰难地勉强站直了，脸上的表情却是疲倦里掺和着满足和孩子似的得意。她哪里知道，对她的这种家园的构建，别人常常不以为然。

公司里后来一年对泵房做一回翻新，爸爸趁势又请民工和自己配合，给院子里修了一间水厕，把窗框和门都刷成天蓝的颜色，小院就显得美好起来。

母亲善于侍弄，养的花草很多当年春天就不负众望地长得郁郁葱葱芬芳四溢，母亲总是怕闲着，又打起了果树的主意。不大的一块地，她移来两棵桃树、三棵苹果树、两棵枣树，结果后来果树们相互打架，几败俱伤，只好忍痛伐去了一棵桃树和两棵苹果树，这才相安无事。伐去的是弱小的，果然哪里都是物竞天择。

今年春天，一向很反对母亲操心费神侍弄花草的父亲突然积极起来——其实他在楼上阳台养满了盆花，枝枝叶叶青翠繁茂，两人本心是一样的。只不过母亲总觉得花只有养在地垄里才长得壮实，可以尽享雨露滋荫；可以扎根于泥土，根深才能叶茂，才可以吮吸最多最好的养分；可以吸收天地精华灵气，而不像父亲的盆花，只有方寸之地可以伸展，呼吸都畅通不了，别说自由生长了。就是荣显一时，也定不能长久。父亲粗鲁地说：你放屁，照你说那么多人家养到花盆里的花儿不都死尽了吗？

争争吵吵中，二老往屋门前那个花坛里也移栽过去几株月季和芍药，又在边角栽了半排山荞麦和一株马奶子葡萄苗。大的那片花坛，只在周缘留了石竹、唐菖蒲、指甲草、菊花、萱草和虞美人数种草花和一株高大的黄蔷薇，靠阳面的墙边种了一排玉米，挨着玉米压了一条韭菜，中间黄瓜、西红柿、茄子、豆角、油菜、萝卜、辣椒分庭抗礼，互不干涉内政——有的可以换届，比如油菜，春天的萝卜拔完后可以由它替补，油菜下场后甘蓝就披挂上阵了，它们也不寂寞，菜球间常常会冒出几根蒜苗颀长的身躯或是数株香菜笑容可掬的头颈。总之，母亲是让这一块小园发挥了最佳搭配优势，倘若鱼可以种的话，她必定会埋几尾进去呢。就连几只野蒲公英，偷偷飞来在苹果树下安了家，弟弟看见要拔掉，她也舍不得，认真地将弟弟推过去："野花咋了，也是条命，一样好看啊，你不知道，蒲公英每天中午开得金黄金黄，渗着油光，开得比谁都努力，凭什么让人家死。长在那里又不碍你什么事！"结果，长势极强的这几棵蒲公英，很快就子孙满堂，见缝插针，到处都是它们骄傲而不屈的后代。

那么多的小菜，根本不可能吃完。油菜总是许多长老了，抽了薹，母亲才不得已拔了它们；香菜开满了白色的花，招招摇摇像刘姥姥那满头插着的红的绿的，旧的已经开倦了，新的小嫩苗却偷偷地在边边角角探出清香而幽静的孩儿脸，充溢着不可抑制的天真神态；尤其是半米见方的油麦菜，虽然叶子长到很大时仍旧鲜嫩无比，一过水就嫩甜而青葱，甚至可以生吃，送了许多给邻人，还是逃脱不了结出一串一串豆荚的命运。屋前，山荞麦爬满了墙，葡萄发育不良，花儿们却是十分肥润，芍药从五月头上一直开到七月底才陆续收兵回营，大朵大朵的花儿开得张扬而恣肆，且母亲似乎有意挑了不同品种和颜色的花，很难得的是一株墨黑的芍药花，长得就像暗夜里一张红唇烈焰的妖娆魅惑的脸，我疑心这里可能长出花妖来。妈妈嗔怪地拍了我的屁股一下说："什么花妖，我家院子里要长也得长花神。"

到 2003 年，母亲在这个小院子已经工作了十年之久，由于大弟在北京读书，"非典"（严重急性呼吸综合征，以下简称"非典"）来临时他拼死逃回家中，面临的是单位长达两个月的隔离，非但他，连每天给弟弟送蔬菜的爸爸和我们家那一整个单元的人都被单位放了带薪长假，这么美的事情搁到谁头上不得连翻两个筋斗啊，父亲却整日价唉声叹气不肯消停，三天两头只要稍微有一声咳嗽就怀疑自己得病了，用八四原液洗手，洗得一双手发白皲裂，老远就能闻见他身上的消毒水味道，还一个劲儿地提醒我们离他远点，小心传染病。母亲气呼呼地骂道："老东西有神经病啊，儿子也好好的，你怎么就能得上病呢。火车站一下车就隔离了七天，有病早发作了。现在楼上又隔离了半个多月了，你胡说个啥。你就嚷嚷去，嚷得让全世界都说你儿子得了病娶不上媳妇你就称心了！"我也没好气："爸爸要不大弟那里我去送吧，你就家里待着养养花得了，免得成天老想这些没影子的事情。"父亲满脸愧色，但还是脱不了疑惧的样子。

第二天我真提了一包青菜往外走的时候，父亲急慌慌跑过来，一把夺过我手里的袋子说："还是我一个人送吧，万一传染了就传染我一个，你们都别往楼上跑了。好好复习去，争取今年一次考上。"我挣扎了两下，父亲就生气了，用力地把我往后一推，小跑着腾腾腾出了大门，眼看着往住宅楼的方向跑过去了。我无奈地耸耸肩，只好回房复习。再艰难的时候，咱也不能放弃自己的梦想不是吗？完成自己的梦想就可以让父母开心对不对？

时隔多年又回到小院，我觉得自己简直是度假模式开启了，哪有什么泼天的压力。

苹果树上是繁华过后见真淳，小果子一咕嘟一咕嘟像绿玉的小串似的，窜遍了阔大的树冠，现在它们的清香是淡淡地怀着喜悦的，不似春花那么饱满而沉醉，老远就让人嗅着一种涩涩的甜味，仿佛刚刚割过的青草地，又不全是。小苹果一天一天长大了，我就开始没出息地咽口水，盯着那几个长得稍微突出的，恨不得它变魔术似的一时长得拳头大，便狼吞虎咽了它。隔半天，就围着它转三圈，用手摸一摸，仔细审视着，看它长大这一现象是不是我的幻觉。一日正在午睡，门外小弟哼哼唧唧的声音吵醒了我："扔掉吧，舍不得，吃上吧，不好吃；扔掉吧，舍不得，吃上吧，太酸了！"他拖着长音用一种奇怪的声调唱着这几句，让我一瞬间想起刚会跑路的弟弟总是端只小木碗，一边蹒跚地左拐右拐，反正不肯好好走路，一边自得其乐地哼他那几句别人无法参透的歌谣——"案板板，补唧唧（音译）"，鬼知道他在唱什么，可是在他幼小的心灵里一定有着与此发音相应的快乐的事件、物体和画面，他独自享受和挥发着那种无边的幸福，不用向别人解释为什么他可以乐此不疲。如今的他长成一个喉结明显不乏帅气却失去快乐的小伙子，生活里许许多多偶遇的和必定发生的丑恶和不称心杀尽了他的天真和后来曾有过的许多好品质，他无奈地观看着，偷偷地变得悲哀和偏激，从不想去反抗什么，却明白一切似的阴郁着眼神。像今天这样的快乐，似已隔着一世那么遥远了。

弟弟边哼哼边推门进屋，嬉皮笑脸地把一只手藏在身后，狡黠地继续他的即兴创作的歌谣，我顿时明白——他摘掉了我觊觎已久的果子里的一枚，很可能还是最大的，我翻身爬起来，笑着问他："老实交代吧，是不是干了坏事？"他越发笑得齿牙俱现，一伸手将啃得剩大半只的青果子呈示于我："吃上吧，太酸了；扔掉吧，可惜着。"龇着牙又唱了一遍，还在坏笑。我又气又想笑："这么小的果子你摘了干吗呀，拿来我吃。"

"呵呀，我就知道你老人家最爱吃这种酸蛋蛋，赶紧的，你收拾了它吧。"弟弟将果子往我手里一塞，转身溜之大吉。我只好牙疼腮涩地干掉了那一半可怜的青果，起驾前去，一眼就看见树南面大枝头头上那个昨天才略显了一丁点红晕的小果子如今已成我和弟弟的馋欲之虏，香消玉殒了，只留下米粒也似的一个柄痕在那儿愣着神似的向我张望。

后来满树的苹果鸡蛋大，小拳头大，最后长成“正规军”，我却消去了欲念，只偶尔路过摘一个两个，洗了尝尝鲜。先是怕糟蹋了，再到末了是我真的没有先初那种口水滴溜溜打转的迫切愿望了——它们和市场上的名品水果一模一样，只不过是妈妈亲手养育的，是我亲手摘来而已。

桃树却境况不太好，小桃子也曾结满枝头，可是只在繁茂的叶子暗处藏了一只形状很中庸的，一直在悄悄地生长，其他的只长到拇指大小的时候就都变形了，仿佛怀了孕，表皮青一处紫一处，疙疙瘩瘩，拧着眉毛生气似的，并且终止发育，也不落掉，就那么倔强地和满院子成熟的花、果、菜生着气。直到七月中，连新栽的两棵枣树都绽出了一丛一丛嫩黄的小花骨朵，那只隐藏的桃都有鹌鹑蛋大了，父亲坐在树下石凳上，无心无意地说：“这才是棵寡妇树，光开花不结果呵，明年再这样我就砍掉你！”母亲一听就急了：“它才只有半人高的时候就结了好多桃子呢。人来个例假还分个大小月呢，一个月血多，一个月就少。树也要休息嘛，你急什么。或许我们剪得不合适呢。”听着父亲像是吓唬这棵树似的，我也嗔道：“就是，树有大小年你知道不。你又不指着这树吃桃子，好好的打量它做什么。”一边就摸摸、看看那些生气的小桃子，心里暗暗替它们着急，恨不得自己蹿到树上替它们使劲儿，同时半信半疑地认为它们一定会长大，只不过比那只大桃子晚成熟个把月罢了。

谁知它们终究一直生着气再不肯长大，一点也不把那个伸长腿坐在石凳上吓唬它们的干瘦老头儿放在眼里。

后来“非典”渐渐销声匿迹，我又到兰州上课，学期结束后回家，已是深秋的光景，花草果蔬和鸟迹都显出清淡的模样。那两个小桃最密集的大枝却已被父亲锯掉，偃卧在小院杂物间里，叶子都干透了，懒洋洋地看都不看我。原来我爹不是吓唬这桃树，来真的呀。我猜想这些不大屈服的枝条被我爹施以刀斧的时候一定后悔得砸腔子了吧。

树上只有唯一的那个桃子孤零零地长在叶子暗处。

我深居高楼之中，几乎与世隔绝，不接电话，不看杂志，一心复习功课。大弟去了北京，小弟住在单位。母亲本来要给我做饭，我也躁郁地没有同意——尽管他们的心是好的，可与父母一道，一顿饭连聊带磨蹭就得两三个小时，这个时间我如今的状况哪里浪费得起？于是，我三餐颠倒地准备着年底考研大戏，父母一径苹果、橘子、牛奶、肉、蛋、豆类、各色小菜隔三岔五送到房中，每一次打开防盗门再推开里门的父母总是大包小包鼓鼓囊囊气喘吁吁，东西一放下，一一指点给我搁的地方，父亲末一句话总是：“你要吃好，不能把自己累垮了。”

我还是有点敷衍地搪塞了父母，急欲他们快走。以至叮嘱完毕，给各屋里盆花浇过水，父母像有狼追似的惴惴不安慌慌张张地锁门走了，我的心里又充满了歉疚和无奈。

10 月快完了，母亲突然带了一只皱皱巴巴的桃子和两个花骨朵给我，桃的个头小，容貌也非常丑陋，甚至比不上橱窗里的塑料桃子。我未免不太正眼瞧它，漫不经心接过来放到茶几上。母亲一边浇花一边随口说：“这是桃树上那一个桃子，长熟以后，你爸爸说留下给你吃，放到冰箱里都忘了，今天取鱼时翻了翻冰箱才想起来。这是家里树上的东西，不比外面的，可能好吃得多。”说到末尾竟有些因为桃子形象丑陋而替它对不起我似的口气，我一时气息哽咽，慢慢将它拿起来，手里握着那个小桃竟有千斤的重量，父亲就把这么一个小东西从摘下来到现在放了将近两个月，仅是为了给他的女儿吃掉这唯一的果实！而我居然常常嫌弃父亲曾经的威严带给我们姊弟三个的负面心理影响，暗暗地烦他，恨他。当然，也爱他，敬他，毕竟血脉相连。我甚至和弟弟一样努力地想冲决飞出这个令人莫名伤感和压抑的家，忽视甚至冷漠地背对父亲那一样无奈而滚烫的目光，忽视着母亲永远的宽容和爱护。

咬了一口，那桃却是苦涩甚剧的，一点桃味都没有，吃药也不过如此吧。然而，我装作很好吃的样子压抑着龇牙咧嘴的冲动一口一口吃完了它，把那丑陋的桃核端详了一番，桃核的形状是一个不太标准的“心”，表面布满了沟沟壑壑。

母亲从阳台回来，慈爱地问我：“好吃吧？”我睁大眼睛，先是惊愕了一刹那，继而说：“就是比市场上卖的好吃得多，好吃。”说完还咂咂嘴巴，意犹未尽的样子。

母亲高兴地笑了，满足地抹了抹额头的汗珠，点点头说：“还有那两个花苞，今年刚结上的时候，公司好多女的都在那抢着摘，说女人喝了养颜美容还可以保养子宫，是特别好的药材，你爸爸听见立马抢了最先开的两只洗干净晾好说给你留着，你一定要记着泡了水喝了……那快复习去吧，我走了。”

我听着母亲关上门很笨重地下楼的脚步声，不知为什么，眼泪一点一点涌上了眼眶。

…………

许多年后，我做了妈妈，沛儿婴儿时期每次发出一个简单的双音“额给——”就会自己乐得眼睛都成了一个小月牙儿，我现在也依然无法破译他的婴语到底是表达什么。只是现在他九岁了，偶尔趴在我怀里撒娇依然会“额给——”，那就表示他很快乐。作为母亲，我必须是守护他快乐的神，跟我亲爱的爸爸妈妈一样。

奶　奶

我的老家就在市郊，跟凉州区东关街仅仅隔着一座石桥。

奶奶下葬的那个早上，天空湛蓝辽远，东方的彩霞拉扯出一条长长的绸带，赤橙黄绿青蓝紫，煞是好看，老家的乡亲们坐着两辆大巴往墓地里走，经过四叔和小叔家洋气的连肩三层小楼时，我扭过头从车窗里望了一眼。老乡们悄悄议论："嗯，张奶奶可是走的好日子啊，国庆节早上十点零一分，以后每年她的忌日就是普天同庆的时候。""你就说呢，老太太可会挑日子了。"昨晚上我和姑姑、小叔叔几个人勉强盖了一床被，就挨着奶奶长眠的水晶棺材在稻草上睡了一宿，腰酸背痛眼睛花麻，而且十月的早上，即使太阳看上去很炽热，天还是有些凉。村民们说沙河的墓园里特别冷，大部分都裹着薄棉袄，只有我还穿着一件单薄的黑色宽松线衫和一条紧身涤纶裤，在稻草上弄得土兮兮脏巴巴的，一点也挡不住清晨的寒气。妈妈给我拿来件她的牛仔外套，实在太宽大了，我穿着累赘得慌，索性就让自己"美丽动人"算了。妈妈叹口气嗔怪我傻，先不冷了再说，还顾着好不好看。

我心里却有个声音在说："外婆走了，还有奶奶。奶奶走了，我的根就彻底断了，我就没有家乡了，有什么比心里的冷更让人绝望的呢。这个生我育我的地方，从今后就跟我没有关系了。"这个声音从灵堂到上车到墓地，如同天外弦音，连绵不绝地响在我的耳畔。

家乡风俗，儿媳妇不上公婆家的坟地，所以妈妈没有跟我们一起去。也好，妈妈一向对奶奶意见大得很，只要跟爸爸拌了嘴，就能把她和奶奶之间的陈芝麻烂谷子的琐事痛陈好几遍，到后来让我一听见她提起奶奶就想逃跑，反正儿媳妇和婆婆是前世的敌人，就算奶奶做得再不好，我也是个局外人。这些无穷无尽的唠叨只能充分证明一件事，妈妈真的老了，比奶奶当年一拉着我就把几百年前的小事颠三倒四起承转合说书一样说三五遍更啰嗦，我还只能压住心里的不耐烦，浮着笑脸装作听得很认真的样子，偶尔还跟着附和两句。

奶奶去世前得的是肝腹水，医院里躺了两个月，每天输液打针，输得血管都僵了。医生无奈通知家人："快看看老人家能吃点啥就给吃点，想去哪串就去串串，不要在这里受罪了。回家吧。"子女们唉声叹气把她接回家，是爸爸和二叔叔两个人轮流伺候着。三叔、四叔、小叔叔和姑父都在酒泉那边的金矿工作，每半个月才坐单位的大巴回家一趟，顾不上。姑姑得了风湿腿脚不便，只能偶尔来顶替两个哥哥一天两天的，而爸爸和二叔都退休了，且奶奶的病会传染，大家都有些忌惮，谁也不敢再把奶奶接到家中过日子，毕竟一家大小都还得活人。奶奶被单独安置在我们小时候住过的老院子里，不过老院子并不破旧，父母早两年也是盖了二层小楼放着，听说这块地马上归入区里，要拆迁了。奶奶住在向南的一间屋子里，村里的杨大夫天天上门给扎液体。

肝腹水疼起来真的很要命，听姑姑口述，奶奶后期每天注射一支杜冷丁都不怎么管用了，杜冷丁不好买，也不能滥用，她疼起来就在屋子里打滚，破口大骂，逮谁骂谁，大家知道她难受，也只能默默地忍着。姑姑说起来泪花儿就在眼眶里打滚："我那可怜的老妈妈哟！"

奶奶辛苦了一辈子。爷爷在世的时候，脾气不好，对奶奶那是张嘴即骂动手就打——这是奶奶嘴里说的，对她嘴里说的经常家暴的爷爷，我已经没有什么印象了，爷爷过世的时候我才刚刚两岁多点，只模糊地记得爷爷带我去凉州城看戏，一辆架子车上铺着厚厚的被褥，爷爷常躺在车里，凉州城的老城墙黄黑黄黑，只有文化广场有个戏台光鲜点，北街的邮电局有水泥砌的台阶，绿色的大门和招牌暗沉沉脏兮兮的。我可能扎着羊角辫，手里举着爷爷给我买的肉夹馍，小嘴吧唧吧唧地咬着，一咬一口油水，香得我小眼睛都眯成一条缝了。奶奶被爷爷打了，却从不见她记恨，也许时间太久忘了，也许那时候女人们就是嫁鸡随鸡嫁狗随狗，村里家家男人都打老婆，如果谁被老婆降住了，大家会耻笑这个男人"软肋巴"，因此奶奶也并不觉得这有什么不妥。

不仅如此，奶奶后来每说起爷爷和她的这段故事总是笑出眼泪：一回她端着一锅热乎乎的猪食去喂老母猪，爷爷不知道因为什么事从外面进门就要打她，她一边说“站了，站了（凉州方言，稍等一等的意思），我把锅放哈了你再打。”一边匆匆忙忙把锅放到平处，生怕把锅打破了。爷爷本来要动武，被奶奶这一举动逗得没忍住，脸扭曲了半天，按奶奶的形容就是牙巴骨都快咬折了，终于大笑着返身跑出去，走老远了还听见他在笑，用今天的话说，就是我爷爷当时笑喷了。

我和妈妈私下里大不敬地议论：“奶奶咋想的，要是我，滚犊子还锅放哈了再来打，一锅猪食给你照头扣过去，老子又不是吃可爱长大的。”妈妈也笑得不能自已：“就是嘛，气都气死了，你奶奶也不知道咋想的，支到那里等着人打。后来还动不动就说，我们当年可是根本不敢跟男人顶嘴，看看你们现在的女人们！”妈说的言外之意很明显，每次父母吵架，奶奶护短，总是说妈妈的不是。可是我们已经逐渐长大了，这些事情我可看得明白，奶奶每次劝架，可都是各打八十大板的，总之让你们乖乖听她的，不要闹得家里鸡飞狗跳就行，并没有太明显地拉偏架。

奶奶身架高大，足有一米七的个子，常年穿着干干净净的黑布大襟上衣，裤子也是黑色的，脚缠了一半又放下了，算是解放脚，冬天也要穿三十六码的鞋子。圆大的脸盘，花白的头发常年编两条小辫子盘在头顶，再用一顶黑色的小圆帽罩起来。一双不大不小的眼睛深陷入眼眶，一见人就眯着眼睛笑起来，虽然老了，皮肤还是很细腻白皙，那些细碎的皱纹除了把她修饰得有些慈祥外再没有起什么作用。奶奶厨艺一流，不管什么样简单的蔬菜，到她手里轻轻一翻炒，就美味无比。至今我还记得她炒的酸辣土豆丝、西红柿炒茄辣子，她包的洋芋猪肉大葱饺子，都是再简单不过的家常饭菜，却是我此生再也吃不到的美味。

我远嫁榆林之后，一开始交通不便，每次回家都要一整天，从榆林到银川，再倒车到武威，开车太累，坐飞机更周折，儿子又小，所以我们每年夏天才回家一趟。只要回去，爸爸总要带着我去看奶奶和姑姑、叔叔们。每次去了，奶奶都会靠着被子坐在床上，脸上浮着亲切的笑，眯着眼睛疼惜地看着我：“建华，你来了吗，快坐下。”“建华你喝豆奶粉不喝？我给你拿个苹果吃吧？”“建华来了啊，嗑瓜子不嗑，我昨天买的些瓜子香得很。”这个香得很的尾音还拉得老长，现代社会了，谁还能缺点吃的啊，我心里暗笑奶奶迂腐，可是嘴上还是很亲热地说：“奶奶您坐着吧，我不吃，我不饿。”

十一那天上午，我正带着沛儿在他奶奶家玩，每次过节他们一家人就会老老少少团聚在一起，大叶的姊妹们支开了麻将桌，还有一拨人在玩捉老妈，屋子里热火朝天，我嫌太吵，带着沛沛坐在小四合院里晒太阳，沛沛蹲在墙角看着来来往往的蚂蚁，咿咿哇哇地和它们说话。突然电话响了，接过电话一看是爸爸，我头天才打电话问过他们节日快乐啊，怎么今天又来电话了？我犹疑着接起来，爸爸第一句话就说：“姑娘你快回家，你奶奶刚刚不在了。”我顿时愣住了，不是吧？十一过世，这也太太太……昨天不还说好好的吗？我难以置信地问了一句：“爸你不是开玩笑吧？！”话一出口就扇了自己一耳光，这话问的，谁会拿这事开玩笑。我听见电话那头妈在旁边小声嘀咕：“这么远的路，让你别给姑娘说你就要说，建华回来能干个啥，啊？你们六个子女埋不了一个妈？”爸爸怒喝一声：“你放屁！”

他们之间一辈子的相处模式就是这样，我早习惯了，他们该吵就吵，闹完了过一天两个人又琴瑟和鸣相扶相携，啥事也没发生过似的。

我嗯了一声，冲进屋里就把这事告诉了婆家人，屋子里突然安静了，姊妹们面面相觑，末了，大哥问我：“那你打算怎么办，回去吗？”

我顿了顿，纠结地说：“这大过节的，买火车票肯定买不上了，就得坐大巴。肯定得回去，我爸都说了嘛。”

姊妹们纷纷说：“当然得回，奶奶过世了都不回去，世上就没有这么办事的人。”

“就是的，咱们叶家人就不能不讲道理。”我哭笑不得，我明明姓张好嘛。

大哥拿出一千块钱递给我说：“这是我们叶家给奶奶上的礼，按道理我们得去一个人，路太远了也不好过去，二娃呢还得看着娃娃，沛沛太小，葬礼还是暂时不要参加的好。你回去了要给你们老家的人解释解释，别让人家笑话我们没礼节。”

我推拒了半天没起作用，只好道了谢收下，奶奶过世了，我本应该难受，可我心里有一点点的暖意。

第二天一早，我赶了早班车到银川，在银川车站对面吃了一个滋味不明的牛大碗，心绪全无地倒了车。银川到武威的大巴是卧铺车，密闭的车厢里混合着脚丫子酸臭味、被褥潮湿沤烂的咸味、各种零食的千奇百怪的香味、没刷牙的旅客喷出的口气，那味道真是好极了，我恹恹地靠窗躺着，尽力地屏住呼吸，后来知道徒劳，也就放弃了自己艰苦卓绝的努力，就像一条失去生命力的死鱼翻着白肚皮躺在正午的沙滩上，既然是死鱼，索性让这奇妙的味道腌透算了。车子在武胜驿停了三个小时，靖远羊羔肉是司机送给旅客的绝美礼物，一盘八十块，爆炒羊肉用脚踩着撕都撕不烂，要一碗白皮面我等了起码一个小时，催到最后店主的脸都黑了，就像暗夜里的一块大炭。对他们而言，大方的顾客才是正主，一次点五六个菜，吆五喝六地坐在小店正中央的圆桌上，我这种抠抠搜搜的女人，能给面子赏你一碗饭菜也就够意思了，哪来的脸提要求呢。

车到市区的时候已经是凌晨两点半，我没有告诉父母，免得他们会半夜站在汽车站门口等着，车的点儿是说不准的，爸爸是长子，家里办丧事本来就忙得要死，我不想再给他们添乱。

第二天五点多，天还没亮，大弟打电话说要送我去老家他再去上班，我迷迷糊糊肿着眼睛说："不用了，你好好上你的班，开车小心点，我打车去。"挂了电话，匆匆用冷水洗了一把脸，一头钻入夜色中，不容易打了一辆车，司机还要去加油站加油，我忐忑地坐在后座上，看他的确进了加油站才放下心来。

虽然年年回家，武威的变化实在太快也太大，司机走的道让我眼花缭乱的，总是疑心他是不是图谋不轨，虽然我看起来既没财也没色，实在没个什么可图的。车进了村道，司机感慨地说："这么早，你这是干吗去呀？要不看你是个女的，我都不来，这条柏油路过去平得很，这十年被那些租房住的回民给糟践坏了，坑坑洼洼不说，还腥出麻脑的，我们出租司机都不愿意跑。"一百米长的路，说话就到了，我感激不尽地谢过司机下了车。

天还早，灵堂搭在二叔家临街的老院子里，冷冷清清，只有姑姑一个人在棺木前守着，摇曳的烛火把她虚胖的脸衬得无比憔悴。姑姑看见我，先是笑了：

“哎哟，建华，你怎么这么早？你是刚下火车吗？”说完，她的眼泪突然就滚滚涌出来了，擦也擦不尽。我一路折腾，晚上又失眠，心里干焦干焦的，可是看见姑姑哭了，又一眼看见奶奶遗照上那慈祥的眯着眼睛的笑脸，眼泪也忍不住滑了下去。

姑姑一边掉着眼泪一边拉着我的手说：“冷哩吧？你应该迟些过来，这么早，其他人都还睡着哩。灵堂是昨天下午才搭好的。”

我心里也不酸，可就是忍不住眼泪，两个人就那样拉着手，在烛光里泪眼脉脉地互相凝视着，没有说话，却什么都懂了似的。我就这一个姑姑，没什么文化，家境也不好，七年前的八月十五还遭了一场大火，把家里房子和家具日用几乎烧得精光。当天姑姑和姑父两口子正好回家看奶奶，夜里就住在奶奶家。家里着火的时候是姑父又聋又驼的老父亲带着姑姑的十二岁的儿子和四岁的三胞胎女儿住在堂屋里，老头子什么也不知道，是邻居报的火警，小巷子太窄，消防车开不到屋子跟前，邻居们七手八脚帮着把祖孙四人拉出来，火势就控制不住了。姑姑第二天才得知消息，眼睛一黑就晕过去了。整个院子只剩一间偏屋，姑姑压在炕席下的五千块现金也被烧得零零碎碎，散在瓦砾里格外扎眼。叔叔们都怕姑姑想不开，我们家族几乎全部出动，帮着姑姑一家收拾废墟，姑姑和姑父望着烧成瓦砾的家哭了几天，三个花骨朵似的女儿看见家里来了很多人，高兴地眨巴着水灵灵的大眼睛拍着手说：“我们家来了这么多人，好热闹啊。”我背过身抹掉眼里的泪，在老大的头上不轻不重地拍了一巴掌：“悄悄的，傻子。”

就是这样的灾难，姑姑也没有被压垮，爸爸和叔叔们出钱出力，二叔原来在建筑公司当过副总，还帮她请来工程队，按最低的价码帮她起屋，姑姑就像蚂蚁搬家一样，一点一点地拉扯着又盖了一院子崭新的瓦房。大家心里松了一口气说：“嗯，这房子盖起来了，张秀明就能想得通了，要不然真得要人命啊。”

姑姑很快就恢复了元气，后来我买房子钱不够，她从爸爸那里听说了，二话不说就托爸爸给我打过来两万，爱怜地说：“姑娘，你一个人在外头不要太苦，有事一定要给姑姑说啊，这几年你姑父和你表弟工资还可以，姑姑也攒了几个钱呢。够不够？不够姑姑再给你打点，可别一个人扛着啊。”电话这头我满脸愧色："姑姑，真的太谢谢你了。你家里遭灾那会儿我上学呢，什么积蓄也没有，都没帮上你任何忙。"姑姑叹了一口气说："哎，你这娃娃，姑姑过得去呢，这钱你不急着还，啥时候有了再给我。"

我跟我这唯一的姑姑从小就特别亲，她从不像三娘、四娘那样斤斤计较，什么便宜都想占，所以我特别敬重她。

后来我缓过劲了，打电话要还姑姑的钱，姑姑一再说："不急，你用着，到我儿子结婚的时候你再还我。"我就把这笔钱放了账，一年过去，得了四千多块的利息，我把这笔钱全都打给爸爸，叮嘱了半天让他一定小心，打车去姑姑家，别坐公交车让小偷顺走了。

隔天又问爸爸，他说："那两万你姑姑收了，那四千多利息她死活不要，说谁家给侄女借个钱还要利息的，传出去牙都给人笑掉呢。"我撒娇地说："反正我不管，钱我是给你了，你想办法给人家，姑姑要不收就归你了。"爸爸有些烦躁："我一开始就给你说了你姑姑不会要不会要，你不信非要让我去，我给不了，我也不花你的，我们退休工资够用。"我摇摇头，无奈地说："那我夏天再去给她。反正姑姑也不容易，吃了那么多苦，这便宜我可不能占。"

那年夏天，我和大叶带着沛沛回姑姑家，车停在村口小道上，姑姑来接我的时候高兴得牙花子都露出来了。离开她家时，我把那四千多块钱递给姑姑就跑，姑姑撒丫子就追出来，两人打架似的推来搡去，人民币在小巷子里撒了一地，姑父忙不迭地捡了就往我怀里塞，我甩开他们的手跑到车里，大叶一脚油门，我们就飞速地逃走了。

爸爸说："我这些姊妹们里头，属你姑姑条件最不好，也最有骨气，一丝一毫的便宜都不占人的。"我在车里点点头，感慨万端。

我和姑姑烧着纸钱，想着这些往事，看看姑姑几乎变形的肿胀的脸，讷讷地说："你也要想开点，听说奶奶走之前疼得死去活来，走了也好，走了就不受罪了，都八十几岁的人了，也算是喜丧。"姑姑叹口气，点点头，眼泪却又流下来了，她用污脏的手背抹了一把。

天亮了，吊丧的人陆陆续续来了，我和亲属们跪在棺木前不停地磕头还礼，没人的时候小声念一张元宝纸上的《往生咒》，念完了其他人就拿进屋里去叠成元宝。姑姑说念多了就能替奶奶超度，我跪在那里叽里咕噜个不停，三叔叔走过来看了一眼说："你认得那上头的字吗就念了？"发福的三叔口气半是讥刺半是调侃，三叔从年轻的时候就是爸爸这些兄弟姊妹们里头的另类，我也不跟他计较。二叔、四叔、小叔和爸爸则在堂屋里招待络绎不绝的吊唁者，屋子里行令猜拳欢声笑语，就像是一场喜气洋洋的戏剧。

中午时分，金矿老板的儿子来了，金矿老板是我们当地著名的乡政企业家，他创办的荣华实业上市好几年了，周涛和倪萍当年都来采访过他。妈妈是老板的堂姑，说起来这个帅气得油头粉面的少爷要叫爸爸姑爷爷，那二叔他们也就是爷爷辈的人了。富在深山有远亲，我看见二叔叔亲热地走过去，拉着人家肩膀直往屋里走，屋子里的热闹就更如烈火烹油，快把屋顶都掀起来了。小少爷走了以后，姑姑拉着我悄悄地说："人家上了五千块钱的礼金，我的乖乖啊。"我笑了笑说："你想多了姑，对人家来说，这点钱就是麻纸贴贴。"

话音未落，听见堂屋里一阵喧哗，就见二叔咆哮着扑出来，嘴里骂骂咧咧地朝爸爸冲过去，说爸爸赖皮，拿了钱不承认。

满院子都是人，爸爸喝得红头涨耳的，也不甘示弱："张老二，爹死得早，我把你们一个一个拉扯大成了家立了业，这十里八乡谁不知道啊，我宁可吃亏也从不让你们受累，我怎么可能做那号事情。不就一时忘了吗，你犯得着这么羞辱人吗啊。拍着胸脯说，我张老大对得起你们！"原来奶奶过世后几个人约定一个子女先拿一万办丧事，不够再凑。四娘早上把一万块钱给了爸爸，我爸随手装裤兜里，后来喝高给忘了。二叔是大东，问起这事来我爸迷迷糊糊说：没有给我啊，我不知道么。

小叔冲到两人中间说："当大哥二哥的平时都懂事呢，喝点猫尿就都不知道要脸的了，这么多人你们也好意思。"二叔龇着牙红着眼睛又朝小叔扑过去，爸爸被人拉到另一间屋里，小叔趁机一个猛子跑了。二叔被人拉着往屋里走，嘴里还是骂骂咧咧："张老大你个自私鬼，你的子女你一个一个都给安排工作了，我的娃娃你一个也不管，坏种子。"我妈翻了个白眼小声说："又来了，念叨多少回了！你大哥又不是县委书记，有多大能耐给你儿子安排工作。我们家娃娃都是自己读书找的出路吧。好不讲道理！"我悄悄走进屋去，哄娃似的对二叔说：

“好我的二老爷哩，能不能别闹了，给我们小辈点面子行不行？”二叔头一拧，气壮山河地说：“你还别看你是个大学老师，我也见过，我也不认你。有本事你像人家小少爷那样，腰里别满钱再要这个面子来。”我低下头忍了忍，又轻轻出来了。我忘不了小时候是二叔给我买的第一条黄底白碎花的裙子，尽管他那时候很穷，也忘不了他把我扛在肩膀上满村子晃悠打鸡骂狗，那些温馨的记忆，我一辈子也忘不了。

孙子辈里一个十几岁的男孩子看着这些大戏，哭笑不得地跪倒在奶奶灵前大声喊：“奶奶啊，您快看看，您儿子们都不管您了，没头鬼们都打架去了。您放心，没人埋您，我们孙子们抬埋。”院子里静了一瞬间，人们哄堂大笑起来，二叔的骂声也低了下去。

晚上洒灯的时候我跟着去了，子女们都要披麻戴孝，我们孙子辈的只戴着孝帽子，姑姑和四娘他们还要随时听候道士的话哭灵，我跟着大部队走，心里恍恍惚惚，回头望过去，两排小灯在暗夜里闪闪烁烁，仿佛我们可以一直踩着这座灯火燃就的桥走到另一个未知的世界，那一刻，我心里涌出的不仅仅是对奶奶的怀念，我们到这个世界，从生到死，都干些什么，能得到什么？

回到家，道士在院子外摆开坛城，开始跑桥了。跑桥是丧礼中最热闹的场面，看红火的人围得里三层外三层，大家聊着家长里短，人群里不时爆发出一阵大笑，或者因为烛火点着了道士们搭的金桥银桥而一阵惊呼喧哗。我和姑姑都不想去，两个人在棺木前守着，各自想着心事。姑姑突然神秘地对我说：“建华啊，你可别告诉别人，我怎么觉得你奶奶是被我和你爸爸、你二叔害死了呢？”

我啼笑皆非，姑姑你是不是发烧了？

姑姑凑近我说：“你奶奶临走前那几天医院杜冷丁断货了，一时买不到，疼得没办法，躺在床上直喊，说我生了这么多子女，难道就没有一个想办法让我止住疼吗？我们问那妈你说有啥办法呢，你说了我们给你找去。她说住院的时候隔壁床上的老太太疼得不行了儿女给抽几口大烟就不疼了。我们就出去找你三舅要了二两大烟膏子，也不知道他哪里弄来的。拿回家，揪了一小块，我把你奶奶抱怀里，你二叔用个盘盘点着，你爸爸把一根喝牛奶的管子对准你奶奶的嘴，刚吸了一口闭上嘴咽下去，又吸第二口的时候你奶奶张着嘴没声音了，一看眼睛闭上了…… 我一直想着，你奶奶大病，身体弱得很，是不是那口鸦片要了她的命呢？”

我睁大了眼睛，惊讶地说：“还有这事？”顿了顿，又黯然说：“也许奶奶的命就是这样，你别胡思乱想，说不上奶奶就等那一口呢。这些年生活好了，奶奶想吃什么就吃什么，想穿什么也从来没缺过，不说吃得穿得锦衣玉食，也算功德圆满了。”

姑姑在烛光里泪光盈盈说：“哎，也是。你奶奶最后那一阵子太受罪了，身体都僵硬了，你爸妈不方便，我每天过来给她擦擦身子，热敷一哈。人活到那份上，也就真没意思了。走了也好，走了也好。”

我搂住她的肩膀，我的傻姑姑，别乱想了啊，谁有谁的命数，躲不过的。

第二天清早出殡，头一晚我和姑姑、小叔睡在冰棺旁边，我们谁也不说话，都想近距离地再陪奶奶走一程。那个曾经是武威六中著名男高音歌手的小叔现在已经是金矿的副总，人人都在变，没有什么是一成不变的。

天快亮的时候，叔叔们都来了，和爸爸一起给奶奶移灵，四娘拿来一沓一次性手套，大家都仔细地戴了，三叔说：“妈妈这病传染呢，活着为人死了为神呢，妈你可别怪我们，大家多戴几层。”我想凑过去看看奶奶的脸，二叔挥挥手说：“奶奶在冰棺里躺了好几天了，人家说人冷冻了之后会有怪相，你别看了害怕。”揭开冰棺盖子，儒雅高大的四叔朝我招招手说：“你过来看吧，奶奶的脸特别安详，就跟睡着了一样。”我鼻子一酸，看见姑姑眼泪唰地冒出来了，三叔急得嚷起来：“我把你个霉气鬼，你别过来，要把眼泪掉妈身上那就大祸临头了，后人要倒大霉的。”姑姑止了步，奶奶过世之后洗浴入殓都是她和爸爸、二叔做的，不看也罢。姑姑猛然哭出声来，我也鼻酸泪下，就不敢再往前去。

奶奶棺木落到坟地里，攒起坟堆，魂幡子和纸钱刚刚燃尽，一早上晴空万里的天突然阴云密布，紧接着针毛小雨就飘起来了，我看着远远近近忙碌的人们和不远处的新坟，神游天外，悲从中来，就这薄薄的一层土，地下睡着我的奶奶，地上隔着我和我的亲人们，我再也听不见她问我“建华你来了吗，建华我给你泡个豆奶粉吧”“建华我给你拿个苹果吃吧”这样的话，她睡着了，永远沉睡在地下了，她冷不冷，会不会孤单害怕？

一个声音在我耳边不停地叫："张建华，你的根断了，你没有根了，你的根断了！"

葬礼过后，我悄悄地坐车回了陕北，堂妹后来说，其他几个孙女都参加葬礼了，就三娘家的霞霞没有回来，说机场那边请不了假。我们几个孙女按风俗一人拿五百块钱买猪头和鸡、羊这些献牲，掏钱时三娘三叔就在我们旁边，装作什么也看不见一声不吭。葬礼结束各家分灵堂那些东西，三娘却站起来说："奶奶死了，我的霞霞没有回来，得给个纪念品吧。"五娘二话不说，出去到商店买了一条毛毯给了她。办完葬礼还剩下将近一万块钱，四娘哭穷说他们家现在条件不好，先借去用，结果就成了刘备借荆州，有借无还了。堂妹说的时候撇撇嘴："四娘说他们穷，他们家的三层楼装潢得比我们谁家都高级，一大家人他们是最早买车的，四娘两个手上四五个戒指，穿一件衣服几千块钱，蹲麻将摊子上一天一夜也不累，咋就穷了。好搞笑……姐，其实我挺怀念咱们穷的那时候，大家开开心心互帮互助，也没有这么多的鸡毛蒜皮让人烦恼。"我不置可否，对我来说，奶奶长眠了，老家就没有什么意义了。除了姑姑，我谁也不想对话，毫无价值。既然不关心，何必说长道短。

奶奶过世三年后的一个晚上，我做了一个梦，梦见高大的奶奶像个孩子似的坐在我怀里，恋恋不舍地看着我说："建华啊，我可走了，要投胎去了，你以后要自己照顾好自己，不要让我担心啊。"我百般不舍，大哭着说："奶奶您别走啊，我舍不得您。"

夜半梦醒，泪湿衣衫。盖棺定论，沧海桑田。

外 婆

外婆过世的前一夜，正好是个周末，凌晨五点多，我梦见外婆吊着袖管直僵僵忽悠悠地飞过来了，现在写起来觉得后背发凉，可当时梦里我一丁点都没害怕。外婆在空中飘着对我说：“建华啊，我就要走了，你们别看我表面上好咣咣的，实际上我身体早就不行了。”……一梦醒来，莫名觉得这画面太逼真，准是个不祥之兆。睁着眼睛等到六点半，估摸着爸妈起床了，我赶紧打个电话过去，絮絮叨叨把这个梦说给妈妈听，让他们赶紧去看看外婆。妈笑了，温和地说：“做梦嘛，啥都能梦着，没事，我昨天下午还看你外婆去了，人好着呢，别乱想了。沛娃子小，你好好看着娃娃，别操心我们这儿的事，爸妈啥都好，也能自理，你别担心。”

我就以为自己不过是做了个梦罢了，大叶笑我说：“屁股没盖严，神神叨叨的。就算这梦不好，说破了也没事了，不要成天憨八成样儿。”我伸了个懒腰，放心地钻进被窝睡了个回笼觉。

外婆长得瘦瘦小小，从会记事起，我就没见她胖过，裹着小脚，走起路来颤颤巍巍，单薄的样子像一阵风就能吹倒。可就是这个干瘪的老太太，救了我的命。

妈妈说，我刚出生时，瘦弱得就像一只营养不良的猫，她头胎生产，奶水不太好，我饿得哇哇直哭，爸爸当时在江西工作，调皮的二叔把我抱到羊肚子底下饱饱地喝了一顿羊奶，第二天我就开始上吐下泻，到医院看了不管用，不到一星期就奄奄一息了，头都抬不起来，奶奶束手无策，急得满地打转。邻居有人说我成活不了，偷偷劝妈妈把我扔掉算了，妈妈一边哭一边骂：“滚你妈的，你把你的几个都扔掉去！”外婆听说了，颤颤巍巍走了几里路跑到我家，大包小裹卷了，连大人带小孩一起搬到外婆家。外婆起早贪黑熬肉汤打米糊，过了一个月，硬是把我们母女俩养得白白胖胖溜光水滑。

外婆对自己的成果很满意，经常眯着眼睛看着襁褓里傻笑的我逗乐：“小狼吃的，长大了给外婆买糖吃不，个狗东西，还拉肚子，看我有本事不，把我这个小狼吃的养得多心疼。”妈妈说，我吧嗒吧嗒拌着小嘴，下巴一抬一抬，两个月不到的碎人人就想跟外婆说话，鬼精灵一样。

上小学以后，家里条件差，学费不说，连个两毛三分钱的本子都买不起，学校交的作业本是正面用了反面用，密密麻麻写满了字，家庭作业本就十分凑合了，妈妈用不知哪来的白麻纸给我订了一沓子，权当练习册。因为没有格子，怕字写串行了，妈妈用锥子比了直尺密密麻麻给我扎了一排又一排眼儿当横线，我戏称这种练习本叫“扎扎本”，因为写起字来那些扎过眼儿的地方扎手。我们班主任不但不歧视我，还多次在公开场合夸我是个小秀才，说我字儿写得漂亮，人聪明，还懂事。二年级我们换了一个年轻的男班主任，我的待遇就不一样了，他不但要求作业本要整齐划一，而且要拴上红毛线绳儿以方便他批阅。这下妈妈独创的扎扎本就派不上用场了，妈妈图便宜，自己去街上批发了十个作业本，可惜数学本格子不符合老师要求，学校里老师逼着我回家立马换本子，家里我妈没钱给我糟践，认定我是无理取闹，揪过我就是一顿胖揍，我哭着跑到外婆家里去，刚进门迎面遇见外婆，她咧开嘴就笑了，两个巴掌细细地替我擦干净眼泪，问明白缘由，笑着摇摇头，拉着我的小手到了屋里。外婆的小屋只有再简单不过的家具和炕，家具永远擦得明光瓦亮，炕上永远垛得整整齐齐，盖着颜色好看的护单，护单的棱角都打理得板板正正一丝不苟。

那时候小姨还没有出嫁，正坐在一尘不染的窗户跟前唱歌儿梳头发，外婆笑哈哈地说：“五姑娘，快给这个小狼吃的拿点钱买本子去，又被三姑娘揣搓了，嚎得可怜兮兮的。哎，小狼吃的，别哭了，外婆给你做好吃的。”我看着小姨乐呵呵地从红木箱子里取钱，烦恼一下飞走了，乖乖地坐到小椅子上等着外婆给我打凉粉。

爸爸不在家的时候，妈妈一揍我，外婆家就成了我的避事坛，不管什么原因，外婆一律笑呵呵地给我做一顿好吃的，水煮羊肉，面皮子，鸡蛋炒韭菜，我端个小碗猪佬佬似的把肚子吃个西瓜样圆，就忘了妈妈揍我的悲伤，拔腿又往自己家跑，外婆拉着小住一晚都不肯。外公把一张胖乎乎的圆脸凑到我鼻尖跟前，笑呵呵地调侃："狼吃的，你就是个外家狗。外家狗，吃了喝了往外走！"我挤挤小眼睛，眼泪还在腮帮子上，却笑成一朵花儿似的。

爸爸工作调回家乡以后，我们很快搬到城里了，偶尔调皮懈怠，妈妈的河东狮吼就变成我爹娘二人的混合双打，受了委屈的我仍然时不时跑外婆那里去诉苦。

外婆是家里的绝对权威，外公啥事不管，吃了喝了就出去听小曲儿看说书，蹲在茶摊子上挖牛九，回家来吃饱了就往炕上一倒，不到一分钟便鼾声连天了。家里家外都是外婆操持，当然是外婆一个人说了算喽。

外婆常常在屋顶乌漆麻黑灯光昏黄黯淡的厨房里一边做着美食一边笑嘻嘻地咒骂外公："老不死的东西，见天就在外头野着哩，啥都不管，把老娘都快累死了。"外公总是准时准点在饭熟的时候从外面哼哼唧唧唱着秦腔或小曲儿回来，一进门习惯性地用手在白胖的脸蛋上抹一把，花白的眉毛抖一抖，乐呵呵地凑到外婆跟前说："老婆子，快饿死了，有啥好吃的？"

外婆笑着翻个大白眼，手指头点着外公的太阳穴，龇着牙骂道："没有，饿死你去。"说着把手里盛好的饭递给外公。

我儿时的记忆里，两个人从来没有大声吵吵过，就是这样一唱一和秀恩爱一样和和气气地打情骂俏。转眼间我长大成人，有了自己生平第一份工作。

外公走得很突然。那天上午我正在打扫自己的卫生区域，心没来由一阵急促的跳动，接着感到头晕目眩，抬头看看天，冬天的太阳很温和，我甚至感到凉气顺着脊背往上爬，怎么会有中暑的感觉呢，好诡异。

中午回到家，习惯性地喊妈妈，屋里屋外仔细搜了一大圈，家里连个毛线都没有，别说人了。那时候没有手机，连 BP 机都很少见，我奇怪地打单位电话给正在上班的大弟弟，弟弟说："哦，老爸老妈都回老家了，外爷两小时以前不在了。"我如同五雷轰顶，我跟外公算不上特别亲，我小时候他老是拿大胡茬子扎我，还笑眯眯骂我小白眼狼，所以相较而言我更喜欢外婆。可陡然听见他去世的消息，我还是有些发蒙，我终于明白为什么上午会有那些怪异的感觉了。

我转身出门，骑了自行车就往外婆家赶去，一路上心里堵了一块石头一样。他们老了，近几年家乡开发力度加大，家家户户分了钱，日子刚刚有点滋味，我那可亲可乐的外公就扔下我们跑了。

据说外公走得很安详，九点多从外头走进来说："老婆子啊，我可要头里走了，你慢慢来。"外婆笑着骂道："啊，这老不死的老东西，要死你就快些死，吓唬谁呢，当谁稀罕你呢。"

外公习惯性地抹一把脸说："老婆子，我想吃羊肉泡馍，你给我端一碗来。"

外婆骂骂咧咧地端了一碗羊肉，把馍掰得稀碎，最近外公牙口越来越不好了，大点的东西就嚷嚷咬不动。她把碗递给外公，照样颤颤巍巍在地上忙活。过了几分钟，听见碗啪嚓嚓掉地上摔得粉碎，一碗羊肉泡馍还没吃完，外公已经仰着脖子长眠了。

外公的葬礼很隆重，因为我三堂舅已经是当地著名乡镇企业家的爹，家里别墅森严，产业方圆几百里，自然不肯让他们那一辈里唯一长寿的外公孤孤单单地走了。

外婆情绪倒也平和，并没有哭哭啼啼，就坐在炕上木讷讷地看着屋里屋外的人们进进出出，连夜从外面赶回家的大姨、二姨和小姨也凌乱着头发忙颠颠地跑出跑进。

外公一过世，落了单的外婆很快就显出苍老的样子来，她的眼睛不再是清清明明，总是浑浊着。我们去看她，每次进屋都见她一个人孤零零地抱着火炉肃容坐着，看见人进屋，眯着眼看半天才会反应过来："哦，是建华啊，来了吗？"接着就慢吞吞站起来，翻箱倒柜给我们做好吃的。外婆的饭菜是越来越难吃了，简直难以下咽，但每次我都装作很香甜的样子，美美吃上一大碗，外婆才会眯着细得像一条缝的眼睛笑起来："你个狼吃的，吃饱了吧？呵呵呵呵呵。"

外婆和表哥住一个大院子，据说这是舅舅的主意，说祖孙俩有个照应，可是表哥和嫂子住进来不到两年就跟外婆吵得天翻地覆，彪悍的表嫂还用脚把外婆的手搓出了一个大疤，伤口好长时间都不愈合。

我们都敢怒不敢言，毕竟只有他们是正宗支系，按照乡俗我们算是外人了，万一得罪了他们，他们趁我们离开下黑手咋办。我在给小姨写的信里把这两人破口大骂了一顿，小姨回信叮嘱我千万不可任性。

外婆年过四十就开始吃斋念佛，不动荤腥，平日里跟外公两人锅、筷子、碗和抹布都是分开用的。妈妈说外婆只要一碰过吃了肉的碗她的脸就会肿起来，别说吃了。大姨二姨小姨都远嫁外地顾及不到，唯一的一个亲舅舅又是个隐形人，十天半月都见不着他。央求她搬到我家来，外婆嫌爸爸无肉不欢，跟她吃不到一起，住着麻烦，更重要的是她“一定要死在自己家里，不然死了魂灵子就进不了家门，阎王爷也不收”。

外婆老来无靠，还得他们这亲孙子照料甩孝子盆。我翻翻白眼说：“活着别受气死了管他的死谁家呢，真是迷信罐罐。再说了，我们就不能端个孝子盆了？”外婆笑呵呵地说：“娃娃你不懂不要乱说，老天爷会怪罪的。”外婆如此固执，我们也无可奈何，只能增加了前去探望的频率，私下里劝外婆既然不去我们家就忍着点。

一次我择完菜偷懒把剩下的一点点垃圾倒到麦草堆里，表嫂趁机找碴儿站在巷子里破口大骂，很多人出来远远看西洋景，我笑眯眯地端了一杯水递过去：“好嫂子，骂得口渴不，来，喝上一杯水再骂。”外婆含着眼泪说：“她这是不让人看我，想让我早点死了。”

我在心里偷偷咒骂表嫂蛇蝎心肠不得好死，天打雷劈。长得像郭凯敏的表哥当天晚上专门跑到我家里，很认真地说：“妹子，我媳妇说你把毒药倒到牲口料里了，反正我家的牛要是出了问题我是不会放过你的。你们都说我这个媳妇不好，我觉得她挺好的啊。”我冷下脸来说：“我还没有那么没脑子，跟个牲口一般见识。你放心，别说你家的牛，就是你们吃了那麦草都不会有问题。”

爸爸在一旁喝道：“咋说话呢，一点教养都没有，这是你哥。”

我撇撇嘴说：“哥你能走了，我家放不下你这尊大佛。”转身进到自己房间里，砰的一声甩上门，表哥悻悻地走了。

后来我成家、离婚，外婆指着我的脑袋说：你个没脑子的货，我看女婿人挺好，脾气温温和和的，话也不多，个子也高高大大，长得又帅气，比你那爆竹筒子的爹强多了，你为啥不跟人家过了。

我低下头：外婆这个我跟您说不清，您别管了，我知道。

外婆就陷入长久的沉默，我则低着头帮她打扫卫生。外婆仍然爱干净，虽然屋子里黑洞洞，但是她的几张旧桌子和炉台从来都是不沾纤尘，炕上摆得整整齐齐，屋子里一股卫生香的味道，丝毫没有老年人身上那股浑浊不堪的咸味。妈妈说外婆也难免会拉裤子上，老年人嘛，来不及跑到厕所里，况且外婆裹着小脚呢。可是，每次她都会马上关门把裤子换下来，倒水洗干净晾出去，绝不容许自己身上有味道。

我倔强着离婚后就自由多了，时不时可以在外婆家小住几天。因为怕小偷光顾，外婆总让我把自己骑的踏板摩托车推进屋去，我那个摩托车吨位很大，表哥和表嫂使坏把院子垫高了，屋子比外面的地面低十几厘米，往屋里推摩托车其实很累，要搭上一块宽宽的木板，往外推则要打着火给点油门才能爬出来，因为外婆担心，我不得不一次一次费心费力地做这件很愚蠢的事情。

在当时，骑这个钱江 125 已经很时髦了，外婆好静，不大出去走动，不认识这个。有一天下午我又去陪外婆，她帮我打着门帘，刚把车推进屋里，她睁着浑浊的老花眼盯着摩托看了半天说：“建华啊，你这个车叫个啥？”

我懵了一瞬间，反应过来了。那时候大家把所有的女式踏板摩托车都叫“木兰”，大概是有小型女式摩托车品牌叫“木兰”吧。外婆家的地不平，可能是她老人家每天扫得太勤造成的。摩托车用斜撑子撑不住，我使着老鼻子劲儿往上提车身，用直撑子把车支起来，气喘吁吁地说：“外婆，这是木兰。”

外婆听不懂普通话，凉州方言“木兰”和“母狼”的发音是一模一样的，外婆眨巴眨巴她那挤成一条缝的尕眼眼，恍然大悟地点着头说：“哦——我知道了，你这个摩托和你舅舅的不一样，想来他们男人骑的就是‘公狼’，你这个是‘母狼’，怪不得不像呢。”

我刚喝了一口热水，噗嗤一声就喷了。我的天啊！我照照炕头那面圆镜，我这个小眼睛可不是遗传外婆了吗，怪不得颜值低到尘埃里去了。一边又想着外婆的笑话，再一次笑得见牙不见眼。

外婆看着我笑得前仰后合，奇怪地挤挤小眼睛说：“你笑啥着哩，这狼吃的，苕掉了？”

我愈发地坐在炕沿上，拍着炕头笑起来，外婆一本正经的样子实在太逗了。

二姨父长相非常帅气，可惜年纪轻轻就出了矿难，丢下三个年幼的孩子走了。妈妈说二姨夫是矿上的团委书记，平日他都正常上下班，对二姨言听计从，对表哥表姐疼爱有加，对外公外婆也恭恭敬敬，是个难得的好女婿。临走那天不知为啥说要下到矿井里看看，一下去正好遇上透水事件，命该如此谁也没办法。二姨一个人拉扯三个孩子，操碎了心，年纪轻轻就头发花白了。

可能是心疼二姨，外婆经常神神叨叨说能看见二姨夫的魂魄。有一次过年小姨一家回老家陪外婆，刚到家里不久两岁的小表妹就又吐又拉，外婆悄悄说："我看见你们来的时候，你二姐夫也跟着进来了，就坐在那个拐角里呢。可能是这死鬼问候娃娃来了，我给刷达刷达就没事了。"我听得毛骨悚然，不禁朝屋子的四个角落打量了半天，啥也没有啊？外婆拿了三张黄表纸，在她的供桌前头念念有词说了一阵，又在小表妹身上绕着圈挥了半天，嘴里叽里咕噜念着咒语："撩利了，撩散了，撩得浑身舒坦了。前心撩得不涨了，后心撩得安康了。是神者归位去，是鬼者入墓去……。"小姨显然对此轻车熟路，她跟在一旁应和着："利了，散了，舒坦了，安康了。"我心惊肉跳又莫名想笑，咬着牙忍住。外婆把三根筷子立在一只水碗里，念叨着二姨夫的名字说："我知道是你，你没有见过五姑娘的娃娃，可能高兴逗了娃娃一下，神鬼殊途，你们阴间的问候阳世的人承受不了，你看娃娃难受的，快站住，再别逗娃娃。"话音未落，筷子居然乖乖站住了，外婆把裱纸点燃了，又在表妹头上绕了三圈，把纸灰收到碗里嘱咐小姨倒到十字路口去。天地良心，外婆做了这故事不到五分钟，小表妹一咕噜翻起来，活蹦乱跳跑出去玩了。

还有一次，我刚进她家门，屁股还没坐热，外婆就指着天花板说："你看，仙女们穿着裙子飞进来了，带着一篮子鲜桃呢。"我看看黑乎乎的天花板，觉得一定是她不吃肉营养不良闹得神经衰弱出现幻觉了。过了三五分钟，三舅妈推门进来，果然手里托着几个当季买不到的大桃子，笑眯眯地说："小奶奶，今天我们张严德送来几箱桃子，说广东那边运过来的，现在市场上还没卖着，我拿了几只给你尝尝鲜。"外婆眯着眼睛笑了，得意地朝我挤挤眼睛。

有时候她指着黑乎乎的墙面说：你看啊，那墙上可都是佛像，密密麻麻排坐着几层，都念经着哩。有时候又说，她磕头上香的时候听见天上的仙乐了，还看见观音菩萨和王母娘娘在天上看仙女们跳舞奏乐呢。我半信半疑，总觉得外婆心理出问题了。因为上次生病来我家小住几天，卫生间里四面都装了镜子，外婆第一次进去惊慌失措地颠着小脚跑出来说："啊呀，我可能快死了，看四面八方都是我的影子，想来是三魂七魄都跑出来了。"我笑得眼泪都流出来了："外婆啊，那是镜子角度不同，折射反射，所以有很多影子啊。想什么呢您？"外婆惊魂未定地看着我的脸，继而自己乐了，笑得满脸开花，小眼睛挤进深深浅浅的皱纹里去了，喘着气说："哎，人老了真不中用了，不出门不出门，出了门啥也认不得了。"我笑外婆："老迷信罐子。"在她鼻梁上轻轻刮了一下。

妈却说外婆一辈子上香拜佛，是有根行（音横）的人，这些肯定是真的。我想着她说的一定是慧根这个词吧。

外婆一般一日两餐，天一黑就上炕睡觉，我也跟着她作息，心里觉得很踏实，睡在土炕炕上，梦都格外香甜。那晚睡下，外婆跟我说："建华，你明天走不走？"

我鼻子酸了半天，赶忙大声说："不走，我陪您几天再回。"外婆耳朵有些聋了，对她说话不得不大声吆喝了。每次小住几天，外婆总是一留再留舍不得我走，可我总是得有自己的生活，不可能一直陪着她啊。人老了，真的很辛酸。

那晚，外婆跟我絮絮叨叨说了很多话，末了说："建华，你明天不走的话扶我出去走一趟王新明家里。"

我已经困了，迷迷糊糊说："好。王新明是谁啊？"

外婆说："是你外公的一个远方亲戚，老爷子不在了以后，他两口子经常来看我呢。昨天上午你三舅母来了，说王新明的媳妇病了，我想看看去又怕路上叫车碰了，正好你来了，明天陪我出去一哈。"

我闭上眼睛说："哦——知道了。睡吧，没问题。"

晚上我做了一个梦，马路上横七竖八地淌着曲曲弯弯的小河沟，我走在马路上，看见我认识的一个公交司机在驾驶室朝我眨眼睛还打了几声喇叭。

第二天十点多，我搀着外婆出了门，一到马路上就傻眼了，马路上头几天下的薄雪化了，雪水七拐八弯地肆意在马路上流淌。走到十字路口的时候，正好我承包的那辆公交车同一车队的司机许胖子拐过弯飞驰过来，朝我挤挤眼睛，喇叭叭叭叭地鸣了几声，车呼呼地开走了。跟我昨夜的梦几乎一模一样。

外婆颤颤巍巍拄着拐杖往王新明家里走，浑身上下干净整洁，口罩洁白，一身黑衣，缠着裤脚，就像一尊慈眉善目的菩萨。外婆说：“人家对我好，我也得回报人家，是个人都得有心，不长心的人就不要在世上丢人现眼了。”

我点点头，深以为然。

一梦红尘万丈，一梦地老天荒。

我亲爱的外婆走了，我却连给她送行都没有做到，这是我心底永难弥补的遗憾。

我做了那个梦都快半年了，有一天打电话给妈妈闲聊，说我打算暑假回一趟家，妈妈突然支支吾吾起来，我奇怪地问：“妈你咋了？”

电话那头妈妈似乎有点难为情，半天才说：“建华我必须告诉你，你上次做了那个梦第二天你外婆就过世了。你打完电话我和你爸爸不放心，赶紧打了车过去看，你外婆在床上躺着，也没病没灾的，就说领子有些紧，气喘不过来，让我帮她把领子上那颗盘扣解开。我正解着扣子，看见你外婆眼睛闭上了，以为她睡着了。后来觉得不对劲，一摸，人已经凉了。”

我一下子就惊呆了，瞬间眼泪就涌出来了：“妈你为啥不跟我说一声，好歹我能回去一趟啊。”

妈妈说：“我给你带过孩子，知道你工作忙，而且沛娃子那么小，家里离不开，所以我就让你爸爸瞒着你呢。对不起啊。不过，你大姨小姨她们带着你表姐表哥，开了两辆车连夜过来了，外婆走得也不寂寞。”

我想起忽忽悠悠飞到我梦里的外婆，一时语塞，她老人家一定是知道我去不了，提前来跟我道别了。不知怎么，我不合时宜地想起秦可卿跟王熙凤告别的画面，那样清晰，但心里的感觉却不是难过，外婆一个人孤孤单单守着那个黑屋子，那么受罪，走了其实是解脱。

外婆过世以后，那个本来属于她的大院子就理所当然被表哥表嫂霸占了，妈妈说表哥表嫂后来真遭了报应。他们的独生子十几岁开始就上蹿下跳要去读艺校，交了学费又不去报名，成天在家里打鸡骂狗不得安生。两口子也形同陌路，成天吵架打架，现在好像分居了。我没心没肺地叫好，对，就这样，别以为他们天下第一，老天是长眼睛的。

表哥慢慢地悔悟了。爸爸后来出了一场车祸，他主动提着礼品来医院看望，低着头不好意思看我，临走前慢悠悠地说："妹子，你不要怪当年你嫂子对你爆粗骂人，我现在知道错了，你就原谅我吧。"我淡淡一笑说："哥你别说了，我早忘了。"

人家说亲不过姑舅，香不过猪肉。我舅舅家有人却从不往来，大叶很纳闷，提了几回都被我坚决地挡了回去，有些人只可远观不可近处，何必勉强。

人生自古谁无死，外婆年寿九十，无疾而终，也算寿终正寝了。安息吧，我亲爱的老外婆。

感恩的冬天

圣诞的气氛已经很浓了.我忙忙碌碌顾不上过节——虽然这个节是洋节，可是元旦就在它的屁股后面撒欢儿呢。所以，不免忙里偷闲听听音乐，写写今天的心情。

音乐真的是极好的治疗心灵伤痛的良药，如同一汪天然的湖水，让人不由自主安静。在快乐中，在忧伤中，在回忆中，在美丽的向往中彻底安静下来。前天有一个新认识的朋友在我的电脑里翻听音乐，看见我的一个文件夹叫作“灵魂洗剂”，不以为然地说：“玄啊，有那么恐怖吗，灵魂也能洗？”我说：你没有听怎么知道就不能洗?

比如今天，我就想对自己的家人说点什么。

爸爸，您很侥幸地从大大小小的疾病和今年的车祸中走过来，是一件很了不起的事情。昨晚梦见你喝醉了，在家里大闹特闹。醒来之初有点说不清的伤感和余存的厌烦——真的，从我的童年开始，您醉酒而归的一幕一幕对我而言无疑噩梦，我多么希望自己的父亲还像年轻时那样干净、帅气和飘逸啊，然而不能了，您已经一天一天衰老，什么时候，走路时您的背已经有了弧度，又什么时候，您开始不可理喻，像孩子贪恋父母那样在女儿跟前蛮不讲理以期获得女儿的重视和关爱。爸爸，我有时候真的很讨厌您那种种顽劣不堪的行为和思维，可是，您是我爸爸，血浓于水，我能如何？今夜，也就是此时，想到今年春节也不能回家陪你们二老过年，心里突然有点说不出的难过。记得前几年春节，大弟刚结婚，我们家的第一个儿媳妇是个孝顺懂道理而且漂亮文静知书达理的好女孩子，发压岁钱的时候，我正在厨房洗刷灶具，爸爸您把第一份红包给了大弟和他媳妇，尽管我心里有点不舒服 —— 因为每年在家第一个拿到压岁钱的人通常是我，而我总觉得第一份应当是妈妈。而且，我离婚如许年，你们二老一直顶着压力支持我学习和做自己喜欢的事情，在那个小城，对你们这样没有多少文化的父母，这需要多大的智慧和定力啊！那时候是除夕夜，觉得自己一无所成，无法回报你们，未来还一点眉目也没有，将近 30 却还要你们给压岁钱，你们说这份人民币可以让子女来年一切顺顺利利，走路四通八达。可是，谁来给你们一丁点的保证 —— 育子三人，无一人可以给予你们这样的祝福，尽管我们谁的收入都可能比你们高一些。我记得自己百般推辞不要以后，爸爸您拉下脸来了："姑娘啊，爸爸可从来没把你当外人，你要是觉得爸爸哪里亏待你了就说。"我慌忙接过钱，想忍想忍，怎么也没忍住，大喜的日子里眼泪稀里哗啦淌了一脸，爸爸，女儿欠你们的太多了！妈妈知道我的心思，打着哈哈说："以后等你能赚钱了，爸爸妈妈也就不再牵心揪肺的，那时候你不给我们钱花，我们还向你要呢。话说回来，爸爸妈妈有那点点工资，老了怎么都能凑合，只要我的娃娃能过得平平安安，我们也算尽了心了。"可怜天下父母心啊。

父母的心在儿女上，儿女的心在石头上啊。

自从我的天天从这个世界上消失以后，我才知道，真的，母亲是荷叶。那时候在母亲工作的地方架床坐月子，每天一睁眼，或者还没有睁眼，妈妈早已熬好了第一锅粥，热腾腾地放在桌子一角，温和地喊醒我，将我全身裹到密不透风，再小心地把粥端到我手上，唯恐自己女儿落了月子病。白天要给我做月子饭，一天五六顿，还要伺候爸爸和弟弟们吃饭，妈妈手脚慢，好多次夜半醒来，看见母亲还在灯下扑哧扑哧地走来走去为我操劳不已，心里的痛如同潮水，漫天盖地涌上来。那时候暗暗发过誓，这辈子绝对不再对妈妈发脾气，我生了一次，在握着母亲的手疼到大呼小叫时想："妈妈生养我们三个，在那些艰难无比的日子里，她是怎么独自度过那些黑暗的？"一晚天特别冷，母亲上床已经是夜里快两点，她一向早睡早起惯了，我突然极冲动地想为她按摩按摩肩膀，她察觉到了，马上把我的手塞到被窝里，慈爱地说："娃娃，快把手放进去，可不能凉着。"我撒娇："我给妈妈按摩嘛。"妈妈略停了片刻说："不胡闹了好娃娃，月子里可不能乱动，小心落下病根将来胳膊疼。听话，妈妈不累。"灯熄了，我悄悄抹掉脸上的眼泪，不让母亲知道。天天是我的魂魄，没有了她，我浑如行尸走肉，可是，在伟大的母爱面前，我怎么还能再表现出不快乐来呢？我于是把所有的眼泪都放在母亲的鼾声轻轻响起的时候，或现在眼睛有如此多的毛病甚至曾在一定程度上像爸爸的霸道等等一样为我造成了心理阴影，也可能和那一段时间常常背着人哭泣是密切相关的。如今挥手，天天不再是我生命的重心，尽管有时候的隐痛无法剜除，是母亲给了我坚强以及随遇而安的勇气和风度。

母亲怎么可能不累，爸爸癌症住院的时候，我在外地上学，两个弟弟还小，整天在家里嘻嘻哈哈打闹，不知道担忧不知道害怕，母亲一个人在外地陪着很可能一撒手就不见的父亲——据母亲当年的同学调侃，小学四年级的母亲已经开始暗恋父亲，整天把爸爸的名字挂在嘴上，虽然他们是表兄妹（奶奶和外婆是同父异母的亲姊妹）。当然，这丝毫不能妨碍生了我还和一帮孩子们欢欢实实踢毽子的妈妈在婚后最初的一段时间里和爸爸打得天昏地暗，以致爸爸曾经打算摸电线自杀，再到后来的爸爸生病，妈妈对他开始言听计从，哪怕不讲理的地方也听，再到今天的母亲多病，而父亲的脾气却越来越小，可以对妈妈无限容忍，到忍无可忍的时候仍然会忍。

生命的手翻云覆雨，真是一个神奇的雕塑师啊。

我的母亲，走路已经蹒跚而且很多时候毫无风度可言，可是我怎么能够丢下她一个人离开？考研那年，母亲请假陪我至外地，恰好有一个诊所，据说可以三到五次治疗灰指甲，我抽空带她去看病，诊费一次大约 300 块，母亲心疼钱，决定自己洗涤削甲上药，这样一次大概 70 多块钱就可以搞定了。“已经花了好几千近万的票子了，谁知道能不能治好，一个指甲，我们别又上当了吧。”母亲仿佛不大好意思于自己的吝啬。我那时候身心俱疲，回到小屋就累到床上成了一团泥，母亲用药水泡过脚，很小心地叫我：“给我削指甲吧？”我心里有烦乱，也有害怕削破她的脚的惊怖，所以犹豫了一刹那。母亲马上说：“我娃学习忙，我自己削。再歇歇快去学习吧。”削甲刀奇快无比，等我发现时，老眼昏花的妈妈已经把自己的脚削得血肉模糊惨不忍睹，我心里疼得一抽一抽，却还负气不肯给妈妈一点安慰，我是个多么残忍的女儿啊！母亲夜半操劳为我难过时，母亲为我吃苦受累时，那些恩情都到哪里去了？区区一个考试，算得了什么？！成与败，算得了什么？可是，如果我连这个最起码的考试都过不去，我拿什么孝敬将来更可能年老无力自赡的母亲呢？或者，如果我当年败走麦城，哪里又能有母亲在人家问及我的情况时一度地挺直腰杆说“姑娘念书呢，在念研究生”那一份自豪和快乐？今天想来，这真的是一笔糊涂账，我算不太清楚，但是，就是觉得欠着她的太多太多，我永世都无法偿还。

记不清多少次让母亲伤心失望，记不清有过几次让母亲扬眉吐气的时候，我极力地想做个好女儿，可惜，好多时候，力不从心，好多时候，就是自私或者懒惰，我真不敢剖析自己来面对她。

现在，爸爸妈妈，在这个圣诞即将到来的夜晚，我想对你们说：“尽管有好多时候，你们不能走到我的群体里，在心里，你们是有着很多毛病的真神，无人可比。”

我们一家人在一起，打打闹闹说说笑笑度过了这么多的风风雨雨，好歹现在已经子孙满堂，儿女各个成家立业了——女儿我是滞后一些，而且多病多灾多愁多感，但是无生离死别，并且即使有，我已经有了足够的毅力去应对，希望你们也能够有。我现在租住的小屋，虽然简陋，与家里相比自然天上地下，可是，女儿已经有了从容的心态和面对失败和承担成功的底气。我不想抱怨上天不公，是觉得世界给予我的已经太多，而我自己的修为还没有达到应当索取那么多的地步，等我准备好了，如果世界还不能给予我们什么欢乐，那么，是我的命运就当如此，只要我踏实、健康，还有享受美食享受爱情和音乐的激情，还愿意在自己建筑的童话世界里静静地快乐和宽容着，就祝福我吧，感激上苍让您的女儿在艰辛和苦难中一点一点长大成人，而没有往颓败和计较那个方向滑落。享受自己的晚年吧，弟弟是有些躁郁，就像我现在能够理解您年轻时候常常大醉而归将家里整得一塌糊涂一样，理解自己的儿子吧，总有一天，他们会理解你的苦心，也理解您偶尔的粗暴自私或者任性。

小弟，你现在初为人父，或者是甜蜜和责任和其他各种不可知悉的心情都有。在今夜，突然想起来的却是在住平房的时候，你踩着铁炉子晾衣服，炉子跌倒砸伤了你的脾脏，家里没有人，父亲暴躁，你居然不敢对家人说这一件事情，直到第三天早上，你的伤势已经非常严重，被你的老师发现脸色异常难看，给爸爸打电话才慌忙送你上医院，医生说，要是再晚来几小时，你就没有命了。我在很温暖的屋子里，就是现在，突然立刻感到冷汗直流，幸亏那个老师人细心，否则我一母同胞的弟弟早就去世了，还哪儿有现在的父子冷战和我能够升级当了大姑的待遇，感谢上天！小弟啊，那时候父亲最疼你了，把你当作手心里的宝啊，你被砸伤，尽管当时家里并没有现在这样优越的条件，父亲可是尽了一切地抢救你的，所以，尽管爸爸给了我们那么多的伤害，还是给他一个空间吧，想想这些年，你不停倒腾工作，上学，大专毕业就找到那么优裕的单位，爸爸担了多少心，生了多少气，在人前陪了多少的小心，又在人后拿了多少的钞票。就是你的婚姻，本来爸爸是坚决不支持的，可不也是辛辛苦苦为你拆去九年前装潢过的旧屋子，重新收拾得漂漂亮亮，把你心仪的人娶进门了吗？而你，半是工作忙，半是赌气，在装潢的两个月期间很少光顾和打点这一大摊子事情，爸爸病了你都没去看一眼。弟弟，我知道你是刀子嘴豆腐心，我也无法明白，为什么这些年里偏偏是表面一切顺心如意、爱闹爱玩的你性情大变到有时不可理喻。原谅那些所谓的伤害吧。他再有多少不好，也是我们的爸爸啊。或者有一天，当你醒悟过来想孝顺他的时候，已经没有机会了，你会痛彻骨髓的。你也是父亲了，要开始学会应对这个世界上好多无奈的复杂的事情，请给自己的父亲一个爱的世界，不要让他再叹息了成吗？

再想起来，对不起你的还有考研时因为琐事将住在我小屋里的你赶回学校那件事。当时在楼上，看见你尴尬和孤单地提着自己的行李卷在路边拦车回学校去住，我泣不成声，我一点也不想让自己的弟弟为难，可是，我身不由己，因为你当时的躁郁状态已经非常严重地干扰了我平静而忙碌的复习世界，我不能让自己功亏一篑啊。虽然倒是你后来又开始回我的小屋吃饭，反而劝我："哭什么哭，谁家的姊妹不吵嘴。咱们小时候头打烂的事情多着呢。别想那么多了。"我现在每想起那一幕还觉得愧疚和伤感不已，我作为姐姐，的确没能给过你们多少关爱。

弟弟，好多时候，我觉得你已经被爸爸的严厉和宠爱交替弄得非牛非马，被社会的许多冷酷影响到面目全非，但是，我相信你骨子里是好人，就是要慎重交友和思维。如果姐姐的爱情曾经给你种下阴影，原谅我原谅父亲也原谅自己吧，毕竟这是姐姐的爱，对与错，尚待时间来验证，或者如果时间不能说明什么，至少姐姐自己是痛苦、满足而冷静的。这个世界已经没有天长地久，没有美丽童话，让姐姐从最简单到最复杂再回归到最简单，让姐姐开始这一种孤单的守望，给我勇气和信心吧。或者，就因为我是你同胞的姐姐而爱我，而不要因为我未来已经成为教授或者其他而进行爱的取舍，好吗？我欣慰，是因为，我已经悄悄地感知到你的成长和沉淀了，因为你不止一次地对妈妈说想供姐姐上学。姐姐自己的事情，自己有谱，再苦再累，我有能力对付和扛过去，只要你和你媳妇两人能够帮我孝顺父母，和和气气过好自己的日子，姐姐就心满意足了。相信你一定不至于让姐姐失望。前几天的梦还在我心里，你被打死，头上一个血洞无休无止地流血，我的伤痛居然那么撕心裂肺，梦里的我抱着你坐在冰冷的地上号啕大哭，嘴里不停地喊："妈妈呀，我没有弟弟了，我的弟弟怎么被打死了。"弟弟啊，要珍惜你现在的幸福，同时培养自己面对挫折的勇气，因为父母不可能陪你一生。

还有大弟，我们只相差一岁，从小打架打到大，每次被父亲抓住都一顿暴打，所以尽管连下棋悔棋都打到死去活来，尽管打完架每次都得想尽办法不让爸爸知道，但是我终于发现你有了喉结，终于发现打架时我再也占不到便宜了。现在，你已成为另一所大房子的一家之主，我知道你每一点隐秘的痛苦，或者父母亲人甚至妻子都不知道的情绪，姐姐都在关注着，虽然目前我无法为你做什么，甚至将来，我的能力和机遇或者不如你，更不能为你做什么，我只想告诉你："只要乐观和平和地努力，将来的事情，一切都有可能。如果你安于平淡，那么快乐地生活就够了。如果你想有所图进，那么永远不要放弃学习，以及勇气和宽容、诚信这些东西，无论多难，都请坚持。即使不成功，你也是条好汉子！"

你救了我一命，当年不是你拼命狂奔，姐姐的命早已离恨九天，就无法对你说这些话了，所以我一定要记得这些恩德，忘记你我之间可能或也许存在的芥蒂。事实上，好长时间以来，我暗暗地疼着你自己都不知道，"非典"暴发之前一月，正好是你在北京上大学的第四年，我不知道你的未婚妻是否有感应，我却一次一次被关于你的噩梦惊醒，然后就疯狂担心你——后来"非典"暴发，北京是疫情中心，始知所梦非虚。我居然在多年以来首次对你在北京的生活牵肠挂肚不能入眠，想你的孤单，想你因为初中那个变态老师的非常打击以及我们父亲的教育失当而孤僻的性格能否在北京过得开心，骨肉连心，绝非虚言。

你恋爱受挫，在我面前失声痛哭时，我似乎全无表情，殊不知，你走后，我常常一想到你涕泪横飞的样子就心痛难忍。后来，你如愿和心爱的姑娘良缘得续，姐姐心里一块石头落地了。虽然时有琐事使你我摩擦不止，然毕竟骨肉，岂能一朝稍离？大弟，知道你生命中亦有许多的触动，或者以后还有或喜或悲的命运在等待着你，我不祝福你一帆风顺，因为那样的事情存在的概率太小，只希望我们都能够感激生命中所有美好的东西，而忘记痛苦曾经给我们的伤害。痛苦毕竟也给我们的岁月写下了一些智慧的印痕啊。

我今天看到一个小媳妇因为丈夫兄弟们之间勾心斗角而疲惫不堪的小文章，不禁庆幸不已。我父亲的兄弟姊妹也有暗中较劲的地方，可是他们也会在困难来临时瞬时团结如一毫不算计，也会在除夕晚上大家打牌聚会，输输赢赢哈哈一笑毫不在乎。母亲常常谑笑父亲："今晚又挤牛奶了吧？就知道你，不会玩还死爱玩，年年给人家输血。"叔叔们中的一个就会嚷："今年大哥的运气红透了，把我们弟兄几个都输得只剩鞋了。还能挤牛奶？"其他的一时大笑，表情各异，但是都放松。天大的事情也不能剥夺除夕这晚上的聚会小赌的乐趣。要是爸爸当真输了钱，会慢悠悠地说："挤——了，挤给老二了，老三也好像赢了我几个呢。"我们亦跟着瞎乐。

感激上苍，让我有这样的家和亲人。尽管有时候，我因为清楚地感觉到祖上的思维方式和某些鄙陋的东西在自己的血液里窜动和干扰，使我有些无法适应这样纷繁复杂的世界，无法飞得更远更高，但是我依然爱他们，依然庆幸，毕竟我不是一棵没有家乡的野草。

我希望自己能够成为一个简单而愿意奋斗的，有着优秀的内质来应对这样的尘间风雨，以回报所有给过我关爱，哪怕就是一个眼神，一个理解的人。在冬天，希望我们都不觉得冷，因为爱的存在。

"宁做善良的弱者而死，也绝不谋求邪恶的强权。"一句来自网上基督教徒的话，我不能全部做到，也并不信奉基督，但是希望自己能够在反叛的灵魂深处有清水一样的湖泊，像那些音乐一样，可以洗涤我的浮躁和不安以及不平，让我能够大隐而不伤，大爱而无形，隐于市，酒肉穿肠过，佛祖心中留。繁花似锦，春光自现，是为午夜自纪。

婆　婆

很久以来，一直想为我那勤劳善良视我如亲生女儿的前婆婆写一段文字，离婚 6 年以来，居然总觉得我离去造成对她的伤害是无法弥补的过失啊。

第一次见婆婆的时候，我跟前夫都还是初涉尘世的小屁孩，我始终没有想过要把他当作结婚的对象——前夫是我中专的同学，高我三级，我进学校的当年他正好毕业。第一次老乡会上，很内向的他居然能够有勇气来到我面前很大方地说："过几天我去你们宿舍找你好吗？"出于礼貌，我点了点头。他到我们宿舍的时候好像是周末，我们刚刚大扫除完毕，一地的水渍，他敲门进来，宿舍的姐妹们赶紧让座，他慌慌张张地答应着，一个不小心，屁股滑了一下坐到了刚拖过的地板上，一条月白色的裤子马上成了大花脸。姐妹们都大笑着跑出去了，留下他尴尬而勇敢地笑着，我也不知如何应对这种超级经典的场面。当时聊了些什么我有点忘了，但是我心里在想，未来我跟这个人只能做朋友，如果选了他做丈夫，他在我面前会自卑的，而我的伴侣必须是一个精神上强大自信的人，这样我会觉得安全。

后来与前夫的铁哥们、同班同学遇见，一见钟情的神话在年轻而有锐气的少男少女中间生根发芽，开始了我生命中的第一次正式意义上的恋爱。他的父亲是个农村中学的校长，母亲是地道的农民。小伙子非常踏实稳重，吉他弹得非常棒，我不知道自己是被什么迷醉了，经常能够在前夫眼里看到痛苦、嫉妒和隐忍。记得那时候有过即使他残废了我也愿意一生伺候他的疯狂爱恋——十几年过去了，沧海桑田，他娶了同校的美女，一个女儿 6 岁，像天使一样漂亮可爱，却在去年突然离婚，他哭着求我："嫁给我好吗？只要你给我百分之一的希望，我会做百分之百的努力。”可惜，心已死，十几年的岁月早已冲淡了当年那种卿卿我我，你可能不相信我们当年的恋爱居然只在最后分手的时候有“吻”这样稀奇的事情，尽管我那时候爱到极致，他一说近期将从家乡过来看我，我能天天在路口痴痴地等待，却其实连拉手的机会都很少。

在他和我双双遇到阻力不得不分手以后，痛苦的我只能在文字里驰骋飞扬，企图借此为我的初恋做祭。这时候我的第二段恋爱开场了，不知道算不算补偿，或者我也有不负责任逃避的心理。最爱的人毕竟有不寻常的开头——在遇见他之前一周，我做了一个神奇的梦，一身白衣的哥哥来敲我的家门，我穿着白色镂花的棉布睡衣打开门，他进门就把玫瑰花放在桌子上，很温柔地说：“我来看你了。”仿佛几百年前就认识我似的表情和语气。我也毫无芥蒂地脉脉注视，心里说：“是的，我喜欢这个人，我喜欢他。”醒来觉得甜蜜犹在，我还笑自己可能失恋的打击受得太大以至花痴了。

下一个周末的晚上，刚吃过饭跟父母在客厅闲聊的时候，电视台工作的一个朋友三番五次地请我出去吃饭，我坚持未果只好开门前去应酬。

是夜大雪，仿佛神给了我什么启示，我出门前心里忽然扑通扑通狂跳不已。到了一家叫“乐天”的酒楼，朋友给我介绍了座上的客人，其余大都比较熟悉，一个播音员，两个记者，一个广告代理。只有他是陌生的，可是当我与他四目相对，我的惊讶只有自己知道，他居然是我梦里那个男人！

我也许有什么特殊的感应场，经常可以梦见第二天要遇见的人或事情，或者一年内可能发生的大事情，可是没有任何一件事像我遇见他这个事故这样，自此震撼和影响了我许多年头。痛为他，悲为他，欢乐为他，幸福为他。也许只有爱过的人理解我这种刻骨铭心的感受，所以，我也特别能够理解别人的感情。并且，在经历许多曲折之后，虽然并不信奉任何宗教，却有了观世音那种悲天悯人的情怀。

巴山蜀水凄凉地，二十三年弃置身。后来每读到刘禹锡的《酬乐天扬州初逢席上见赠》，我都会觉得自己的苦难似乎是天定的。我认识他时，刚好虚 23 岁，他在异地他乡亦恰好度过 23 年，而且，我们正是在“乐天”酒楼初逢。我们热恋的时候，也会经常互相提问，回想初次见面的时间地点。后来归乡，我曾经很留意地找过那一家酒楼，马路扩建，门面改易，早已是桃花依旧，人面不知。

米兰·昆德拉的小说里多次提到数字和机缘的关联和暗示，常常使我陷入一种荒诞而深刻的恍惚之中。

无可奈何花落去，似曾相识燕归来。

人生着皆是不易的，所以要理解。

扯远了。

再回到前婆婆身上吧。

前婆婆家在山区，公公是一个木匠，外形和前夫很像。都说婆媳关系是最难处的，我却从来没有感到过半点来自婆婆的压力。和哥哥终成镜花水月之后，心凉如水的我很快选择了本以为老实忠厚的前夫，希望在毫无幻想的世界里开始平平静静的相夫教子的生活，孝敬公婆，抚育幼小，似乎生活就该这样下去，这本就是最初的小丫头对于婚姻的全部憧憬啊。

可是我最大的痛苦竟然来自前夫，结婚之后，在每一件细小的事情上都无法跟他合心合意，我开始失眠。也许仓促的婚姻决定了我们的缘分只能是短暂的，我中专时候的担忧成了铁定的事实。或者另外一个女人能让他过得比现在自在和开心很多，一具不爱的躯壳是无法成为美满婚姻的女主角的，我决定离开，前夫的苦苦哀求没有挽回这一出戏剧的落幕。

我不知道如何评价自己，我是那么期望虽然贫困却相亲相爱的日子，两个灵魂在同一个屋檐下，我却没有任何交流和契入的冲动。潜意识里我在疯狂地逃避父亲一样的男子，他却俨然一个父亲的翻版，哥哥是一个完美的兄长和父亲的影子在我心底深处潜藏，好累。

我不能说我和前夫谁是谁非，只知道，在他用菜刀威胁我要是离婚就杀了我，而羞愤交加的我则一头撞到墙上那一刻，心里只有一个声音，宁可死了，也绝不能跟这个可怕的人再过一天，无论他口头上再如何告诉我他的爱有多深。

宁为玉碎，不为瓦全。

宁缺毋滥。

离婚的时候，我两手空空地逃走，一无所有。但是我知道自由了，天终于又蓝了，水终于又绿了，鸟儿终于又开始欢唱了。

我心下最不安的居然是婆婆。听妈妈告诉我，婆婆自小父亲死了，嫁过去之后，婆婆的婆婆的婆婆还能打得动别人，经常颠着小脚用拐杖打得婆婆和婆婆的婆婆满院子跑，后来这个厉害的角色回地下睡觉去了，婆婆的婆婆和她的老公，也就是我前夫的爸爸继承了这一恶习，她整日夹紧尾巴地上苦劳家里操持，还稍有不慎就可能招来打骂。妈妈说：你婆婆苦啊，你看看她的手，所有的指头都是中间的骨节特别的粗大，那都是受苦的记录啊！我听得泪眼婆娑，暗暗发誓一定要善待自己的第二个母亲。

一次装作无意地拉着婆婆的手看了看，果然，新新旧旧的伤痕和粗糙的沟沟壑壑满手四处地窜，心里难受得刀割一样。

刚结婚那年澳门回归，我又跟庆典文娱活动密切相关，工作非常忙，一周顾不上回家，爸爸妈妈就扑过来看我了，爸爸还常常伤心地说："结了婚就不要爸妈了吗？连个电话也不打。"那时候最厉害也就有个传呼机，哪像现在这样手机铺天盖地，想什么时候说就什么时候拨呢。实在说，知道自己的父母不会计较，而且家里也真的不是很缺，父母来了我常常端一杯水就赖在沙发上喊累，有时候妈妈还得给我做吃的，批评我不好好爱护自己。我也想，可是，工作几乎就是个魔鬼，而领导就是魔鬼他老婆，能逼死你。你还不敢不做，无可逃遁。

就是这样的情况，只要婆婆从山里一来，我总是想尽办法采购时鲜的水果和蔬菜，七碟子八碗摆满桌子，一个劲儿往她碗里夹菜——她们那里缺水，经常发生为了抢水浇地打死人的事件，所以蔬菜非常少。因为结婚时我们住的是租来的房子，后来爸爸给我们借钱买了新房，我和前夫也拿不出多少钱来补贴家里，我只能希望婆婆在有限的时间里多享受一些东西。她的眼神总是小心翼翼和生怯的，看着就让人心疼。只要有空我就带婆婆上街逛，陪她看稀罕，婆婆渐渐有些依赖我。她爱吃一种叫猫耳朵的面食，只要她来，我为她做的第一顿饭总是猫耳朵，这样，我压面的时候婆婆老要跟着，以至于压面的女人说："你看你们娘俩亲热的！"我和婆婆相视一笑，婆婆说："这是我媳妇啊。"声音里透着满足和自豪。正因如此，婆婆甚至以为我的工作可以随时离开，一次来家忘了带钥匙，前夫又在外地，她三五次打电话让我请假回家给她开门。那时候领导因为琐事缠身，脾气狂大，曾经声嘶力竭地宣布：“除非死了爹娘儿女，一律不许请假，这里不是慈善堂，可以让你随来随走。”我怎么敢？虽然是国家机构，就有人可以公然地天天用公家的钱请上级领导吃饭娱乐，并且让我们这些所谓人才随时去陪领导跳舞唱歌，也可以动辄以“滚蛋”相威胁。要知道迟早有一天我一定会炒了那个地方，我当年怎么也不该让婆婆在门口等一个下午啊。要知道婆婆只是个农村妇女，她唯一知道的电话不是她儿子的，是我单位的电话啊！写到这里，心里的眼泪再一次喷涌而出。原谅我，我的好婆婆！

我多么希望自己能够永远给予婆婆这样的幸福啊。可是，我不爱自己的老公，甚至发展到他在外地出差的日子似乎是我节日的地步 —— 再忙，我可以把简单的家收拾得干净舒适，然后把自己整理清爽，入睡前看点书，或者弹弹琴，或者吹吹箫，然后很怡然地倒头就睡。他一回来，无论多么闲散，我就能整夜整夜睡不着觉，头发一大把一大把地掉，无法容忍跟他同榻，更别说让他碰我。其实老公也很无辜，很可能。他正当壮年，有很正常的生理和心理需求，而我那么残忍，嫁给他却不能容忍他。或者，相对于老公，在某些地方我也是一个罪人，我的确欠了他。

但是，话说回来，除了这些，我对老公已经仁至义尽，毫无愧疚。

离婚是个很漫长的过程，婆婆数次来看我，最后一次是我和前夫的婚姻已毫无希望的时候 —— 因为我的孩子已经去了天堂，我再无任何留恋的必要。婆婆再疼我，我也不能因为婆婆的原因还待在那里吧，我清楚而绝望地看到了自己的未来。婆婆泣不成声，一个劲儿地哭着说：“我那个不争气的东西一天到晚说媳妇不好，那是谁用摩托车带着我到处逛，是谁那么尽心尽意地伺候我来，我就觉得我媳妇好啊。媳妇啊，从小他就那样，因为倔和耍小聪明挨了不少打，可怎么也改不掉啊。”我也哭了：“妈，对不起，这也不是谁对谁错的事情，只是我俩不合适。我真的不希望自己的后代是他那样的人，而且孩子也没了，如果有，或者我还可以回头，现在不行了。对不起，真的对不起。”我想跪下去给这个老人磕一个头，可是坐月子以来长久的心理折磨已经使我的身体形如槁木，而且，我这样的举动只会让老人家更伤心。别说婆婆觉得我好，我也觉得婆婆是那样慈祥和知理，怀孕的时候，突然想吃一个烤红薯，我只是望了一眼那个大烤炉就转身走了，我想等婆婆走了再自己买，毕竟婆婆那里非常困难。谁想，眨眼的工夫，婆婆就用大纸包包着两只烤得松软的热红薯拿来递给我了。我眼圈一红，打开纸包让婆婆也吃一点，她连忙说："我不爱吃这东西，我的娃快趁热吃。"平日里只要来城里，我下班来总能看见婆婆在厨房里为我做饭，期望媳妇能够一下班就舒舒服服享受热茶热饭——尽管这活总是被我抢过来做。婆婆是农村人，可是每次跟我出门逛街，她总是把头发抿了又抿，喷点定形水，然后一遍遍在镜子前打量自己的衣装，虽然简单，她从不让自己邋遢着出门，我知道，她是看我喜欢装扮自己，害怕自己土气让我难堪，而且，另一个可能潜藏的因素是：她是个懂得尊重自己的好女人。经常可以听见有婆婆唠叨媳妇爱臭美如何如何的，可是我的婆婆却常告诉我："我的娃，你年轻，现在外面这么花哨的，你喜欢怎么穿就怎么穿，不要担心我有什么想法，有你这么好的媳妇是我修来的，我支持你。不要年纪轻轻就变成老婆娘，那有个啥意思。"我是多么的幸运，能够有这样一个一点不把媳妇当仇人的婆婆！

就是这样的婆婆，我却无福气消受。

离婚协议签完后，婆婆拉着我的手，再一次恋恋不舍地说："娃娃啊，我们的亲戚做到头了。"眼泪在眼眶里骨碌骨碌直转，在跟老公的离婚大战里，我一直处在恐惧、羞辱和怜悯以及失去孩子等等感觉造成的感情旋涡里，几乎麻木，婆婆的一句话让我的心颤栗不已，我甚至想我是不是错了。

跟前夫成了路人，自然不敢深入虎穴去看远在山沟深处一天只能通一趟车的婆婆。

大概在一年后，我在自己承包的公交车上遇见了更加瘦弱的婆婆拎着一个大蛇皮袋子上车，一定是给老公送清油和大米之类东西回来，坐这趟车再去倒车到山里。我心里酸得不可抑制，把自己坐的座位让给她，想想一个母亲的心，我怎么可以补偿！婆婆说："老二已经生了，生了个丫头。可怜啊，到现在莹莹（婆婆帮亲戚养的丫头，算我小姑子，那时候好像十岁）都不知道你们离婚的。娃娃想你啊，经常问我：妈妈，大嫂呢？大嫂去哪里了。我只能告诉她你去了特别远的地方，要好几年才能回来，等她大了再说吧。她太恋着你了，常常想着你就哭。"

我无言以对，莹莹也是个苦孩子，父母无法抚养她，他们想要个男孩子。在山里，一个男丁就是一个壮劳力啊，可怜的莹莹被迫寄人篱下，所幸她寄放在我婆婆这样善良的女人身边，从小丧父的婆婆知道小孩子的敏感和隐痛，所以格外疼爱她。我也一样，在她来家那些日子，给她买花裙子、小书包，给她梳好看的小辫子，只要她喜欢吃的东西，我一准让她吃个够。几乎每次婆婆进城，小家伙都吵着要来看大嫂，这个聪明可爱的小姑子是几乎把我当妈妈看的，可是我不能够再照顾她了，怎能不令人心碎！

那一面似乎就此定格。婆婆下车后，我冒着被处罚的危险给她把蛇皮袋提到停车点斜对拐的候车站，要帮她买票，她坚决地阻挡了："我的娃娃，你也不容易，妈还过得去。不要担心我了，快忙去吧。"

含泪离开，婆婆憨厚羞怯的表情多少年一直在我眼前晃动。我不知道还有没有机会有朝一日跪在她面前，对她说声对不起，再叫一声妈！

前夫找过我好几次，我没有再回头，我不希望他未来可能有的美好生活再次受到影响，毕竟我曾经三次答应他要嫁，包括最后一次，嫁了，还是拼命地离开了。所以，我一次也没有给过他好脸色，甚至很冷酷，这样他就不会心存希望，也就更可能重新开始另一段生命里的邂逅。

事隔多年，不知道婆婆过得好不好。也真的很希望前夫已经过上了平淡但是幸福的好日子，毕竟其实他不是个坏男人，虽然有很多缺点。我就是完人吗？

婆婆，您没有生我，却和亲妈无异。如果没有机会，先在博客里悄悄地给您鞠一躬吧，祝您健康长寿，或者能够等到我再来看您的时候。我的好婆婆！

父 亲

我不能像感受空气一样感受人死后的魂魄，但我希望人死后有灵魂，并且这精魂可以洞穿活着的人的一切心思。那么我就可以借此与我那辛劳一生的爸爸做无任何隔膜的交流，而且乞求他的宽容。

我有这个念头不是一日两日了——尤其是今天中午，当爸爸开门出去时又像昨天那样沉沉地叹了一口气。看着他那套已经半旧的西服上的土和他的已长长而且在床上蹭得乱七八糟的头发，我忽然有一种冲动，想叫住爸爸帮他细细地梳理一番。然而我们之间的那层膜，那层连爱都怯于表达的膜一刹那捆缚了我的手脚，我竟就那样呆望着爸爸佝偻着身子合上门，而后在无意识中听见爸爸的脚步声渐渐消失于楼梯上。“人要有灵魂多好！”在这个春天的暖阳熏照着的正午的客厅里，我一个人坐着，这句话自然而然地冲口而出。内疚和感慨中，我的思绪便浸淫于父亲如海一般惊涛骇浪的一生了。

父亲在家中为长子，是以出道较早。他常爱带着得意的神气给我们讲十六岁的他怎样用一把瓜子哄得公社那些干部连惯常的体检都没有做就把招工指标给了他的故事。两个弟弟先还觉得可笑，抱着肚子笑得打滚，后来就神色淡然不肯一笑，再后来那脸上就浮现出厌倦的神气，但是还能应景地笑两声。我在一旁看着爸爸额头上日益加深的皱纹，替他感到悲哀——如果那时候爸爸不要出外，在家乡做他那个至今仍被家乡人交口称赞的孝子，并且日出而作日落而息的话，那么如今家乡的日子那样如火如荼，他的命运会不会不同呢？

我们小时候，一年只在夏天才能见到父亲，我们想他盼他又怕他。想他是因为父亲的打扮和神采在村子里是无人能比的，雪白的软料子半截袖和月白的洋布裤子在走路时簌簌地飘，再衬上父亲高大的身板和年轻白皙的面孔，有说不出的漂亮。更何况他从很远的地方带来橘子、橙子、菠萝、龙眼、荔枝、甘蔗及花花绿绿的糖果糕点，是在我们当时的水平所难见的呢。怕他是因为父亲的凶，我不记得其他什么，只记得刚上一年级那一天，因为“a、o、e”写得不够工整给老爸用老皮鞋和大巴掌打得满炕滚，幸而有奶奶大声呵斥把我解救出来了。因为当时屋里有很多人聊天，气氛很好时突然遭打，故而印象特别深刻。到现在一闭眼也能感到那双硕大的黑圆头皮鞋及一双瘦硬的大手劈头夹脑压过来的恐惧。

此后，因为学习因为生活琐事挨打的记忆无法历数，直到我十六岁考上中专第一次远离家门，从此不复挨揍的命运，但是弟弟们依然生活得水深火热。

小时候，一听爸爸回家，大弟就飞一般地把自己的脸藏到老院子背面那排土坯和墙夹成的窄缝里，因为身子挤不进去，屁股露在缝外头，像一只把头扎进沙子的鸵鸟，死也不肯回头看那个看上去潇洒飘逸的男人。每念及此，好笑之余倍觉辛酸，替我们也替我们那个深爱着孩子却一直无法被我们认同的父亲。

人小未免幼稚，一回我们三个被老爸打得浑身是尺把长的肿轱辘并且罚站在草棚里。天渐渐暗下来时，我们三个挤挤挨挨哽哽咽咽地商量：“我们从抽屉里拿些钱跑吧！”“走，没钱也走，这个鬼家我不想再呆了。”“对，出去了咱们做小工，能挣点就吃，挣不上就是饿死也比在家三天两头挨打叫打死的强！”……当时，我大概八岁，大弟七岁，小弟五岁。

如今回想起来，爷爷早逝，身为长子的父亲独身在外要承担他的一大家包括四个叔叔和一个姑姑的学习、生活，还要照顾寡居在家的奶奶，母老弟幼，我们几个猴崽子也个个不是省油的灯，再加孤身颠沛，艰难无人可以想象，脾气暴躁实在是可以理解的。

我念中学时，已是父亲从南方回来的第六个年头。由于家底瘠薄，那六个住在城里的春秋我们的日子十分艰难。然而值得庆幸的是，在城里的小学我们姐弟三个都是老师最为得意的学生，每每家长会回来，父亲的脸能舒眉展眼笑七八天。老师对我们非常好，大弟的班主任刚刚结婚，经常把大弟弟接到家里吃午饭睡觉，把这个土鳖的学生当自己的儿子疼，据说亮丽青春的师母居然也格外疼爱弟弟。我的老师经常在家长会后当着一众家长的面摸着我的小脑袋，疼爱而亲昵地对爸爸说："娃娃听话得很，学习又好，你们放心。"这令周围的家长们简直就眼红到发黑，我的同学们和我相处得亲密无间，无比和睦。虽然家境并不好，可我们是天真无忧的年岁，周围可能存在也可能不存在的嘲讽和目光我们一概不知道。我和弟弟先后以第一名的成绩踏入重点中学的门槛，这让父亲再次风光了一下，我留心地看了，父亲头上偷偷有了白发，眼睛也混浊了不少，但是精气神却很好，每次单位的人问起来："丫头考上一中了？"或者是"老张行啊，儿子又考到一中了！"他脸上的得意简直压抑不住地溢出来了。

从南方回来，父亲没日没夜地滚在工作上，再也没见过像我儿时那样干净清爽的他了。不过，每年他们单位的先进生产者、劳动模范这些红本本都争着抢着往我家跑，有一次他甚至代表武威市去省城参加劳动模范表彰大会，这是我曾经十分骄傲的事情。

父亲对我们很疼爱，平日里有好吃的自己总说不爱吃非看着我们一口一口吃了才高兴。我们也就当真以为父亲不爱吃，心安理得地吃下去，然后在他威严的面孔前感到无措，遂小老鼠似的走出他的目光，每当这时父亲总长叹一声。我们当然不能理解他为什么叹气，只是觉得我们悄默声地走开时，背上仿佛背了半个太阳，滚烫、沉重。直到上初二时，一次无意间听到父亲有些哽咽地对母亲说："你说我为了啥来，吃了这么多苦受了这么多罪，他们一个一个见了我话都不说！……"我的心突然剧烈地颤抖起来，为了父亲的委屈，一个男人的委屈。

初三时，我开始上晚自习。每天早上五点多，父亲就翻身起床，在一个小电炉子上替我们熬上稀粥，而后躺在床上假寐。到六点半叫醒我，看着我吃好捂严实，便起床送我。我总劝他不必如此，他不说话，执拗地送我到路口才回家补觉。

就在我将要毕业时，父亲被宣判为胃癌。听到这个消息我像挨了当头一棒，竟失声痛哭起来，这时候的我发现自己是多么地爱自己暴躁又慈爱的父亲啊。我无法接受这样的事实——也是坐在桌子前头，我一遍遍地回想往事，情绪就像用旧了的丝毛刷，乱作一团。

可能就在那一瞬间，我长大了。

父亲找了他的中学同学——市医院的一位大夫，专门为我制定了营养食谱，一日三餐和饮品都亲自端到我手上。那沉甸甸的目光让我有些窒息，我心中积满了滚滚热浪，却只能默默用功。

病后，人们都劝父亲别再上班了，可他一言不发，总是准时准点出现在厂区，他说："我是优秀共产党员，咋能随便退缩呢。"这话搁在今天我听到了，准会笑起来，因为可有雷锋的味道呢。其实，一家五口的嘴巴也应当是他不能退缩的原因吧。

情势所逼，我只能考上中专准备接父亲的担子养家糊口。我考取的学校挺不起眼，但父亲乐坏了，走起路来昂首挺胸像个将军，脸上满是骄傲。

于是我此后的生命就变成了一段为了父亲骄傲而拼命的历程。其中甘苦无人能解。

直到我开始厌倦，我厌倦了总是欠着别人的那种愧疚感，厌倦了在各种社会角色里奔波跑龙套，厌倦了世界上的尔虞我诈遮遮掩掩。

父亲手术后，身体陆陆续续有些毛病，心脏不好了，所幸二十多年一直跑跑窜窜没有倒下。退休之后，他有点儿失落，我鼓励他出去找同学、朋友多玩玩，好好颐养天年。父亲沉思良久，有些心动。接着就看到他像打了鸡血似的跟母亲两个参加了老年大学，成天穿个太极服背一把剑拿着一把扇子往公园跑。他佝偻着腰，蜡黄着脸，走路带风，一刻也不肯闲着。

近几年，老年大学不去了，他说有时候替弟弟接送孩子顾不上，而且他也厌倦了。他脾气慢慢执拗得让人难以理解，他认定的事情，哪怕来十头犍牛都拉不回去。这不，前年被人家忽悠买了一台八千多的畅能理疗机，说是可以治掉身体上所有的病，每天几乎一有空就插上电往沙发上一坐，我一次端水给他还被电得直打哆嗦，他笑得黄牙参差说："哎哎，我还忘了，我们坐垫子的时候别人不能碰，我们脚下这块垫子是绝缘的，其他人会导电。"我摇摇头，不知道说什么好了。垫子坐了两年多，父亲还是医院的常客。去年，他又怎么听人说净水器装了可以直接喝自来水，花了四千多块在厨房装了一台，很显摆地历数净水设备的好处，说得摇头晃脑的，一向要喝温热开水不喝茶不喝饮料的他，现在大摇大摆接了自来水管里过滤过的凉水，咕嘟咕嘟地喝，我看着直眨眼睛，万一喝坏了肚子可怎么办啊？

前几天中午，我在学校接到小弟电话，他火急火燎地说："快点给老爹老妈打电话，他们要花四万块钱买几盒药，说是周总理吃过的神药，这些人通过特殊渠道买的，一般人买不到。一盒五千块，我拦不住啊。你说话他们好像还听一点儿。"

我挂了电话，赶紧打过去，压着心头的焦躁，哄娃娃一样摆事实讲道理，一共说了一个多钟头才让我那亲爱的父亲大人相信他是遇见骗子了，态度不很坚定地放弃了购买打算。

妈妈说，今年三月有一天我爹还相信了骗子打来的电话，说自己中奖了，执意要去银行给人家汇款，妈妈提醒他这是骗局，他还很无礼地说："你就跟个神经病似的，一天疑神疑鬼，我中个奖能有啥骗局的。"

周末，我大不放心地买了高铁票回去继续给二位大人"洗脑"，父亲一副我挡了他好事的不耐烦神气。弟弟偷偷问我："唉，你说咱爹是不是老年痴呆了呢？我最近几个月常见他到我家里放下牛奶开着冰箱门就走了。昨天我去地下室看见老爹买了好几箱酒放在那里，锁子在门上挂着，门却开着。"

我沉默，找空打量了父亲的脸半天，他的脸色已经有些黧黑，行动迟缓，完全是一个老人的模样。近些年，我们相继杏子满枝，顾着自己的小家，对于父亲母亲，我们到底投入过多少？三个成了家还不省心的猴，哪一个又让老人们放心过？

时光就是如此残酷，忽忽而逝。父亲，我不知道怎么表达我的情感，只希望您余生安康，岁月绵长。

三生石

昨夜白月睡得好香，不知怎么就梦见王加尔了。她梦见自己和王加尔一起在一大片美丽的荷花池里划船，荷花开得荡荡漾漾，可是每次伸手采下的花，却马上没有了花瓣，只剩下孤零零的花托和他们无奈的对视。最爱的人，才能给你最大的伤口。清晨醒来，不想马上起床，懒懒散散地胡思乱想，这应当是最近一段时间的周末特权了，呵呵，东鹰兄昨日在博客上苦口婆心告诫白月：“丫头，心不能散啊，good good study，day day up！”又吓唬道，“今年要考不上博士我拆了你的零件（白月曾经在病得很厉害的时候跟他诉苦：这几天我全身的零部件集体造反）！”真的很幸运，能够在博客上遇见这样的勤奋好学又关心她的好兄长（他说他能够把英语整到如此地步都是因为心没散努力的结果，哈哈哈哈，阿门），她那美丽的屏嫂嫂总算没有像世上好多的珍品女子一样白白地凋零了，感激上苍！

白月想起中学的历史老师讲金缕玉衣时说到的一个皇帝和妃子的爱情故事，时间太长记得不太完整了。好像是古代一个皇帝极宠爱的皇妃忽然染上了无法痊愈的急症，百般医治都无力回天，此女子自知时日不多，开始拒绝面见皇帝，无论心急如焚的皇帝如何哀求都不肯。直到最后一刻，她命人为自己盛妆，然后答应了自己心爱的男人。皇帝急忙冲到她的病床前面，她却一直背对着龙颜不肯回头，皇帝泣下曰：“我只求能够得见爱妃最后一面。”女子有气无力地悲啼作答：“今生得遇陛下是臣妾之幸，谢谢陛下。可惜我不能再侍奉在陛下膝前，让我们来世还做夫妻吧。原谅臣妾不肯再与陛下相见，因为我自知必死，病中容颜憔悴，不忍使陛下见到我这样枯萎的模样，我希望在陛下的记忆中我永远是那样美丽的样子。”言毕气绝身亡。皇帝放声大哭，虽此妃故去数年而思念不减，遂遍召国中巧匠用名贵材料做了一尊手脚可以活动的塑像，然后用金丝线和宝玉穿缀成一套稀世锦衣为其妆扮，将这尊完全可以和爱妃乱真的雕像放在自己床头，日夜相对。当时年纪小，白月根本不能理解这样的凄凉有何意义。现在突然有点明白了，不过也还是似是而非，爱情的涵义是我们这些浅薄和骄傲的现代人无法理解的。

就在这样的晨光斜照的早晨，白月一瞬间觉得这个远古的姐妹真的是个智慧非凡的女子，给爱情下了一个荷池一样摇摇荡荡美丽绝伦却无迹可求的定义，既知无法拥有，马上用一个最华丽的转身将自己的背影写在背景里，使后世多少相爱的人在想到她时感慨不已啊。她用坚决的转身保留了永久的爱情。一个皇帝，三宫六院粉黛三千，可以忘记的理由有很多，可是他唯独记着这一个病逝的只给他背影的女子。女人的美丽，有时候可能仅仅凭借漂亮的外形是不能诠释的。爱情的悲剧和喜剧每天都在世界的各个角落不停上演，再惊天动地的故事也不过是沧海一粟宇宙一尘，计较起来有什么放不下呢？为自己的爱留一点儿余地或者空间也许会使自己的爱延伸得远一些吧，可惜往往当局者迷。再回头想想今年的许多所谓“爱情”事故，男男女女或者当初是有感觉的，或者就是交易而已，然后在遥远的北京打得头破血流令人绝望，不是他们疯了就是世界疯了，某些风尘女子还大声地将“爱情”写在北京的街头，吐啊，亵渎也是要有职业道德的，不配谈的人请闭嘴吧，如此好歹大家还可以将你当作人类和兽类交界处的一类生物。

当然白月绝不敢说自己就可以大胆无忌地书写“爱情”这两个字，她也许是个迷路的孩子，一时还不知道自己的方向。“如果这真的是罪，那么惩罚我吧上天，只是请给我的爱人平安和幸福。”心里还是有痛，但更多的是平静。她爱了，她恨了，痛过了，也甜蜜过了，一生稍纵即逝，心已无悔。认识以后的第一次单独约会，他一次一次为白月唱《莫斯科郊外的夜晚》，他笨手笨脚地跟着白月学弹琴，认真惶恐的神态至今仍然历历在目。他们最好的时候，曾经讨论过许多问题，他说：“对不起，来世吧，来世我一定陪你一辈子。这一辈子，我欠了你。”紧紧相拥，他醉着，白月哭得气咽肠断。还在不知哪一条乡间小道上很认真地讨论生死，白月先说：“哥哥，我们总有一天会去见马克思叔叔的，真舍不得你啊。你说咱们该谁先遗臭万年呢？我先死的话，就怕没有人照顾你，怕你会想我，会伤心，我可不愿让你难过啊。要是你先永垂不朽了，我会痛苦不堪无法独活的。不过，至少我可以亲手埋藏我最爱的人。再说，我宁愿那个独自伤心落泪的人是我，而不是我最爱的哥哥。”然后，俩人突然笑了，好好的说什么死呀活呀，我们傻了啊。

认识几年后的一个中秋，他们在一起赏月，万籁俱寂，他们默默无语依偎着。白月问了一个所有女人都爱问的比较愚蠢的问题：“咱们都认识这么久了，你还从来都没说过……说过……”“说什么呢？”王加尔温柔而且有点诧异。白月羞羞答答低头蚊子哼哼似的说：“你还从来没说过……说过……爱不爱我呢。”她不敢看他。他轻轻笑了，抬起白月的脸说：“看着我，看着我的眼睛，告诉你，不爱，不爱。听见了吗？”白月一惊，眼泪一下冒出来，他笑得更得意，一把揽过白月，几乎搂得她喘不过气来，一生一世也挣扎不脱的样子。他在白月的耳边轻轻地说：“傻孩子，你说我爱不爱嘛！真是个傻透顶的小傻子。爱就一定要天天挂在嘴上吗？记住，我不会轻易地用爱这个字眼，但是我会关心你牵挂你疼你，不管是现在还是将来。我想这个世界上再也不会有哪个人能够像我这样从心底疼你了，或者你的父母可以除外。无论你在什么地方，都记住你哥哥的这句话。”就那样醉在明媚的月光和爱人的怀抱里，真希望时间在那一刻定格，永世不要改变。

那一年的中秋节，他开始烦躁不安唉声叹气，说：“我举目无亲，觉得好孤单啊。”白月说：“我在你身边啊，我来陪你了啊，不要难过了。”他一声长叹：“你不懂，你这个让人又爱又恨的小东西啊。”

哪怕距离再远，哪怕再简陋的地方，有他的世界就是白月的天堂啊。今夜，月儿从很远的地方赶来陪他，他居然仍觉得孤独。他在思念什么呢？白月不敢想，不敢问，好多复杂的情感不是用一句话两句话说得清的，白月明白又不敢明白。月圆月缺，有许多个月圆的晚上他都发短信给白月：“两情若在长久时，又何必朝朝暮暮。但愿人长久，千里共婵娟。”白月很多次一个人在世界不同的角落捧着手机仰望夜空，心里甜蜜而疼痛，她心的绿野似乎只有他，根深叶茂，无法剔除和替代。她有个男性朋友，是个小有名气的作家，曾对他道听途说的他们的故事慨叹不已。某次分手期间，作家同志旁敲侧击地用一言半语询问白月，她不想说。他告诉白月：两情若是久长时，就一定要朝朝暮暮，男人其实很多时候非常害怕孤独和冷清。当初你的离开是你犯的一个最大的错误。

白月不能不离开，她没有选择的权利，她必须让自己更优秀，希望这样才能与他相匹配。尽管也许别人并不把他当做什么宝贝，但是在白月心里，他是最好的，无论他多么贫穷或者富有，多么斯文或者粗野，多么英俊或者苍老。她也不明白自己想捍卫什么，只能说是自己前世欠了他的，今生来偿还这一笔孽债。

开始有了争吵，开始有了冷战，然后比以前更甜蜜，然后赌气分手，一些时候是他说："现在离开我，你对我太残酷了吧。"也有一些时候是白月回想他的一千种好处，觉得自己不懂事，向他道歉。然后不知谁又一次说："我们重新开始吧。"

如此翻覆，直到今天，才发现，很多横亘在他们之间的东西是凭借他们的能量根本无法穿越的，不仅仅是生死，不仅仅是世俗，不仅仅是亲人和责任，也不仅仅是爱的疏离。

他们注定此生有缘无分，只能擦肩而过，给对方的天空划下一道美丽而忧伤的印痕。

一个是镜中花，一个是水中月，如果无奇缘，今生如何遇见他？如果有奇缘，为何心事终虚化？他说，梁祝再爱也无法相守一生，唐明皇那样伟大也保护不了一个自己心爱的女人，何况我辈凡人，这是你我的命。

据说有一对恋人相约："今生我们要相伴一百年，谁要九十七岁死，奈何桥上等三年。"

有三生石的传说，是说两个人三生有缘做夫妻，白发相伴，三生三世不肯离弃。

王加尔说下辈子一定陪白月，但她不想有了。这样的刻骨铭心折磨人的爱情，白月宁愿永不再有，她宁愿有一段平平淡淡的逢遇，或者是父母之命媒妁之言，只要能够接纳，然后互相关心和体贴着，和气而淡泊地走到生命的尽头，不要再有山盟海誓，不要再有地老天荒。都说真正相爱的人最终是不可能永远厮守的。天妒红颜，与卿一见，误妾终身。

一段孽缘，前世的冤家，来世的疑问，天不遂人愿。她柔情万种，他去志更坚，他背着许多的压力去履行自己的夙愿，白月只能遥望，只能祝福。

谁要九十七岁死，奈何桥上等三年。

不知此时，他在何处，可有思念的枝叶在他心里滋长？他说：“记住妹妹，每一天，我都会在某一刻想起你，牵挂你。哥哥是陪不了你了，你一定要快乐和坚强地活着，答应我好吗？”

白月答应了，只是，还有什么样的东西可以让人相信。他们必须有一个现实的选择，现实的选择却是那样的令人惊骇，每一张面孔后面，包括白月自己的面孔后面，都有那么多的无奈、言不由衷和疏离，唯独不敢拿出信任和真心，一个人人都怕受伤的时代，他们拿什么去拯救他们的爱情啊。

那些有缘相守的人，哪怕只是短暂的相守，请好好珍惜你们的缘分，好好爱护你身边的人。如此人人漂泊的世界，一粒尘埃和另一粒尘埃要有多少的祈祷和机遇才能恰好相逢呢？所以，如果与值得的人相识，无论男女老少，留下你的爱，扔掉无谓的仇恨和怨愤吧。冰冷的尘世，让我们互相温暖，哪怕不能相爱。

南无阿弥陀佛，南无阿弥陀佛。

七夕零雨

跟博友们祝福啦，愿天下有情的皆成了眷属

是很美丽的七夕之日啊，我先要送给所有的博友们一句简单的祝福，万语千言，祝大家皆能幸福快乐！

俺师傅强子好像改名信天游了，留言让我交代一下我失踪的过程。还有性急的阿果，屡次到我的邮箱问讯，很伤感地问我考上博士就不认朋友了吗，怎么可能？我这个人，如果是朋友，不论你是百万富翁还是在大街上拾垃圾的，一律愿意长久往来。但是如果言语不投，哪怕你身居高位俺照甩不误。是阿果不够了解我啊。哎，其实我也想交代来着，一两句说不清啊。自从搬家之后，网线一直不能如愿接入房间，而且家中大小事件纷纭迭起，所以一直都没有来大家的博客做客，请朋友们原谅啊。也许再过两个月，我的宿舍搬定后，网线问题可以解决了，跟大家交代的日子就不远了。少安毋躁啊。

今夜八时四十五分，想要遇见自己妹妹或者哥哥的兄弟姐妹们记住了：“头顶锅盖一只，腰披麻袋一条，不停敲击锅盖半小时，并喊至少三十声‘我是花痴’，至少三十声啊，少了就不灵了。”当第三十声喊毕，你就会发现有一个梦寐以求的妹妹或者哥哥站在你左面。努力啊大家！

祝大家一切安好！

我所经历的最牛的游泳事件

接下来，该让大家开开心了。讲讲我在陕北的游泳池里精彩的一天，大家都张大了嘴巴尽情地笑吧，当然不能让下巴笑脱臼了啊。

这地方，因为各种能源基地的发掘，经济总量迅猛上涨，但是各方面服务就是差一点。这不，天热，想着自己整天待在宿舍闷得跟粽子一样也不好，就琢磨去消夏。哪知我在街上的化妆品店、咖啡馆、羊肉店、公交车、客运中心转了一圈之后，皮肤是晒成麦子的颜色了，健康啊实在。但是谁也不知道这个地方的游泳池的门在哪儿开着。郁闷啊。

好在俺还继承了俺师傅强子——也就是信天游先生的一点儿聪明，俺很快想起来可以跟114查询，嘿，还真查到了。在哪里倒车，在什么地方下车，都告诉我了。美得我呀，当即收拾了自己的泳衣顶着大太阳就兴冲冲地去玩水了。

好不容易找到那个处于郊区的游泳池之后，正午的大太阳和眼前的现实共同地让我眩晕了一下：天啊，居然是露天的泳池，俺像革命青年奔赴延安一样热情满怀找到的一个地方居然是个周围种着很多绿油油庄稼但是一点也不可能罩着游泳池的美好所在，估计长腿的蚊子们倒是可以大乐特乐的喽。

好啊，俺早就带了防晒霜——对不起，不是俺娇气，俺紫外线过敏N年了，太阳轻微地亲吻过，俺的皮肤都有可能瘙痒不止，还会起疹子水疱甚至化脓。也成，来都来了，哪有就走的道理。

一身的热汗，俺也忘了先冲冲凉水再下，结果戴着黑色泳镜和泳帽、穿了黑色泳衣的我活脱脱就是一只瘦弱长腿的大青蛙，刚下水就一激灵。冲过来一个长得很甜蜜的小丫头很可爱地一挑扫帚眉对我说：“美女？你好。”我大乐，又一个激灵。接着漂来一个趴在救生板上的小家伙，看我发抖不止，脆生生一笑说：“冷吧阿姨？没事，一会儿就好了，你瞧我。嘿嘿。”咧着没牙的小嘴一个劲儿在水里扑腾。太阳照着我露出水面的皮肤，刀子割似的疼，想我就豁出去了能怎么着？

游泳圈很小，是儿童用的，好在俺还细溜，也勉强钻进去了，开始在水里来来回回地扑腾。反正俺也就是锻炼，图个开心，也不管姿态对不对，只要不沉下水就万事 OK 了。大概来回游了一个小时，嘿，池子里一帮小家伙开始打水球，一只白色的水球滴溜溜忽悠悠就漂到俺旁边，老顽童脾性大发，就跟这帮碎小子们疯狂抢夺起来，他们虽小，防范能力可一点儿不亚于贝克汉姆，结果我这老太太一开始还能勉强用狗刨式抢到目标，到后来发现一大帮小子们开始联合对付俺这老家伙，俺开始奋不顾身，改游水为在水底跑步，像个大鲨鱼在水里忽东忽西地窜，很快另一些小孩子都凑过来开始大练兵，惊心动魄啊。就见一池水花四溅，笑声迭起，好多人脸上水光阳光闪闪烁烁煞是动人，俺抢到最后都快笑倒在泳池里了。最搞笑的是一次俺猛冲过去到一个十岁小孩身边袭击时，他已经眼疾手快把球传到下一个人手里，结果俺的长指甲似乎伤害了他胳膊上的一块皮肤，那小子疼得倒抽一口冷气说："我的天啊，九阴白骨爪吗？！"我一边道歉，一边笑得背过气去了。

后来疲倦，上岸休息观战，也是开心不已，但是阳光实在太毒辣，让我头昏眼花。好不容易在一个拐角找到一张上面有凉棚的沙滩椅，权衡一下是否干净之后不管不顾地躺了上去，一会儿就睡得口角流香人事不知了。

是那个帅呆了的游泳教练叫醒了俺说："美女，在这里睡会感冒的。"俺脸上一红，赶紧很白痴地笑了一下，说声谢谢。然后觉得周身发冷，看看日已过午，打算再进池子里喝点儿洗脚水就撤兵了——俺老实交代一下，真的，俺十二岁开始学习游泳，到今天还一直不敢扔掉游泳圈啊。俺娘说了，俺有中耳炎，不能让耳朵进水，要不后果会很严重。

看着池子里已经平息的水球大战，以及许多小屁孩在水底鱼儿似的钻来窜去，我突然有点儿羡慕，俺就从来没试过把头沉到水底喝点儿洗澡水啊，俺今天也要试试。于是，在又一次颤颤抖抖度过冷热交替刺激之后，俺先是重新在游泳圈里熟悉了几趟业务，然后就很不要命地把泳圈扔到旁边，用手堵上娇贵的耳朵大人，狠心将自己尊贵的头颅按到一大池热乎乎的洗澡水里头，憋气，憋气，憋气，俺一憋再憋，如是者再三。俺很有成就感啊，就在俺成就感非常高涨的时候，一得意就想在水里试着呼吸——俺忘了俺可不是鱼啊。这下好了，很好，俺结结实实喝了一大口免费饮料，味道好极了，就像加香的威士忌，嘿嘿，辛辣地直冲到俺脑门顶子上，连嗓子都被呛疼了。兄弟们，如果有耐心读到这里，你一定笑了吧？

好的还在后头呢。俺在夕阳西下的时候离开了亲爱的游泳池，然后在心里鼓励自己：以后一定要抽空多来喝几次免费饮料，俺一定可以学会这个业务的。

在那里冲澡也很有特色，冷水热水交替出现，热到可以拔鸡毛，凉到可以冻雪糕，时不时还来点儿沉默不语，让我仰望水龙头做虔诚膜拜状，才可能等到它的下一次运动激情。

郊外是该市的高新技术开发区，出来信步，才发现这里山景异常美丽，而新建的高楼大厦却比市区威严豪奢得多，早就听说新区漂亮，没想到还真是名不虚传哪。走啊走，走啊走，后来上了一辆公交车，心里别提多惬意了。没想到下车时候出状况了，俺的鞋子属于不能泡水的类型，而我得意忘形，一直让它们站在水里，现在还走得铿锵有力，哈哈哈哈，它们发难了，两只鞋子的边依次彻底脱胶，俺愣在原地，寸步难行，大笑不止。偏偏这时候旁边一家饭馆炒了什么很香的东西，诱惑一波又一波地源源不断飘来，天啊，杀人啊，馋得俺呀，只差吮手指了。

街上车来车往，行人不多，没人注意俺的狼狈。俺大笑着拉住了一个小男孩儿，问他近处哪里有修鞋的地方，倒也好，十米不到就有一家，俺弓着身子抓着彻底开瓢的鞋子一步一挪，好不容易到跟前一看，傻眼，修鞋师傅不在。热心的小孩子赶紧帮我找人，哈哈哈哈，尴尬总算解除了。俺大大地谢了一番那个小弟弟，他笑眯眯地走了。

这时候看见平常我一直很喜欢的一家咖啡店，门外放了一只巨大的三人高的茶壶，很古典的样子。平日里车来车往一直没机会光顾，今天既然有缘，不妨一拜。恰巧店左首广告牌上贴着一张招聘启事，我略一打眼看了，悠悠闲闲就过去了，门口有两个穿红色旗袍的女子，很曼妙的样子，俺粲然一笑说：“你们好，俺可以应聘这里的服务员吗？”姑娘有点儿吃惊，但是还很礼貌地说：“当然可以啊。”我又笑：“跟你们开玩笑的，俺今天不喝什么，就想看看里头有些什么，行吗？”姑娘笑了：“当然可以啊，请。”一打珠帘，俺就进去了，咖啡我不爱喝，闻着真是香啊。然后还有玫瑰茶的甜味，实在也很养胃。有很清淡但是醇厚的古乐在各个阁子里萦绕盘旋，真正地开始喜欢了。我问了一下茶水和咖啡果品的价格，居然不似此地别的产品那样总是贵出一截来。就点头说："好了，以后我就是你们的顾客了。呵呵，再见。"

过了马路，发现自己开始头晕，打喷嚏，然后流鼻涕。坐公交，嘿，发现帮我叫人的小孩儿居然跟我在一个站台坐一辆车，缘分啊。我又谢了人家，他倒有点儿害羞，躲到最后面一个座位去了。俺笑笑，坐下来，开始抹我那些蠢蠢欲动的鼻涕，而且喷嚏也呈现出山雨欲来的架势，在我的鼻子里川流不息起来。

是夜，终于喷嚏源源不断如长江黄河了，而且鼻涕也不甘寂寞，到第二日，我开始吃伤风胶囊和阿莫西林、维生素等等药物，而且开始到药店报到打针，那个疼啊，一连打了三天，鼻子周围的皮脱了两层，像害了红斑狼疮，那可爱的鼻涕才睡觉觉去，不再与我为伍了。狼狈啊，三天的日子跟黑暗的旧社会有什么区别嘛，出门，好歹俺也是个淑女，却不得不一直用餐巾纸捂着鼻子，要不然实在影响市容啊。然后再看打过针之后的样子，一手捂着鼻子，一手捂着屁股，一瘸一拐地往宿舍走，唉，惨不忍睹啊。

说到现在，兄弟们给个意见，俺还应当继续去"锻炼"，再去喝洗脚水吗？

梦见前生，并且人告诉我只能活一年了

昨晚开心，在阅览室一坐居然到夜里十点，胡乱找了家小店填了肚子，回来洗漱完毕就寝。

大清早一个漂亮的四川妹妹跟我来借那件黑色绣花的旗袍，她最近在参加选美大赛，今晚决赛，糊里糊涂把衣服给她拿走，倒头继续睡。不想一觉就睡到中午十二点。做了许多奇怪的梦啊，梦见小学、初中、中专、大学好多同学，然后似乎有一座弯度很大的桥，背景很阴森恐怖的样子，不知怎么就见到一些稀奇古怪的鬼，有穿着棉袄的老头，还有穿着花衣裳的小孩子，还有我不认识

和认识的好多东西。接着，好像是一派人说了我的小名，说我再有一年就该到这里来报到了。然后有一个老奶奶一直护着我，告诉我到哪里该怎么做，还一直拦着不让那些大大小小的鬼拉住我的手。

好像还梦到一个王子和一个王妃是如何地缠绵然后互相误解又互相残杀，然后怎么又有人说这是我的前生。我吓出了一身冷汗，淋漓之中悠悠醒转来，阳光照得一屋子都是。

我很奇怪，这几天知道小弟身体不错，而且其他方面也还开心，没有理由在那么早休息还能一直睡到十二点，而且在七夕的早晨做了许多荒唐的梦，有点儿害怕，有点儿欣喜，有些迷惑。

我开始仔细地洗脸化妆，呵呵一笑说：“原来我只有一年时间了啊，那么我一定得快快乐乐地活过去，不能辜负了这最后的一年啊。”

琐 忆

干 爹

干爹这个词在如今可不是一个褒义词，可是“干爹”这个词自己说：“你们人类搞那些乌七八糟的名堂跟我商量过没有，我是无辜的呀。”

如果一定要细究的话，我没有干爹。因为我出生那些年在家乡，认干爹的仪式堪比结婚看家道，那是非常隆重的。而我关于干爹的记忆几乎是空白的，所以我可能有一个假的干爹。

干爹姓王，连老爸他们都记不清他叫啥名号了。关于干爹，我所有的印象都来自他人的陈述或者奚落。

其一，奶奶说老王爸确实拴过我，用一根红裤带拴的。因我小时候好哭，怎么哄都不管用，算命的说在天亮前出门大马路上遇见的第一个人就可以让我止了哭声。结果妈妈和奶奶抱着我出去就遇见了老王爸——他是个孤寡老人，无儿无女，也不知道那么早出门去干什么。童年的印象中他总是爱端个脏兮兮的大瓷碗到家里来。奶奶一声叹息：“哎，怪可怜的。”总是叹着气把他的碗洗干净盛满饭菜。奶奶做的饭可是我童年的无上美味啊，少盐没醋的时代，也不知道她怎么能够随手一拨拉，就能端出来一顿色香味美的饭菜。如今想起来还口水直流呢。

其二，年少的小弟总在过年时显摆地嚷嚷：“你的干爹是老王爸，你干爹是老王爸！”得意之情状溢于言表——这是因为家里只有他是经过很正式的仪程认过干爹的。我们没有正式的干爹，他又霸道地不许我和大弟去看他的干爹。

每次看他得意洋洋地招摇着从我们眼前经过，又大摇大摆地从干爹家回来，扬着手里新崭崭的压岁钱，我和大弟都羡慕到哭。我总是含着眼泪认真地问妈妈："妈，真的我的干爹是老王爸吗？"潜意识里，我其实是不喜欢那个皮肤黝黑步履迟缓的老头的，我才不希望自己是他的女儿。

其三就是两幅画面：一幅是在村老议院那个破烂不堪的大屋子里，孤零零的老王爸斜倚在一方小土炕上，屋子一角有一只特大号的锅，锅里煮着喂牲口的甜菜，惨白的光柱子从黑乌乌的窗上投入到黑乎乎的屋里，使屋里除了光柱子以外的地方都昏昏黄黄，我们一帮熊孩子常常嘴里塞着胡乱从锅里捞出来的甜菜看锅里的蒸汽呼呼地冒，看窗子外头阴沉沉的日头，看老王爸黝黑发亮的脸……另一幅便是老王爸的死期。不知为什么，活着时，他孤单得像棵长在沙漠里的树，方圆五里不见人烟。一旦逝去，他那间黑乎乎的屋子却突然挤满了人，大家都觉得他很可怜，于是呼啦呼啦涌过来送他上路。老王爸的丧礼在那个年代竟是异常隆重，而孝子盆是二叔端的。

事隔多年回忆起这些事情，我漫不经心地问老爸："爸，你还记得那个老王爸吗？他为什么没有儿女？"不等爸爸回答，我又追问："老王爸年轻的时候一定很漂亮对不对？"这是真的，其实老朽的老王爸方正脸盘，很漂亮的双眼皮，嘴形也很精致。老爸陷入往事的表情就像一尊经风历霜的雕塑。

老王爸晚景那样凄凉，却有一段刻骨铭心的罗曼史。

老王爸是个从朝鲜战场退回来的没有籍贯的兵，刚到村子里还带着个很漂亮的山东女人。那时候乡下日子穷，常有货郎挑担子到村里卖一些针头线脑的东西，结果一来二去，山东女人跟一个秀气的货郎私奔了。老王爸便蔫蔫的。但是蔫蔫的老王爸还是把子干农活的好手，他种的麦子总是比别人的齐整比别人的壮，他养的猪过年往秤上一压，少说也比别的猪肥一半。私奔了的山东女人有一阵子回来了，哭哭啼啼要老王爸宽恕她，老王爸高兴还来不及，哪儿舍得说她啊。他见天早上很早起床穿件绿军裤蹬着绿胶鞋在马路上唱："雄赳赳气昂昂，跨过鸭绿江！"据说他把部队发给他的几千块钱一分不剩地交给回来的老婆，在那个年代，几千块钱可是不折不扣的一笔巨款啊——不过，我对于爸爸的夸张式叙事总是存疑的，他常常表述起来不独数字会扩大几倍，连表情也夸张得可爱。不过，就这样一笔巨款也没有换来他的余生安稳，那个女人的第二个男人拉着儿子来找她了。

女人走后，老王爸蒙着被子牛一样嚎了三天。

从此之后，也许一个人的灵魂就死了罢。我暗暗理解了干爹那终日死灰一样的表情。

一个逝去但不瞑目的灵魂，安息吧，干爹！

导 师

有时候觉得自己挺“作”，有时候又觉得可能是老了，总是会回忆过去。

在我早期的生命中，我觉得必须郑重其事地点了香烛怀念的，是两位老师。

一位是我小学的翟老师，一位是中学的齐老师，是他们言传身教，给了我许多一生受益的财富。

翟老师教我数学。我数学先天不足，可神奇的是在她圣母一样美丽沉静的光辉中我居然成了那时候班上名副其实的学霸，而且格外聪明了两年——我至今仍能清晰地记起来她温驯的大而漆黑的眼睛，望过去就像一潭清冽的泉水，含着慈爱和煦的光，让人不自觉地就想做那个最聪明的孩子。她的身材高挑苗条，总是穿着合体的黑色套装，在讲台上鼓励大家找出一道题的第 N 种解答方法，每当哪个同学又挖掘出一种新的解题方法，她黑黝黝的眼睛就高兴地笑成了弯弯的月牙，好像那个学生是她自己的孩子。

她总说：“同学们，未来的一天我们中可能会有当科学家的、当作家的、当市长的，当然也有可能是卖菜的，开出租车的。不管干什么，老师告诉大家，凭劳动挣钱不可耻，不要觉得环卫工就比一个总理低贱。将来，不管你们干什么，有空了就来看看老师，记着老师可想着你们每一个人呢。”

上中学了，年年节节我们小学同学总是聚在一起去看她，和乐融融亲如母子。不想，中专第一年照旧去她家探望时，仅五个月不见她竟因肝癌与世长辞，年仅四十二岁。站在熟悉的小屋里，看着墙上她的遗照，黑漆漆的大眼睛依然炯炯有神，隐隐透着笑意。窗外的合欢花开得姿态张扬，我的眼睛模糊了，喉头哽咽得难以止息。

我不愿相信这个玩笑般的安排，她是我生命中第一的也是永久的女神，我却没有在她匆匆离去的脚步声里留下眷恋难舍的那一瞥。这是我一生的遗憾。

如今都几十年过去了，我的鬓角也已出现丝丝缕缕若隐若现的白发，母亲早已弯腰驼背老眼昏花，她还总会念叨："哎，翟老师那样的好人怎么会那么早就走了呢，好人命不长啊！"

我无心考证是否真的所有英年离去的人都算得上好人，我只知道，我的翟老师是我一生中的精神上的母亲。

齐老师是教外语的。因为长相憨朴，地中海似的脑门上耷拉着一缕散碎的头发，两颗大金牙很显眼地露在总是笑呵呵的嘴里。有好事者讥讽他的英语口语是"乡下英语""武威英语"，利用反讽的社会修辞手段，调侃他是"齐老外"，他听见这个绰号，也一点儿不恼火，龇着他的一口抽烟熏黄的牙齿笑得星光灿烂，两颗大金牙画龙点睛，使得他一张黄黑的脸格外生机盎然。

齐老外的口语不地道，我和燕子也是偷偷笑过的。但是这不妨碍我每次都要拼老命考第一名，也不妨碍燕子稳稳当当在英语课代表的位子上坐了三年，我俩狼狈为奸，一上齐老外的课就活跃得跟打了鸡血似的，回答问题秒抢，上黑板做题就像冲锋陷阵，表演英语对话和小品也当仁不让，谁让我们那么喜欢这个土兮兮一点儿也不洋气的外语老师呢。

记得有一回，我以 0.5 分之差屈居第二名，发完卷子后一上午我都不太开心。后两节体育课，同学们在足球场上大呼小叫，我一个人站在操场边上不停地抹眼泪，齐老外"正巧"路过，他走到我跟前，留意地看了看我的脸，还是龇着那口黄牙笑眯眯地说："咋了？徐清泉这次拿了第一，人家最近很用功嘛。你功底不错，这一次是疏忽了，别着急，下次拿第一呗。年轻人气盛，也好也不好。始终牢记，天外有天，不要为一时的挫败灰心也不要太汲汲于追求什么东西，是你的，终究会来。"我抹掉眼泪，看了看湛蓝的天空，重重地点了点头。

我和齐老外总有一种父女般的默契。

一回外班的小太保因为一个女生聚集起来打了我们班一位乡下同学，人皆敢怒不敢言，班主任苗苗对我很好，所以我毫不畏惧地带着她在六个教室里一个一个指认了凶手。这一举动使得一股风刮得铺天盖地，朋友们都告诫我要小心点儿，别路上让人下了黑手。齐老外一次对他当班主任的那个班的同学说："在所有的学生里，我就佩服张建华，她敢爱敢恨，而且勤奋朴实，是条汉子！"不知为啥，他们班那些阿飞怪服齐老外，齐老外这么一说，那些要我小心的流言竟慢慢消散了。

隔到今天，我是不是还能当这个堂吉诃德还真得考量半日。初生牛犊不怕虎！

齐老外穿戴及说话做事看上去平淡无奇，却曾经是我和燕子两个密谈不辍的偶像。

初三下半年，他总是上医院，说是看胃病，自己很乐观，说可能抽烟多了。未料竟也是要命的癌症。化疗期间，我们常去看望他。最后一面时，他已经面黄肌瘦形如骷髅，可能自知时日无多，他恋恋地看着我们，声息微弱地说："不能看着你们毕业了！"看着骨瘦如柴的他，我们都咬着唇哭了，那几个小混混哭得尤其厉害。他无力地说："不要哭，哭啥！"自己的眼泪却顺着刀刃一样的颊沟滚落下来。

他九岁的儿子懵懂无知地站在病房一角，一个手指放在嘴边不安地咬啮着。

老外的日子有三个多月，待我中专报到后接到燕子电话，老外于九月二十二日去世。那年的九月二十二日正巧八月十五，月圆人离，凄断人肠，我和燕子在电话两头泣不成声。

老外的丧礼，是许多学生哭于道旁为他送行，独我远在千里之外，交通不便，不能尽哀。

进入社会后，每遇到挫败伤感，总不期然记起我的两位导师，心中陡增许多勇气和力量。

在遥远的异乡，其实我已经不知道何处是我的故乡了，让我为我的两位师长默哀挥泪，一路好走，来生好命。

荷　梦

昨天看《云水谣》，是许久以来第一次被电影感动。《天下无贼》感动人的东西里还含着含泪微笑的成分，可是《云水谣》给人的感觉就是一个字：纯。

先前，男女主人公相遇的时候，女孩子是甜的没有杂质的芙蓉花，笑出一种感动，那是单纯的，干净的，没有妩媚，没有冷艳，就是一味地洁白无瑕，一味地亭亭玉立清水芙蓉。所以看完不知道在哪位网友的博客上见到这一幅画，就不假思索地“借”来了，我本就是十分爱荷花的。当年自己十六岁第一次离家去外地求学，父亲只告诉我一句话：“姑娘啊，外面的世界要自己把握，记得莲花的出淤泥而不染。”

那时候是真的不染，因为心无城府，眼睛反映世界，世界也辉映眼睛。当时有一个高我两级的传说中的书法圣贤，在与我交接不久即书一横幅：“慧莲”，用的是非常传统和厚重的隶书，笔力饱满而含蓄，像盛开的荷花，非但我极爱之，有一个书法圣贤的崇拜者——我与之相交没有性别概念的男同学，非常小心地在两个字上画了墨线工笔莲花做背景，并用据说是祖传的裱画法为其做了裱装。画得栩栩如生，写得尽心尽意，全是用了心的。可惜此画在数次装潢搬家的过程中被不很知文识字的父母丢失了，等我归家后已黄鹤杳然。想起那个书法圣贤在给我手笔时的诚恳和接过我送别的一杯白开水（白开水还是他房间的，我借“水”献佛，他亦甘之如饴！）时深深鞠下去的腰，感慨良多，君子之交，当复如是。

后来遇见过一个小我两岁的弟弟，长得十分英俊，且脾性十分温和，肯吃苦。他是美院的，家境颇贫寒，他母亲却特别贤惠，家中一尘不染，而且言语颇得体大方，信知母亲就是我们国家的前途和希望。她很喜欢我的样子，把我当作准儿媳看待，可惜我似乎有恋父情结，而且觉得这个小男孩太好了，不能由我这样埋汰的人耽误了他的一生。他第一次请我看电影是在一个很热闹的街角，红着脸进去，电影是成龙演的《我是谁》，很搞笑也很悲伤，两个人吃着瓜子，不咸不淡地说话，我偶然侧过脸看他，他居然一直红着脸！是个很可爱的男子汉啊，时光如水，一晃十年飞逝，不知伊人现在何处，是否幸福如昔？临别时，他送我的也是一幅荷花夜眠图，彩色的，画得依然很有神气。

研究生生活是繁忙而且多味的。我戴的一条黑围巾，上面绣了一朵白色的荷花，那是当年送给我最爱的人的礼物，怕他出门受到风寒，一向被父亲管束不许做针线的我偷偷织好并且在上面绣了荷花，漂亮得几乎不舍得送人，哪知他不肯要，坚持围在我的脖子上了。结果同宿舍的小家伙戏称我“白莲花妖”，理由是我的裙子上破了口的地方也被我补上了荷花，课本上到处画的都是莲花，不高兴时她亲热地问我：“老大啊，今天你惹我了，我叫你‘白莲教余孽’吧，你别生气啊！”我假装火冒三丈，冷冰冰地大喊：“你，滚，离我远点！”

如今是人在江湖身不由己，退不得，进无路，虽拼尽一身亦不过博得众说纷纭，而已。去找心理医生，医生的名字居然叫康启莲，非常巧合的事情。虽然世界的冷酷无处不在，然而心里不冷，至少自己有爱。这样的世界，当你感到寒冷、烦躁、孤单无助的时候，能够拥有一个可以让你思念并且长久思念的人——不因为对方的生死寿夭、富贵贫寒或者为人诟病被人吹捧等等而轻易放弃这样的思念，应当是一种非常难得的幸福，真的。否则，你连一个真正可以在内心深处依托的灵魂都没有遇见，此生已休，来生未明。憾甚！

本来不喜欢陈坤此人，看了《云水谣》有点喜欢了。本来不欣赏刘德华此人，看了《天下无贼》，此后居然会有意关注他的电影。人是有感情的动物，尤其是我这样容易恋旧的女子，更是如此。渴望一种近似古典的爱情，一方或者双方都无怨无悔，只要爱了，就一生相守，执子之手与子偕老，花前月下，“月上柳梢头，人约黄昏后”，爱屋及乌，为爱尽孝。渴望一诺千金，为知己者死而无憾，心有灵犀一点通，渴望快意恩仇十步杀人，渴望女为知己容回首嗅青梅，渴望你侬我侬相濡以沫。我是不现实而极现实的人，难得糊涂，所以心地清明，常常高歌言笑面容和悦，有时掩饰只为别无可求，但求无过而已。

在天愿为比翼鸟，在地愿为连理枝。

连天使都知道现在的爱情，哪里会有西藏的味道啊！上一分钟见面，下一分钟开始宽衣解带，郎情妾意在疾速的肉搏里增长，又迅速地向互相猜疑互相厌倦滑落，继而反目成仇打得头破血流，我们从哪里去信任爱情，又从哪里去开始爱情呢？

今年颇有些让人不快甚至作呕的所谓爱情事件在中国的大地上纷纷扬扬热闹不息，其实，爱情已经成为旗号，成为许多隐情的借口和理由。一个网友说了，今年是狗年，所以热闹点儿，撕撕咬咬的没完没了，当初的恩恩爱爱莺莺燕燕不知是哪里的电影啊？好在今天过去，狗年的尾巴就该夹起来了，真的，没事上南墙根里晒晒太阳也很享受啊，何必。

为我们洁白无瑕的爱情，默哀三分钟。

雀家

为了防止日后装空调打眼麻烦，我家房子在装修伊始就打好了空调口。住进来不多久，晚上睡觉的时候总听见一阵窸窸窣窣的声音，还有什么东西磕打壁纸的笃笃笃的响动，我惊恐地问老公：“老爷啊，不是家里进来老鼠或者蛇了吧？”

老公竖起耳朵听了半天说：“哪有，外面下雨呢。你太敏感了，快睡吧，明天还要上班哩。”

我还是觉得哪里不对劲，仔细地辨识了一下，声音是从空调眼那里传来的，隐约还有散淡的瞌睡了一样的叽叽哝哝，我提着半天的担心落下地来，原来是麻雀把这里当成避风的港湾了，听动静还是一家人，煞是热闹。想象着它们一家在光滑的空调眼里幸福相依的场面，我心里暖暖的。能为雨天的鸟儿提供一个温暖舒适的小家，我觉得自己还有点用处。

第二日早晨，是清脆的鸟鸣声将我从梦里唤醒的，老公已经上班，儿子也去了幼儿园。这一次，我确定这流泉一般婉转的歌谣不是晨光中翔舞的那些燕子吟唱的，就是我家的小邻居们干的。也许是为了报答我们为它们提供遮风挡雨的地方，它们唱得格外用心。我拉开窗帘，打开窗户，深深呼吸了一口新鲜空气。昨夜小雨淅沥，今日放晴了，晨风中有一丝微微潮湿的清甜，让人禁不住身心畅朗，我嘴巴一撮，向空调眼跟前搔羽振翅的麻雀妈妈吹了一声口哨，也就是正式同意了它们借宿的行为。

从此习惯了它们一家热热闹闹地在窗外进出操劳。麻雀妈妈和爸爸有时候得空，会毫不顾忌地站在窗台上向室内张望，一双小眼睛滴溜溜的，清澈、明亮。我也不打扰它们的清静，向它们招招手会心一笑，该干嘛干嘛。

儿子后来知道了这一窝麻雀的存在，高兴得一蹦老高，继而又担心地说："妈妈，它们会不会啄破墙纸飞到家里来，在咱家床上拉屎粑粑啊。"

我摸摸他的小脑袋说："傻宝宝，不会的，麻雀也很聪明，外面那么自由自在，它们才不会自投罗网。放心吧。"

儿子挠挠小脑门，想了想说："那冬天它们不冷吗？它们找不着食物怎么办，妈妈，咱们给它放点小米吧。"

我看着儿子亮晶晶的眼睛，欣慰地笑了："不会的，麻雀身上有毛毛，而且，它们在窝里垫了干草和棉花之类的东西，冬天也能平安度过的。"

儿子倒是提醒了我，我隔三岔五就拿只小盒子放点小米搁在窗台上，希望它们前来取食。它们倒也不太客气，滴溜溜的小眼睛朝我眨巴眨巴，尾巴一翘，一串串美妙的音符就从它们的嗓子里飞出来了，像是在用这种方式感恩我和儿子。表演过后，它们就轻捷地衔着米粒来来回回喂养它们的儿女。

时间过得飞快，一晃七年过去了。

因为近几年榆林的夏天总是很温和，没有特别热的日子，就算极偶然有些酷暑的天气，无论外面如何骄阳如炽，如何让人汗如雨下昏昏欲睡，只要进了家门就马上天然清凉如意起来。所以，我们就一拖再拖没有安空调的意思。

今年却不同往日，这个夏天的记忆如同童年的回忆，是一个真正的夏天，温度一度飙升到 38 度，而且最近小区不大太平，毛贼屡屡入室盗窃得手，吓得我们不敢夜里开窗散热，屋子里就像蒸笼，外面大桑拿，家里小蒸锅，实在挨不下去了，老公决定装空调。

我第一时间想到了住在空调眼里的小邻居，它们该怎么办？七年期间，每天夜里听它们幸福的呢喃，白天听它们动听的歌唱，我不会刻意注意它们的存在，但是它们也的确跟我们血肉相连了。它们在这里生育的一茬又一茬儿女都已经花开别枝成家立业，如今可怎么张嘴叫它们拆迁呢。可是儿子晚上热得烦躁不安，总是半夜才迷迷糊糊睡去，他已经催促了很多遍，叫爸爸赶紧把空调运过来，赶紧装上。"再热我就死翘翘了！"他有气无力地趴在床上嚷嚷道。

我轻轻打了一下他的嘴："不许乌鸦嘴，要说吉利的话。"心里也知道叫它们搬家是不可避免了。

周末，约好的工人来了，我紧张地一再央告工人说：“一定要小心，看看里头有没有小麻雀，麻烦你了，款款给咱们取出来。”

我和儿子一起找了一个干净的大鞋盒子，里头放了一些柔软的旧布，放了一只浅口的塑料盒，里面盛好晾凉的开水，又用另一只盒子盛了小米备着，然后眼巴巴地看着工人拿一只半米多长的钢钎往空调眼里伸进去，心缩成一团。工人也真是够小心了，他耐心地把几只羽毛还没长全的小麻雀递给我，小家伙们个个半睁半闭着眼睛，瑟瑟发抖，嫩黄的小嘴一张一张，我小心地把它们放入纸盒里。

麻雀爸爸妈妈受了惊飞出去了，在附近的电线上声嘶力竭地叽叽喳喳，上蹿下跳不得安生。它们心里一定是恨这些工人也恨我们这些人的吧，但是力量悬殊，它们也不能两全吧。我看见麻雀妈妈急得跳脚，几次振翅想飞过来啄这个可恶的夺走它们家园的蓝制服，但是忍住了。

我问工人：“再看看，还有吗？都取出来。”

工人朝窝里看了看说：“好像还有一只，在最里头，我给咱取。”说着用钢钎小心地往里面捅了捅，抽出一大卷干草来。

我急忙喊：“小心啊，别把小鸟儿捅死了。”话音未落，只听“啪”的一声，一只瘦弱的小麻雀从窝里掉了下来，落在仿玉窗台上。儿子一声惊呼。

完了完了，我也是一惊，下意识地跑过去把这只可怜的小东西抓在手里。跟刚才它的兄弟姐妹不一样，它受此重创，身体已经没有力道了，握在手里软绵绵的，眼睛闭着，嘴巴急速地翕合，就像临终的人拼命倒气一样。儿子难过地说：“妈妈，麻雀妈妈知道它的宝宝死了，一定会很伤心。”

我用双手捧着这只不幸运的小家伙，儿子抓来一小撮米放在我手心里说：“小麻雀，快吃吧，吃点米就不疼了，就有力气了。”小麻雀的身体已经越来越无力，儿子见这个不奏效，又端来水盒说：“可怜的小宝宝，快喝点水吧。”

小家伙仍然剧烈地颤抖，毫无生气。

我慢慢地将它放入纸盒里，叫儿子也离开一阵，幻想着它休息一会儿就又变得生龙活虎。

十分钟左右，儿子按捺不住跑过去，刚看了一眼就大喊：“妈妈，它死了。”

我一个箭步奔过去，果然，才一会儿工夫，那个可怜的倒霉蛋身体已经有些僵了，仰躺在纸盒里，它的兄弟姊妹焦急地缩在盒子里叽叽叽叽叫个不停。

我的眼泪都快下来了，当着儿子的面却只能忍着。儿子倒是皱了眉，一副伤心的样子，他期期艾艾地说：“妈妈，剩下的小鸟怎么办，咱们养着它们吧？”

我说：“不行，小鸟天生是该在天空中飞翔的，要是养在家里，它们会抑郁而死的。”

“那怎么办啊？”

我没有说话，拿来家里的小花铲，把麻雀原来做窝的干草重新放进去，端着纸盒往外走，儿子赶忙跟上来。

我和儿子在外面的花坛里挖了一个小小的坑，把那只不幸牺牲的小麻雀埋了进去，还摘了一朵小野花插在它的坟上。我在心里默念了很多遍“南无阿弥陀佛”，就当是替它超度了。

万物都有命运，倒霉的孩子好好去投个胎吧。

我们把纸盒放在一楼人家窗外的防盗护栏里，这里足够高，可以防止小孩子们不懂事弄死了它们。抬头看了看电线上，麻雀爸爸和妈妈默默地望着我们，安静了许多。麻雀妈妈应该可以把小雀衔到它们的新家里，这个我是确信的。

工人们装完机器已经是几个小时以后了，三间屋子马上凉快起来。

下午我不踏实，下去端了盒子看了许多次，小麻雀们很安静，盒子一动它们就叽叽叽叽惊慌失措，我也不忍心多打搅它们了。

半夜时分，一场大雨瓢泼起来，我心里担忧着它们的命运，一夜睡得不踏实。

天一亮，我赶紧奔下楼去，拿起盒子看了一眼，用来做窝的干草和旧布少了许多，几只小鸟儿也不见了。

我推测了一下，不应该是小孩子拿走了，因为他们够不着。也不应该是一楼的住户扔了它们，因为扔掉的话就一并连盒子都扔了。更不可能是猫儿贪嘴，因为防盗窗这里它们进不来。那么，是它们的爸爸妈妈修了新的巢穴，把它们都安全转移了。

答案只有这一个。我长长舒了一口气，心放回肚子里了。

儿子小时候不太懂事，走到马路上会踩蚂蚁玩，我怎么制止也不管用，但是当我告诉他蚂蚁也有爸爸妈妈，你想想它们的爸爸妈妈找不见它们该有多着急，他就马上懂了。

这一次，儿子亲眼看见麻雀爸爸妈妈的奇迹，终于相信了我说的众生平等的意义。

他看了看雨后如洗的天空，有些不确定地说："妈妈，那些小麻雀都有了新家对不对？"

我摸摸他的小脑袋，轻声说："当然，就像爸爸妈妈永远爱你一样，它们的爸爸妈妈也很爱它们啊。"

儿子扑到我怀里，小脑袋依偎在我的胸前说："妈妈，我也爱您。"

河边红药

冬天的海藏河畔已了无生机，北风吹来时，所有干渴得充满欲念的树枝都在“咔吧咔吧”地呻吟，北风吹来时，零星几片枯败的叶子瑟瑟发抖着扎煞在脉络清晰的枝干间，它们根本无法预知下一秒自己将飘向何处。

这是一条曾经名扬古凉的河，泉水和上游的雪水将深凹的湖沟注射得丰丰润润，时而清澈时而混沌地活在人们的记忆中。初一和十五的庙会总是令这一条河上摆渡的乡民们忙得不亦乐乎，河上一座不知什么年代的破石桥在承受无数人践踏之后具有了消灾避祸的灵气，大小老少都喜欢在桥下钻来钻去意欲一生平安。可是桥下有水，所以摆渡和背人过水成了桥跟前一门特殊的职业，也算是桥为乡民们做的另一个贡献吧。可惜的是就在这石桥下也淹死过或意外地亡失过不少性命，令我曾怀疑过它的法力，心想那不过是人们去掉心病的一个中介物罢了。

我们要紧扣主题的话，它已不能称为河。因为曾经有的无数泉眼已不再冒水而成了无法阻塞的漏斗——后来人们人工抽出的井水再泻入河中就好像被无数张嘴巴“咕噜咕噜”吸光了，河裸露着早已不再年轻娇艳的躯体病恹恹地对这个世界睁一眼闭一眼，与那座早已见不到几条栏杆的东倒西歪破破烂烂的桥一起厌恶着自己和别人。我在这个冬天的早晨乘坐一辆中巴从桥面驶过时，感觉着桥心惊肉跳的战栗，突然怀恋起在晨雾中这并不美丽的小河畔许多美好的景象。

曾经它的世界是一个光鲜茂密草木招摇的世界，大大小小的沟壑露出原始的力量的美，就像被风沙皴染过又加了很多褶皱的墨色浓淡的中国画。桥南面是茂盛高大的树林，各种天然的树自由自在地横躺竖卧，中间百草丛生，高可蔽人；桥北却是另一番景色，浩渺无际的水被天然的小岛分割成巧夺天工的写意名卷，有的地方水是浑的，漂着油腻墨绿的水草和形态异样的蛤蟆地衣，小鱼和虾自不必说，还有数不清的田螺和少量的鳖、螃蟹，这分明就是一个海子了。小孩子们挽着袖子和裤腿乐呵呵地在河里摸鱼捕蟹，大呼小叫，笑声清澈如山泉，这种热闹不是钢筋水泥车水马龙的喧嚣，他们和大自然是再和谐不过的一体。秋日从桥上看过去，南面草高树深，鸟鸣啁啾，风吹过，草木清香如云气蒸腾；北面河沟纵横小岛遍布，白雾横江朦胧如梦，欢声笑语远远飞过，令人心神摇荡。加一点点悲秋的意味，站在桥上的人便有了一种类似乡愁的寂寞。

春天的时候就更美了，树林里各种颜色变幻莫测，嫩绿、鲜黄、鲜绿、深绿、墨翠、淡白、绯红，那些说得上和说不上的颜色层层叠叠纵横交错蔓延开来，让你的目光都无法衔接过来。南面那个水坝更是丽质天生，大片大片嫩黄碧绿的草坪向远处连天而去，草丛里点缀着红的、黄的、蓝的、白的、紫的各种碎碎的野花，就像一块醉人的绿翡翠上点缀着各色美丽的宝石，花儿的小眼睛调皮地一眨一眨，在春日的和风和煦日里乐呵呵地看着你，让你禁不住就想躺在这里舒展四肢像一头驴那样嘶鸣着打几个滚儿。草坪中间是一个破旧的水坝，高处的水清可见底，水草和鱼儿在里头摇摆嬉闹，你甚至可以看见鱼儿尾巴摆动时候带起的细小的水花和鱼儿背上美丽的鱼鳞。清澈温凉的水从一米多高的坝头温和地缓缓下落，就像一匹蓝色的锦缎在风里摆动伸展，形成一条五米多宽的小河，在高低不平的河道里不动声色地静静流淌。回望四野，农夫在田，鸡鸣狗吠，阡陌纵横，麦苗和小青菜在风里舞蹈，让人禁不住地就想放声歌唱，可是又怕惊扰了这田野的美梦。

初中时我是个不太安分的学霸，因为成绩不错，班主任苗苗会给我绝对的自由，周末就是我和好友们在海藏湖跟前撒野的好时候。我和燕子在河边偷过农民伯伯的萝卜，燕子胆小，通常望风，我则迅速钻进大棚地里拔出一堆带着湿润泥土的水萝卜，在棚里扔下几毛钱。两人撒丫子跑到河边，从书包里拿出早已准备好的盐、辣椒、小刀和垫屁股的塑料布，一屁股坐在野花丛生的草坪边，一边洗一边削，两人跷着脚或坐或卧，享用着散发了泥土芬芳的新鲜美味，一边愤愤不平地讨伐某个老师或者同学。八卦是女孩子保持友谊最有效的手段，如果两人讨伐的对象是一致的，那简直是痛快淋漓。燕子咔嚓咔嚓地咬着水萝卜，一只手配合脸上的表情模仿某个女人的做作或者充满深情地描摹一个自己喜爱的老师的步态、神情，简直惟妙惟肖，让我大笑绝倒。

我俩还在一个隐秘的河边的沟壑里发现了一株野生的大叶海棠，也不知道是不是哪个到此一游的人热心种植的。有水，光照也恰到好处，又生长在自然的怀抱里，充分化育天地灵气和养分，这株孤独的海棠长得肥硕丰满，浓绿欲滴。燕子问我：知道海棠有一个别名叫什么吗？断肠红。

燕子当年凝神远眺的样子尚在我心头记忆犹新，而岁月已经掠过三十个年头了。

相传当年陆游与唐婉深爱而其母生生拆散了一对鸳鸯，才至陆游写出“错错错、莫莫莫”的无奈的悲叹。想陆游一生金戈铁马，又要忍受国破山河碎的痛彻心扉，又要吞下对唐婉的泣血相思，临终时要子侄将山河恢复的消息及早告知，亦一真铁血男儿呵！可惜当今时代，要造就一个纯粹的意气风发的男儿和一个彻底如水柔情的女子是很难的事情了。

物欲横流，人情淡薄，我亦如此，何敢言他？

就是在这个努力地创造热情以抵消冰冷的生命历程中，我们会有感动的时候，比如一度被药物毁坏容颜的我，因不愿让心爱之人看见自己的病容，整日用一只大口罩捂着脸，而他执拗地一定要揭去面纱，在丑陋乍现的时刻我放声痛哭，他却温柔地揽我于怀，轻轻地说：“小傻瓜，现代科学如此发达，这点伤疤算什么，况且，即便医不好又如何，你还是我最珍爱的宝贝呀！”那时候就觉得即使他失去一切跟他去住茅屋吃糠咽菜也是值得的，即使全世界都诋毁我们也是不足为道的。如今伤痕已去，便是更希望自己一日比一日美丽来回报他的深情，可惜岁月无情，一年一年我是真正有了皱纹也长了心事，不能爱不该爱的就是得一点一点剥茧一般舍去。

一日看报载：“古有妇，于墙下会良人，恒久不来，泪洒西墙而生一草，状如妇面，即是海棠花，又称断肠红。”认真地打量一番阳台上的大盆海棠，果是叶面嫣红且有斑斑点点如同泪痕的圆渍，突然间明白了张恨水先生何以把他的名篇冠以《秋海棠》了。《秋海棠》并不写花，写的是戏剧大师和女中学生曲折的爱情故事，以此改编的电视剧题头曲“满含着苦泪，满含着辛酸，在这花儿凋零的萧瑟霜天；不怕那凌辱，不怕那摧残，在这风风雨雨的炎凉人间，我舒展生命的绿枝，我展开芬芳的叶瓣，悄悄地开放，悄悄地怀念，心中埋藏着一个希望的春天……”，那是将断肠的相思寄寓其中了。

据传陆游与唐婉分手时，唐婉曾送一盆海棠给恋人，陆游问：“此花名何？”唐婉悲痛哽咽道：“断肠红！”陆游泪眼相对，更正道：“相思红！”

我和燕子在河边对于爱情懵懵懂懂的探讨早已成为过去，燕子已经绿树成荫子满枝，我也已经成妻成母，认真而谨慎地履行每一个社会角色。海藏湖成为遥远得不可企及的背景和背影，有什么是过不去的呢，在时间面前，没有什么是永恒的，珍惜现在才是最好的生命状态。

废墟里的花朵和小狗

老大不小了才怀上沛儿，有点反应，正好是放暑假的时候，我每天早上到小区左面那片废弃的绿地转一圈以缓解不良感觉。

也不知道是心情好，还是天气真的很适宜——最初没去过那里的那些日子总觉得那个地方神秘极了，圈着白蓝相间的围墙，有些地方却又歪歪斜斜地有几间旧房子模样的断壁颓垣，就在这些破烂的墙壁里依稀可以看见有人进出，居然也有老人孩子和狗，似乎还能看见一两个那种早已绝迹了的手压井，除此而外，就是随处可见的疯长乱跑的藤蔓和小野花。这都是我站在自家的阳台上远远看见的，非常诗意，似乎还有点过时的落寞。彼时我疯狂地想念夏河的草原，疯狂地想找到一处人烟少但是有草有水有野花的地方，当然，要是能够有绿色的长着藤蔓和金蜡梅的山那就更美了。可是，榆林于我而言是个陌生的地方，我不知道哪里会有鸟语花香，老公喜欢考古，也不太清楚除了已有太多人的足迹踏过的地方，还有什么绿草和鲜花可以缓解我对于人类的厌倦。不想，一次无意的远眺却让我发现了这样一种胜景——踏破铁鞋，原来风景就在咫尺之间。那个暑假，至少很长时间，我为自己的这一发现感到惊喜，心里踏实得一塌糊涂。

我喜欢一个人沉浸在这样的世界里，微笑，遐想，或者悲喜相间，慵懒地想一些不着边际的事情。

我属兔子，所以对草丛和花特别眷恋，恐怕因为前世这里才是我的家吧。

很早的时候，我已经不愿意躲躲闪闪跟人类对话了，要么欺骗，要么谄媚，要么说一句留半句，要么冷漠，等等等等，千奇百怪，费神费力。而真正可能相交的朋友又碍于思维惯式已经不能再像儿时那样坦诚相见，可能是我自己的障碍，可能是大家都在躲避过于亲近的距离。那么，大自然是我唯一的热烈的情人，最忠实的朋友，最宽阔的胸膛以及最美好的归宿，只要不要掺入人的脚步和现代的所谓文明。

我想肚子里的沛儿也是喜欢这样的不加修饰的田园风光的，虽然他那时尚未成形，可是自从我忐忑不安地在那里溜达一圈之后，发现孕吐居然轻了许多。

第一次去是一个雨后的早晨，初晴的天空蓝得异常澄澈，抑制不住好奇的我拿了一只绿色的小塑料椅子悄悄从那个大门进去，先是怕狗的，因为有一只看似很威猛的大狗就在大门正左侧两间破屋前懒洋洋地卧着，后来发现它是被一条老粗的铁链拴在那里的，而且它很淡定地望我一眼，似乎有点悲天悯人随遇而安的样子，竟不再理会我这个俗世的闲人。然后我惊喜地发现，它旁边居然真的有一只手压的小水井，生铁的，沉默不语的样子很像个哲人，原来我以为是我近视模糊间的误判。雨后的藤蔓们非常开心的样子，水灵灵恍如刚刚出浴的美人，笑靥深深勾人魂魄，一些碎碎的小野花，说不出名字，黄的，紫的，红的，浅蓝的，七零八碎地在藤蔓丛里探头探脑，顶着一头的水珠子，说不出的清新迷人，说不出的娇俏可爱。我站在原地不动，深深深深地吸了一口气，似乎来榆林后所遭遇的，以及先前在溷世里所呼吸的浊气统统都一扫而光，终于舒舒畅畅大吸了一口芳香四溢的空气啊，而且那片废墟居然有高低不平的形象，有些地方很像一个露天的溶洞，可是溶洞里又长满了花红柳绿的野草和碎花，她们开得那么奔放，那么自然，那么风风火火，即使这里并没有多少人认真地欣赏她的风姿，或者她们也一点不期待不欢迎人类来做那些假惺惺的所谓欣赏，就这样自生自灭才是她们最大的幸福和自由，遗憾的是在花草之间也挂满了丝丝缕缕的废纸条和废塑料的残骸。不过，这一种残缺的美似乎更加动人心魄，比那些人工造就的纤毫不差的美景要令人愉悦得多。

信步走过去，更多的惊喜在后面，原来蓝白的围墙只是在一边，其他三面都是开放的，南面有一段类似于山坡的绿色围屏，各色大叶子的小叶子的藤草长得郁郁葱葱，坡下虽然坑洼不平，可是种了不少的庄稼，有豆角、玉米，哈哈，最可爱的是一片已经有蒜头大的萝卜和一片头低得沉甸甸的向日葵，小白兔白又白，爱吃萝卜和青菜——很卑鄙地窃喜了一下下，偷偷拔了俩萝卜，然后看看向日葵，不甘心地也掰下一只，这可是技术活啊，盗窃向日葵费了俺牛鼻子的劲儿——看官们不要笑话洒家，这里也没有农家，我原本也是想付钱的，但是这种现实版的偷菜实在是太太太刺激了，这是我和初中的好友经常干的坏事。农民伯伯，原谅小女子则个。

像个真正的贼，小心翼翼揣着俩泥迹斑斑的萝卜和一个成熟了的向日葵花盘，我开始大胆地在这片绿地巡游，样子倒像个文化人似的，迈着四方步，悠闲自在，心里似乎还哼着什么世界名曲，只是这名曲不是什么快乐型的，而是很哀伤幽婉的曲调，这种做作的忧伤常常使我生发出一种快乐，这也许就是“痛并快乐着”吧。我想，可能我真的有点二百五，怎么会这样，音乐是用来洗涤心灵的，我怎么能用它来和花草相比？可是，不和花草比吧，我却一时也找不到合适的参照物来，毕竟音乐是自然的，虽然有许多音乐人不一定自然。这世间还有什么东西能够和忘却一切爱恨的惬意相比呢？

不知什么时候回头，发现身后神奇地跟着一条小花狗，很苗条很妩媚的身材，杏核似的眼睛，水汪汪的，很信赖地看着我，我走，它也走，我停，它也停，不羞怯，不怕生，好像我是它前世的情人或者亲人。我心里一热，同时有点惊悚，觉得它颇像是我家已经走失的小狗瞳瞳的灵魂，在这美丽而寂寞的旷野，负着保护我的责任。或者这是一个在此荒地漂泊的孤魂化身美狗与我脉脉相视，是萍水相逢还是报应呢？不得而知。不对啊，瞳瞳是长毛狗，这只漂亮的狗狗是短毛毛的，似乎是个公主呢。我胡乱地想着这些乱七八糟的事情，居然到了一个小坡边，小坡比南边那个矮许多，但是有一些脚窝，像挖在悬崖峭壁上的那些大小不一的小坑洼，我正在想要不要继续上去的时候，小花狗默默地越过我，很努力地直立起前爪三下两下爬将上去，然后站在上面看着我，仿佛是鼓励我：“上来呀，一点都不难，你可以啊。”我笑笑，慢慢地踩了脚窝上去，小狗很开心地往前蹦去，我疑心我好像看见它龇牙笑了一下，是很友善的微笑。坡上种着一大片三叶草，地中间有一条尺把宽的斜径，小狗活泼泼地扑在草地上，像个花的小绒球滚来滚去，扑打撕咬，故意做戏给我看，想逗我开心的模样。我的嘴角情不自禁地露出了久违的笑容，这笑，一点水分都不掺，一点都不觉得是肌肉运动。

忘了是怎么回来的，一人，一狗，一片花，一片草，几只小飞虫，一个相对静谧的世界。那天好开心。

跨出那扇大门的时候，小花狗还是跟着我，恋恋不舍的样子。我发誓，它不是条脏兮兮的流浪狗，它浑身毛色黑白相间，头顶一朵小菊花样的绒毛，洗得干干净净，就像这雨后的原野，纤尘不染。我挥挥手说："小家伙，回去吧，我怀着宝宝，没法带你回家的。对不起，谢谢你陪我。"它很懂事地回头走了，很快就消失在阡陌之中，让我疑心我到底是否在这个雨后的早晨遇见过它。

人和狗的相遇和相知，也是需要机缘的吧。

跨出那扇门，常常觉得到了人间，喜气腾腾的人间烟火气息扑面而来。迷惑中——颓壁残垣，当年歌舞场。

老公怪我盗窃，说："想吃什么咱们自己买不好吗？你偷向日葵被抓住怎么办啊？傻子。"我说：呵呵，也倒不是想吃，乐在其中。要是农民来了，我趁便就掏钱买来岂不更好？

老公也就在早晨或者黄昏常陪我去那里，说是可以保镖。

对我来说，那是另一个世界，不久就要消失的世界。也许它和现实的每一寸土地一样，只不过我把它当作了桃源仙境呢。如今，沛儿一岁多了，那里已经变成一片住人的小区了。那些默默消失的野花和草，那些藤蔓，那些金黄的向日葵，以及那条灵异的小狗，怕是永远被现代文明埋葬了的美丽的灵魂了吧。安息，阿门。

师　娘

算算时间，弹指一挥间，师娘去世已经三个七了。我想我应当说点什么，却又不知道怎么说。

第一次见师娘，是 2002 年大概 10 月下旬的一个上午，那天天气很晴朗，我穿了薄薄的毛线裙还是出了一层细汗——不知道是紧张还是热的。

师娘是个小巧玲珑的老太太，亲切和蔼的脸上有些许的矜持，也不记得当天说了什么，赵老师不在家里，我又不怎么健谈，很快就留下论文和电话告别了。

要不怎么说师娘是我今生的大恩人，恩同再造，一点也不过分。我记得那时候我在复习考研，虽然非常用功，但是终究忐忑。本是打算等 11 月报名前跟着匡文留去西北师大，再拜见一下导师，复习得说得过去，见了导师也有点谈资。但是，见过师娘后没一周，我夜夜梦见七彩莲花熠熠生辉香气四溢，一边开放一边旋转，且几日来右眼皮一直狂跳不已，就觉得我生活里可能要有一场盛大的逢遇了。果不其然，一日正在捧书苦读，接着一个电话："你是张建华吗？我赵建新。""哦。""你是个女孩子嘛。我看了论文，觉得字写得像个男孩子的，你的名字跟我弟弟就差一个字。呵呵呵呵呵。也是个男孩子名字嘛。"我迷迷瞪瞪，同时紧张不已。"我听你师娘说你还想考研吗？论文不错，你已经找过导师了吗？如果找过，那就好好复习备考，必须报那个导师，这是道德问题。如果没找导师的话，你就考我的好了。"我心狂跳，右眼皮也狂跳，同时肚子里有个什么东西咣当落到了底。说实在话，我对于将要跟匡文留去的西北师大虽然很感兴趣，但是我的的确确很很很怕见导师，我不知道该跟人家说什么，不知道怎么表达是合适的，怎么表达是不合适的。在这一方面，我天生较弱。老人家如此一说，无异于天上掉下一块巨大的馅饼，把我砸晕了，也把我乐晕了。因为在这个关键时刻，他们二老很仁慈地替我省去了求见导师一道大关，实在是上天派来的天使，真正可爱极了。

我记得我也慷慨激昂地发了个誓："放心老师，我会努力，去年的分数线是320，我要是不超过330就绝不会给您添麻烦，绝不来见你们。"结果，当年分数线310，我考了335。查分才结束，我泪盈于睫，立马给赵老师和师娘打电话报喜。麻利地买了些小礼物，前去拜谢师恩。不是他们慷慨相助，我若底气不足，考试发挥失利，今时今日，焉知我在何处？

师娘不知在赵老师跟前如何美言了，就给了处身绝望和无助中、毫无依傍的一个弱女子莫大的希望和力量。

写到这里，未免感慨万分，心里酸涩难当。总是静悄悄像只名贵的猫似的师娘，总是精致得体笑容矜持的师娘，总是把赵老师当孩子一样宠着、管制着的师娘，看见我的沛儿满眼慈爱但不强迫她儿子生孙子的师娘，看上去清癯瘦小，尽管说她有糖尿病，我从来就觉得那跟头疼脑热是一个概念，从不把她和死亡联系起来。如今仅仅相隔几个年头，居然驾鹤西去。宁不痛煞心肺！

师娘生病，我是有预兆的。时间是2014年7月左右，我记得梦里师娘就是一个骨头架子似的轻，我平端着她居然毫不费力地举起来了。我心里说："师娘这样，怕是不太好啊。"师娘很费劲地挤着说："我病了，要走了。"梦里我哭得稀里哗啦："师娘你不能死啊，你不要死啊，你死了，赵老师怎么办呢？！"凌晨哭醒，起来一身汗，抹抹胸口想："幸好只是个梦。"但是依稀觉得不是好事，第二天打个电话过去，依旧是师娘接的，声音还清清亮亮，和和气气，说身体也还不错，就是过去每天三次服药，现在要加注胰岛素了。想想师娘那么精瘦的身体，要天天挨一针，还得自己扎，就觉得心疼。可是，为了维持血糖平衡，这也是无奈的事情。我的心好歹放下很多。其实，听赵老师说，师娘正是从7月份就开始住院，前后折腾多次，受罪受苦，不知几多。

教师节、10月1号我都打过电话，师娘接的，以为一切正常，还计划好2015年夏天回老家绕道兰州去看望二老，谁料已经来不及。如今再去，只能见到老头一个人了。

稍可安慰的是在元月赶去见了师娘最后一面，那是最煎熬的一面。一整天，师娘几乎没有安歇的时刻，且不说探望的人会不会打扰，就是无人的时候，她也睡不好，瘦成纸片模样，怎么躺着都硌得慌，没法吃饭，一小勺酸奶就能把她喂饱，还要不停地拍打后背帮助她把这一小口酸奶或者一小口橙子水顺下去，要不就不停打嗝。偶尔稍微舒服点，师娘像个孩子似的回忆她以前吃过的什么什么特别香特别好吃，我就忍住想哭的冲动假装轻松地说："等您好了，我给您买。"那天，她提到吃过面包抹着黄油特别好吃，特别想吃一小片。我不怎么吃这些，中午出来跑了好几家超市才买到类似的东西，可是带到病房等她醒来看看，也是无奈地叹口气说："现在哪能吃这个呢。吃不下，也不消化。"有一次她上卫生间，我要陪她进去，她坚持不让，护工小王帮她提着液体袋出来，我和赵胜的媳妇把她往床上扶，结果小王不知怎么把液体袋噗通掉到地上，我惊呆了，急忙把袋子捡起来抬高，对一个癌症晚期的病人来说，这实在太太太危险了，她抽了 8 次血，又这么瘦，哪有多余的血回流呢？师娘没说什么，可是脸上闪过一丝愠怒的神色，这表情我太熟悉了，感觉她不是纸片一样的老太太，还是我生机勃勃的师娘。师娘生气的时候永远是不动声色的，不像我等，动辄河东狮吼。晚上赵老师和赵真来了，师娘在我们的搀扶下努力地起床坐在桌旁，费力地吃着赵老师精心调制的饭菜，也只能喝一口汤吃一块萝卜而已，赵老师小心地帮她把她想吃的东西拿出来，分成小块放在碗里，病中的师娘一边拧着眉毛费力地吞咽，争取做个听话的好老太太，一边隐隐露出满足欣悦的表情——一个病入膏肓的人，心里最好的东西，可能就是来自亲人的关爱。而且，师娘脸上还浮现出一种少女才有的可爱的得意和羞涩，那种得意和羞涩也是我曾经很熟悉的东西。这让我几乎忍不住眼泪。我背对师娘，强硬地将涌出来的泪花逼回眼眶。饭后，赵老师帮师娘按摩脚底、拍打后背，我硬抢着接过这个工作，大家一边忙活一边假装轻松地胡乱聊些什么。结果，师娘突然生气了："你们快别说了。"一霎间大家噤声，但这巨大的空白在一个垂死的病人面前是很恐怖的，谁也不知道该如何填空。我明白，师娘其实很珍惜赵老师在她身边陪伴的时刻，我们强做的笑颜无疑打破了她内心的快乐和宁静。

农历十二月二十七日晚，又得一梦，我跟我妈说着关于癌症的话题，师娘从旁闪了过来，胖乎乎的脸，似乎想从我们的对话里窥探些什么，我赶紧转移话题，生怕她听见什么，对自己的病情绝望……依然是夜半梦醒，我顿时不能成眠，一时觉得师娘那样受罪，去了也是解脱了；一时又觉得自己太过残忍，对于生的渴望，我目前是不至斯境不知其苦，师娘可能很想再活五百年呢。第二日忙着打扫卫生，也没有看手机，觉得自己在躲避什么。忙了一天，疲惫不堪地拿起手机，小兰师姐的短信赫然在目，是躲不了了。知道一切都是命运，反而一瞬间平静下来。但是，痛的感觉和师娘吃不下硌得慌一样，我也一整天有硌得慌的感觉萦绕于心，久久难平。

林林总总，絮叨了这么多。真不知道自己说了些什么。可是，希望师娘在去天国的路上一帆风顺，沿途铺满鲜花，有鸟儿合着她的脚步婉转啁啾，她再也看不到黑暗，感觉不到疼痛，她轻声地哼着浪漫温柔的俄语歌曲，一如当年赵老师初识时那个美丽娇小的少女。

为自己定位

纷繁复杂的人间万象，常常使我们心驰神迷，总是走着走着我们就忘记了方向，笑着笑着我们就掉下了眼泪。我们是谁？我们要到哪里去？我们的过去是谁？我们的未来又在哪里？……

其实很简单，我们要活着，并且将油盐酱醋演奏成苦辣酸甜的交响乐，只有这样脚踏实地的人，才是真正洞彻一切的人。比如曹雪芹大师，人家写《红楼梦》，将人的生存哲学推到质问的最高点："怎么样活着才能避免悲剧？"可是全部红楼的哥哥姐姐们都没告诉我们这个答案。所以雪芹大师其实在通过悲剧的演绎告诉执迷不悟的人类："糊风筝做鞋裁衣卖饭这些实实在在的技能和将技能变成饭碗才是一个人生活的本质。"那么，在这样天花乱"醉"的时代里，你是更相信一个"高大全"式的君子呢，还是相信一个有缺陷的好人？你真的能相信什么样的年代都会出现"文革"时期的"高大全"同志吗？恐怕很值得疑心一下的。现实生活里，这样的例子比比皆是，比如，一个在我眼里是大坏蛋的男性，曾经以吵架的形式告诉我："某某某在我跟前把你说得如何如何，你还当人家是好人，成天跟人家哥们弟兄的。我对你如何如何好，你却认为我是侵犯。"我压根一丝丝都不相信他说的"某某"真会当我面亲人似的，而一转身却是另一种令人心寒的嘴脸。彼时我觉得"某某"实在浑身都挑不出什么大毛病来，除了长相略有瑕疵，简直是一个标准的好人。而后来的许多事实告诉我，虽然那个大坏蛋不够高尚，这个"某某"也的确不是什么省油的灯。自那以后，某不敢轻易再对一个人定性。

如此看来，不是一个坏蛋级别的人就完全坏得从肚子到肠子都黑尽了（文学作品经常这样写并且大部分人都认同)。相反，有时候，我们还真得提防下那些貌似将好人二字随时随地写在脸上的人啊。(绝无攻击意图或指向性，只是就事论事，请勿对号入座。)

有人会说那我们如何跟人相处呢？近之则犯，远之则辟，人心难测，如何是好？

其实又简单了。没有一个人生来就是坏的，也没有一个人生来就愿意做坏人。“好人”在修行，“坏人”也在修行。“三人行必有我师焉”，这是孔圣人的名言，在生活中同样适用。另外一句名言是“人不犯我我不犯人”。两者结合起来就是只要人不把你欺负到忍无可忍的地步，可尽量保持沉默，在沉默的同时注意学习人家的优点。比如，某同事年龄虽小，家庭条件也很优越，但是她敬业的精神是我系无人可比的，看她工作的状态真的很令人佩服，这就是你应当借鉴的东西。而另一位同事，常常笑面如花，无论办公室有多忙，都很少看见她的倦容，更很少听见她的抱怨，这也是你应当借鉴的东西，至少是可以欣赏的地方。还有，非常乐于帮助别人的人，非常善良的人，非常干脆利落的人……你都可以之为楷模。人无完人，就是你特欣赏的人和事，也往往有很令人遗憾的地方，那么，忽略它，在学习的过程中享受互相信任的快乐。

退一步看自己，你自己是什么样的人呢？如今社会，到某个年龄段，恐怕单纯到水一样的人是不存在的，你也一样，不要受不了别人，更不要受不了自己，开心一点，接受最真实的自己。经常提醒自己：我是最棒的，别人也很棒。你棒在哪里呢？因人而异，人贵有自知之明，有时我们是自己最大的敌人，也是自己最亲密的战友，我们很明白自己的各个层面，有发光的，有晦暗的，有意义不明无法说清的，总之，这才是我们生活的直接镜头。不要太自以为是，也不要太妄自菲薄，那样常常容易拿别人的不足之处嗤笑或者用自己致命的弱点打击自己，孰知你照镜子的时候也可能看不清自己。

除非别人很严重地招你惹你，使得你必须保护自己，不要轻易伤害别人。因为你不太可能很客观地为自己和别人定性，如果定性失误，很可能你就做了这样一件愚蠢而又残忍的事情——好比一个从哪个角度看都很正常的人，悄声溜到汶川，站在地震的废墟边，嗤嗤地毫不留情地对那些被灾难毁灭家园和心灵世界的弱者进行打击和咒骂，而人家在流泪泣血的夜晚甚至根本不知道你为什么会给他们另一重伤害，这何异于间接杀人？假如因为你的某种阴暗心理使那些尚未从灾难中抬起头来的人丧失了坚持下去的勇气，你能够安然接受良心的审判吗？地震后还有个灾后心理救治，为什么我们不能把自己有限的爱心给身边的每一个人呢？只能说这一举动体现出你的境界跟“5・12”后沈阳的脑残女没什么区别，不知道自己几斤几两。

文人相轻，自古而然。所以要三思而后骂。

学文的人皆天性敏感，有时候你一个无意的小小的打击对他们来说不啻一场心灵世界的“5・12”，当他们在废墟边流着血跌跌撞撞地爬起来想重建自己生命和心灵的家园时，你该怎么做呢？相信有良知的人都不会只是观望和嘲笑。

有时候别人会对你另眼相看可能是因为“都是农村来的，年轻的你代表着他们的梦想”或者“你和他们很相似”，也可能仅仅因为“异性相吸”，所以不要得意忘形，随意地践踏别人的尊严，这只是脑残者和长舌妇的行为，并不是什么光明磊落的事情。如果一个人把自己定位到“脑残”“长舌”的地步，那我无话可说。要知道，尺有所短，寸有所长。己所不欲，勿施于人。

两个人的关系常常就像照镜子，你对镜子露出笑脸，镜子也会朝你微笑。希望别人尊重你，你必须先给别人信任你的理由。人可能有不改错的，不可能有不犯错的，伟人都避免不了，况且你我红尘凡俗之辈，所以帮助别人改错而不要嘲笑别人的处境。人世间本是一个巨大无比的牢狱和枷锁，谁也逃脱不了，他的现在就是你的未来，甚至你的未来会比他现在还难堪。帮助别人也就是帮助自己，因果轮回，将来也可能会有人帮你或者你的亲人渡过难关。

虽然人各有志不可勉强，追名逐利在所难免，但是人还是可以从善良出发为自己的人生编一只美丽无比的花环，做到这个还没有难到无法操作的程度吧？所有一切人，连马加爵都有令人落泪的理由，有什么不能理解的呢？但是，你千万不要迂腐地在面对挥下来无法避开的屠刀时还念着“因为懂得，所以慈悲”，要在保护好自己的同时再理解和学习，忍无可忍便无须再忍，这是前提。

其实有时候脸上的波澜不惊不一定是成熟的表现，或者正是“装子”的高境界呢。无论是低级还是高级的“装子”，在这个物欲横流人情冷漠的世界里比比皆是。扪心自问，我们也要理解，毕竟父母亲朋妻儿老小在“装子”们的头上压着，谁又可以不“装子”呢？面具是这个时代的必需品，没必要非要揭开别人的门帘看人家一家老小究竟是相亲相爱的还是兵戎相见的，这是人家的事情，又没有丝毫侵犯到你的权益。真的贬低别人就可以抬高自己吗？你敢说你自己的一切都是绝对真实的，心里就没有一丝一毫的阴霾吗？某些中国人“笑人无恨人有”阴暗麻木的看客特性你一点都不沾边吗？

眼高手低是个常见常新的问题。不想伤人，也不想让别人无限度地伤害自己，恐怕得作为一个油盐酱醋的准则。每一个人都应当想想自己的斤两，再考虑是否从头到脚地打量品评别人，这应当无可厚非。

玫瑰红

有一只小小的玻璃瓶，曾被我用来喝了好长时间的水，然每至启盖，仍有甜香丝丝缕缕渗入肺腑。这是必然的，因为它曾把一小瓶玫瑰红糖腌制了一整个年头呵！

这一罐玫瑰花酱是我承包的公交车上叫滕嘉的司机和他娇小妩媚的妻子送的。那时天热，车上一整天尘土弥漫，司机和售票员皆很疲惫，滕嘉的小妻子常会来车上帮忙。那小女子皮肤黑黝黝，身形极瘦小，手脚勤快得很，言语中却常见泼辣和油滑的样子。我与不侵犯我的人常可和平相处，所以不久她就讲到她腌制了玫瑰酱的事，心里痒痒想要又不好意思张口，她倒很善解人意，一张嘴俏俏地笑着问我："姐姐你要不要，我们送你一瓶。"我大喜过望，说："那怎么好意思？"

其时，滕嘉开着我那辆破车已闯过几次祸。此人性格温和，长相俊朗，剑眉星目，俨然是一个年轻版的汤镇宗。让我十分感动的是他从不像别的司机，私下里跟承包人捣鬼或做一天和尚撞一天钟。他把车当成自己的，一有毛病深更半夜地待到修理厂看着收拾，平日里总是把车擦抹得干干净净，并且不让我动冷水干脏活，日久天长地磨合下来，便是出了小事故我也不忍心说他。然而，事故猛于虎，我十分不满的也正是他对于自己的水平的过分自信，开着车在市区像骑自行车一般东奔西窜。我总对他说一些诸如"哪怕不赚钱也绝不出事故"之类的警戒语，我怕小的麻痹酿成大的事件。可惜他总是自恃技高一筹而充耳不闻，他可以手把方向盘和我讲故事，讲到惊险处双手舞蹈起来，我的心便跟着高悬起来，为照顾他的自尊我又不便像其他承包人一样直言相斥，说实在的每见到这种情况我总是气愤难言，再好的事后忏悔也比不了事先的防微杜渐啊，他怎么能那么照顾一辆车而漠视作为司机对生命珍视的义务呢？

直到一天，他讲到妻子与别人的“故事”，讲到他对我的迷恋，我一时间就不知所措起来。我有我自己愿意倾尽心血去爱的人，但是在遥远的守望和近距离的披衣送药嘘寒问暖之中，我又的确有些迷乱。我想起他费尽心血知道我的生日后暗中操作了很久的那一天给我的感动，想起他在知道我感冒后屡次冒着被罚的危险停车去给我买药不顾一切的样子，想起他一拍胸脯说“我承担”而不像别的司机常为一天两天的工资和承包人搞得紧张兮兮的模样，亦想起他在我亲戚造访期间悄悄泡了红糖水放在我座位旁的情景……的确，我也在其中泛过小女人温情的内心波澜。

但是，这一切的波动都在那个娇俏的小妻子面前化作乌有，他们之间有什么误会是他们的事情，我不想成为一些毫无意义的事件中的插画。我来此地放弃一切是为了替自己积累一点比较实在的金钱以便于后来的学习生活。况且我对于第一次婚姻已心有余悸，焉知此事又有何虚实呢？

风雨飘摇中，滕嘉的最后一次车祸一锤定音。车祸不大，无人身伤亡，但正被马上要进行的一次考试搞得晕头转向的我一听公司打过来的电话，想到信任、功课、时间、金钱，手都麻了。

我不得不去面对那一大堆繁琐的手续和交涉，并且当场毫不留情地炒了他鱿鱼。天下着雨，售票员扔下票钱扬长而去，滕嘉垂头丧气地在车里鼓捣一个螺丝，满脸愧色。一瞬间，我真是百感交集。

N 次的车祸，赔偿及罚款我全拿了，我狠不下心让人家辛辛苦苦也的确是实心实意替你卖力后落个不能养家糊口的结局。这第 N+1 次，我终于有些不平了。车已经很旧，总是要更换零件，时不时还要大修，我也是有付出的，要担惊受怕，并且要放下自尊为驾照为罚款与各式各样嘴脸的人周旋，他体会过我的痛苦吗？说到底，人情薄如纸。

玫瑰红的小罐送来后，一打开就有醉人的甜香弥漫开来，白糖晶晶莹莹散落其中像碎碎的花粒，深吸一口，小心地挑上一点放入透明镂花的玻璃壶中，花瓣顷刻舒展开来，像小女人舒曼的舞蹈和浅吟，曼妙的裙裾缓缓飘飞，幽幽地悠悠地，有几分飘零的心情。水也在瞬间喝醉了酒似的酡红了脸，一层深似一层，用“嫣红”或“嫣然”形容是再确切不过了。更不用说，轻抿一口，在品味绝佳的淡淡浓浓的花香中又可体会人们之间那种醇美如酿的情谊，所以只是在心情极佳的时候沐浴更衣，以幽静而虔诚的态度去小口地啜饮。仿佛不可多放，若是心贪或不小心调过量了，甜中就带了一股滞涩，和人生何其相似。

滕嘉走的时候眼睛里内容很复杂，我也在想：是否在金钱面前，包括我都做了不折不扣的奴隶，谁也逃不开去？我做的有无过分之处？

后来风闻滕嘉指我曰：美女蛇。

我先是心浮气躁，继而哂然一笑，也不置咀争辩。对于这一生的旅途，我宁愿记住盛在瓶子里的甜香，那些不堪和泥淖，抖抖身子，像毛驴抖掉身上的雪一样，忘记就好。

数月后，不小心触瓶落地，一声脆响过处，残存的玫瑰花瓣和碎玻璃支支离离散了一地，稍一茫然后，心里也释然了，分久必合合久必分，就如同远去的许多东西一样，是勉强不得的。

多年之后回到故乡，一日去看望生病的二叔，在我家楼门口挡了一辆出租，拉着爸妈上车，随口报出地址，车却半天不动，我诧异地看过去，司机慢悠悠地掉过头，笑出一口整齐的白牙，我愣了一下：“滕嘉？好巧！”他没有作声，缓缓启动车子。一路上，我不知如何应答，倒是他和我爸妈絮絮叨叨聊得火热。

下车时，他问我：“过得好吗？希望你幸福。”

我灿烂地微笑着点点头：你们也是。大家好才是真的好！

新虎口历险记（荒诞小品）

我这个人一向是异常幸运的。你看，高中毕业一不小心就考进了人人向往的航空学校。四年稀里糊涂地毕了业，别人找工作找得哭爹喊娘以头抢地，我却莫名其妙就被现在的上司看上了，半点劲儿也没费就进了这家著名的航空公司。平时工作也就是抄抄写写。怎么，眼睛瞪成灯泡了吧？

最让我受打击的是顶头上司器重我的非比寻常，仿佛我是国宝大熊猫似的。走到哪里总要带着我，动不动还当着别人的面夸奖我两句。我到底哪好啊？我真想大喊一声：拜托你老兄，骂我两句成不成？你以为我真的是金子啊？！

这种看似风光的生活使我浑身不爽。看我无论怎么努力都不能换来一点敲打，而那些小心谨慎的孩子们再怎么表现都无济于事，我郁闷到了极点。我心里暗暗发誓，不信你小子不给我点颜色看。

第N天，我经过一系列准备，径直来到上司办公室告诉他："Sir，我想驾驶一架7778号飞机做一次飞行表演，准备不用降落伞而是用粗尼龙绳在2000米高空降落，这样我们的航空公司就会名声大振，媒体一炒，大家一好奇，效益一定会得到提升。"如此粗制滥造的所谓广告创意好歹能够招来一顿骂吧？没想到我的上司灯泡一样发亮的脑袋上汗珠滴滴沥沥滚了一阵，昏过去三分钟二十四秒，醒来的第一句话是："妙啊，好兄弟，你的创意太好了。好小子，像我年轻时候的样子。一句话：支持！"我绝望，当场晕倒在地。

醒来后的我跟着高兴得战栗不已的上司上了那架传说中最贵的小型飞机。一大盘历史上最粗的尼龙绳被一群巴结上司的小孩子们搬上飞机。

起飞，升空。很快就到了 2000 米高空。突然有点觉得蓝蓝的天上白云飘真是一首巨好听的歌啊！然而我必须完成自己这个超级愚蠢的活动，以换来上司那珍贵的一骂。

绳子是事先就固定好的，我打开舱门，勇敢地从那里跳了下去。飞行员很忠实地履行自己的职责，地面上估计长枪大炮已经密不透风，我觉得自己有点爽。心想：就是不挨骂也是值得的！

正在这时候，我的生命史上第一件看似倒霉的事情出现了。好像我买的绳子是某著名公司的假冒伪劣产品，就在我急速下降的过程中，这根可爱的绳子居然断了。我终于明白什么叫恐惧了——上帝啊，保佑我吧，这次我真心实意地祈求你保佑我避过此劫，毕竟人间的生活是那么丰富多彩，估计天堂里天天奏乐擂鼓鲜花似锦的也不是个味道啊。我只想让那个可恶的光知道包庇我纵容我的上司骂我两句，我可没想要去死啊！

上帝保佑，上帝保佑！

我降落的时候发生了第二件看似比较倒霉的事情：突然刮起一阵很不小的东南风，我犹如尘埃的身子马上被大风卷得失去了方向。再见了，长枪大炮，再见了，我的讨厌的上司，再见了，我讨厌的钞票！

我多么希望我能够降落在温柔的海水里啊，这样我的下辈子就有可能是一条自由自在的鱼。可是不幸的是，也可能我被一棵大树开了个国际玩笑，它不管我死活地伸手拉了我一把，于是我在枝枝杈杈中间游荡了半大天——其时我已经昏迷过去，这个镜头纯属猜测。反正当我好不容易醒来之后，自己是躺在一片无边森林的中间，暖暖的阳光调皮地在我周围窜来窜去，小鸟儿在枝头很高兴地唱着它们的情歌。我勉强睁了下眼睛，感觉身上到处火烧火燎地疼，奇怪的是我的腿脚胳膊却完好无缺，而且脸上就是划了些小口子，连轻度毁容都算不上，我咋就这么幸运呢？

我一高兴，迷迷糊糊打算先小睡一会再找吃的。反正森林里如此美妙，此时不享受，更待何时？

突然，一个毛茸茸的大脑袋拱了我一下，又拱了我一下，我刚想大吼：“烦着呢，别理我！”一激灵，脑子跟水洗似的清醒了。妈呀，不会是老虎吧？！

好了，这是我生命之旅中看似倒霉的第三件事。

我赶紧翻身起来跪倒在它面前，可怜巴巴地求饶："虎大爷啊，你是百兽之王，你一定有足够的肚量放过我这个无名小卒，下辈子，你如果当牛做马，我一定拔草给你吃。求你了。"

老虎哥哥很威严地看我一眼，咳嗽一声说："少啰嗦，虎爷爷嘴下从不死无名之鬼，报上名来先！"

我冷汗直流，心说：完了，吾命休矣！

千钧一发的时候，突然想起来，我曾经在上衣口袋里放了一张银行卡，里面有我容易得不能再容易赚来的一点钱，不多，也就大概三四百万。试一试，或者虎哥哥可以考虑用这笔钱买点更好吃的东西呢。我如此幸运的人，人间少有，估计肉都是臭的，肯定不怎么美味吧。我赶紧振作起来，磕头如捣蒜地对老虎说："大王啊，我给你钱，二十万，不不，我的银行卡上所有的钱都给你，你可以买汽车、美丽绝伦的母老虎、喷香的各色肉点，你放了我吧成吗？你可以打着饱嗝带你心爱的母老虎去海边兜风，行吗？"

奇迹发生了，虎大王的胡须忽悠忽悠晃动片刻，眼睛亮到比1800瓦的灯泡还亮的地步，紧接着，它飞速地倒退几步，又非常亲热地迎到我面前，拥抱着我又哭又笑，好像我是它心爱的那只母老虎。嘴里模糊地喊着："天啊，原来你是财神爷吗？是小的有眼不识泰山，小的错了，爷爷一定大人不记小虎过，原谅小的。快，卡呢？卡在哪里，给我，告诉我密码。我是这森林里的领导，我马上派下属安排，送爷爷回家去。"我一时无法反应过来，等我清楚地意识到这样可怕的事实后，耻辱的感觉立刻如影随形地缠上了我。天啊，原来我视做净土的森林里，也有这样的老虎，而且还是一把手！

我疲倦地掏出怀里的银行卡，告诉眼前这只小猫一样温顺可爱的老虎哥哥，密码是：525※※※。现在就不再公布完整的密码了，因为我既然已经答应把这笔钱给人家虎哥哥，就必须信守承诺，一诺千金，这是我的做人原则。

然后，我已经感觉到了作为人类和动物类的奇耻大辱，我不打算等待我的顶头上司和媒体因为失望而批评我或者因为怜悯而在我眼前落泪，所以，写下以上的小短文，我准备自杀，离开这个可怜可笑的世界，等待下一次的生命，或者比较波澜起伏的生命——如果这世界上真有来生的话。

好了，诸位，永别了。

——一个为人世间羞愧的人　新年绝笔

鸽 哨

养的鸭子去了天堂之后，我便随意地侍弄一些花花草草。花儿们也争气，隆冬的天气里那盆从晚春就一朵又一朵开花的扶桑从未间断地绽放着雍容的笑脸；大叶海棠和春羽比赛似的往上蹿，海棠茂盛得要齐到顶棚了，不时从郁郁的叶子后头冒出粉嘟嘟水灵灵的眉眼儿……有时候太阳好了，我就拿本书坐在阳台上，一边心不在焉地记单词一边拿小喷壶在叶儿花儿上喷水。阳光下满眼闪着浓浓淡淡的绿和姹紫嫣红，仿佛它们都在喜气洋洋地过大年，我就检阅三军似的一一审视过去，心里轻松而满足。

弟弟带回那一对雪白鸽子的时候，我很自然就想起我那对不幸去世的鸭，心里犹疑着养不养它们，怕是又辜负了这两个小家伙。

鸽子嘴嫩红嫩红的，走路趔趔趄趄不稳当，妈妈进来说："鸽子虽小，可补人呢！"言下之意很明显。我一听害了怕，一把抢过弟弟手里的小纸箱说："谁也别打主意，这是我的宝宝。"

你说作为和平信使的白鸽倘被一盆滚水褪尽羽衣，再悲惨地落入汤锅，让尽想猎奇珍异味的人类敲骨吸髓，算不算一种讽刺？

我恰巧休闲在家，妈倒不反对我养它们，于是花花草草之外又加了一对宝贝鸽子。有了养鸭的经验，我不敢晚上把它们放阳台上，就搬了它们的纸箱别墅放到我的闺房里。它们似乎不习惯灯光，尤其不习惯我们这些霸道而陌生的人类，总是防着我。本来正在很绅士地打量我的房间，我一推门，"哗啦啦——"很笨拙地扑扇翅膀之后，钻到椅子下面、柜子底下、床底下，任你千呼万唤它是不出来不出来就是不出来你能怎么样？这让我惶惑得倒有点像我是闯进它们房间的坏人一般。好了好了，我出去你们玩吧，取出些粮食撒到地板上，我心虚地退出屋子，流浪到电视机前。千篇一律的电视节目哪能让人集中精神啊，不知啥时候我竟坐在客厅沙发上打起了盹。

“回房睡去啊，怎么在这就瞌睡起来了。”妈妈推醒我说。

“鸽子害怕我，我进去它们就不敢动了。”我怅然地打了个呵欠。

“嗐，鸽子怕你总不能不睡觉吧？怪事，快去睡。”妈妈失笑地点点我的鼻子。

想想也是，屋总是我的，睡觉。

进去时小心地偷偷看看两只小凶神，哈，你不看它还大模大样在地板上走来走去呢，并且很大方地撅屁股屙屎，小声地“咕咕咕”哼什么。一望它，它就急三忙四地钻到椅子底下警惕而从容地盯着我看。唉，罢罢，我可要读书睡觉，不管你们了！

心里好笑着，还是操心地上了床，偷眼看它俩，它们也正歪着脑袋用黑豆似的眼睛看我装模作样读书的蠢样儿哩。

“别看我，我是流氓我怕谁！”我抿着嘴命令道。

为了让它们充分享有自由权，我每天只负责给它们充足的水分、粮食和阳光，很少奢望碰它。它们倒也不客气，吃得不多屙得多，满阳台尽是花儿般的鸽子粪，并且日渐顽皮，有人没人开始扑腾扑腾又飞又跳，真是个细羽飞扬花枝乱颤，花儿草儿们可就意见大啦，脸拉得三尺长，因为两个小凶神不时碰掉它们的胳膊或者擦坏它们的胭脂香粉，阶级矛盾不太好调和了。

我只得天天扫鸽子粪给花草们长志气：“别争啦，它们是小弟弟，你们毕竟习惯这个家了是不是？”

更让我哭笑不得的是两个小家伙在一天晚上我睡熟之后轻手轻脚地飞上我的卧榻观察旅游了一回，临走时还留下几泡白花花的鸽子粪，好像是某些无良的人用楷书很认真地写道：“××鸽到此一游！”

不怕我了我高兴，可朋友也不能过分开玩笑对吧？后来我的椅子柜子电话电子琴全被两只小东西很单纯地打了“到此一游”的印章，嘿！太是目中无人了。

反正它们羽翼渐丰，睡阳台去吧！我很客气地赔着笑脸把它们的别墅安置在阳台上。阳台上除了花草还打了一个水曲柳的鞋柜，谁知它们怎么瞅上鞋柜里的臭皮鞋了，不出三天，好么，好几双鞋成了它俩的温柔之舟，栖息唱歌不说，“到此一住”的印章斑驳陆离，比印象派画师还有水平，没治了！

妈妈开始烦阳台上总也扫不尽的鸽子粪，爸爸唠唠叨叨替花草们申冤了，怎么办？

“我看把它拿去养在咱们的平房里吧？”妈妈征询地问我。

“平房里我们去得少，被别人抓走了或是饿着了怎么办？”我犹豫道。

“我喂它们，它们又飞不了太高，上不了咱家那么高的院墙，再说你也马上到兰州上课哩！”妈一边说一边就把它俩放到一只小纸盒里出门去了。

也只好如此了，有什么办法呢。

月余后我从兰州返还，惦记着鸽子，问妈妈，“还真的被人抓走了。”妈漠然地说。我心里一时有些难过，它们会不会被人用气枪打了？会不会在人家饿着？……

又想，飞走了好，长大了还是要飞，不能总在方寸之地抬头望天，不好。飞吧，最好是在蓝天白云下愉快地搏风击雨，留下一串嘹亮悦耳的鸽哨，那才是我的好宝宝！

哨　兵

这条灰狗已陡然间苍老了许多，那对原来灼灼且恶狠狠的眼睛不再像杀人不眨眼的狼眼。它终日端坐在“贵夫人”家门口，若有所思地，固执地守候着。

初见它的时候，我的内心曾激灵灵打了一个冷战，当场感觉浑身有一层鸡皮疙瘩“噼里啪啦”直往下掉。我的确有点怵这条面容很“酷”，带着几分森森狼气的狗。后来闭着眼睛心里画着无数的“十”字走过后，发现它对我们非狗类不感兴趣，心头才略觉释然。我偷偷给它起了个名字：灰狼！

对它的好感是从它的爱情故事开始逐步出现，并随着它感情的升温而极速飙升的。我们这条小巷里的主人全是被誉为“兰州市最富的农民”那一个群体的成员，他们家家有三层洋楼，家家养体型不等的狗，院子里干净整洁，小巷里却污浊不堪。大概于他们而言，养狗是为了看家护院，污浊小巷里的狗狗并不需要非常用心照料它们。

灰狗的爱情故事就是在这样一个舞台上展开的。

“贵夫人”未成年之前是一个扎了冲天辫朝气蓬勃的窈窕淑犬。娇小的身上穿着一件长长的毛披风，有些煞风景的是它披风上的白毛总是数日未洗的样子，而且还爱在垃圾堆里扒骨头吃，一点淑犬风范都不替自己保留。装酷，哼！不过，这丝毫不能掩藏它的美丽。我不知“灰狼”那厮是何时开始垂涎“贵夫人”的芳容的。所以，一日见到“贵夫人”又在垃圾里寻觅美食（很是专心致志和心无旁骛），而“灰狼”色眯眯地围着它性感的屁股转来转去，大有意欲双爪举玫瑰花求婚的不良企图。可“贵夫人”此时显然情窦未开，一边娇羞一边不太耐烦地猛一回头，“呜哇哇呜哇哇——呼——”一连串呵斥，似乎在说：“滚远点！滚远点！”可“灰狼”是个无耻的家伙，“贵夫人”五次三番的斥骂使它更觉刺激，它便“呜呜嗯嗯”地边倾诉真情边试探地将色眯眯又温柔的脸往自己钟情的母狗屁股上吻过去……狗非草木，孰能无情，“贵夫人”恐怕最终架不住“温柔旋风”，缴械下嫁了吧，不得而知。

反正后来南来北往的人们开始看见它们成双成对公然在大庭广众之下又搂又抱，吻得死去活来。我见惯了人世间与金钱、名誉、地位等因素关联的爱情和婚姻，却少见这样投入而不顾一切的爱。于是对“灰狼”有了几分好感，并且像看一对勾肩搭背的小青年亲密一样地看它们夫妻俩，在心里，我常将“愿天下有情狗终成眷属”送给这一对贫贱的狗夫妻。

说起来，“灰狼”和“贵夫人”之间还曾横亘过一个“情敌”。那是一条比“灰狼”高大半头的壮年大狗，和“贵夫人”是一个主人门下的两只战士，它为什么没有“近水楼台”我也不想深究。

那一天清晨我很早就出门去上班，经过“灰狼”家时，一个敏捷的身影“嗖”地窜过我往前轻快地奔去，定睛一看，又是“灰狼”。这厮，比我还起得早，去哪儿呢？其时我不知道“贵夫人”养在何处深闺，好奇中看定了，见它来到一家院门前，用爪子挠开了门，门口一个小男孩一见它就想关门。“灰狼”也不发火，“爱屋及乌”了呵，只是躲开小男孩的脚，不卑不亢不屈不挠地又用嘴拱门，一边含情脉脉地朝院里张望。我探头一看，果真，“贵夫人”正被一条细绳拴在屋檐下，急得直打转。再一瞧，哟，旁边那条黑狗足有两个“灰狼”壮。它明白“近水楼台”的道理，所以可以不急不躁一副气定神闲的样子远远打量着“灰狼”，可“灰狼”和自己的爱人眼中哪还有其他东西存在呀，它们只是痴痴地用眼神传情达意。我笑了一笑，走开时心想，黑狗怕不会吃醋吧？否则怎么会无动于衷？“贵夫人”近来愈发出落得貌美如花了，爱情还真是滋润了它么？

“灰狼”最终还是和装得很绅士的黑狗大战一场。那一个场景颇为壮观，二狗你来我往互不相让，在夜幕下的小巷里打得难舍难分，行人皆驻足不敢经过，怕殃及池鱼，我远望着心里莫名期望“灰狼”能赢。爱情的力量是神奇的，结局是黑狗仓皇逃至灯影暗处，畏畏缩缩不敢再来，而“灰狼”则像一匹轻骑一般骄傲而快乐地奔向前院“贵夫人”处。黑狗思索片刻后不太服气，悄悄跟进几小步，而“灰狼”猛一回首双目炯炯如电，震得高它两倍的黑狗转身就跑，这条吃醋的狗全线溃败。

“灰狼”以它的无畏和真挚的爱最后赢得了“贵夫人”的芳心。后期“贵夫人”也常常跑来探看夫君了。

数月后，“贵夫人”有孕，体态略显蹒跚。“灰狼”跑前跑后照料自己心爱的妻子，它们相亲相爱的影子成了我眼中绝版的风景。

月有阴晴圆缺，狗有悲欢离合，此事古难全。“贵夫人”和丈夫在小街散步时，一辆疾驰而来的小汽车撞向它们，夫妻俩都想救自己的伴侣，在那个来不及思维的过程中，本能的互相保护害了它们，“贵夫人”与“灰狼”未来的孩子丧生车轮，一尸两命，香消玉殒。

那几天，我简直夜不成寐。“灰狼”呼唤伴侣的哀哀泣哭在小巷的上空萦绕不绝，余音袅袅。

“灰狼”最后接受了爱妻已经仙逝的事实。但它疯狂地等待在小巷口，固执地屏息凝听“贵夫人”奔向自己的脚步声，或回忆着从前。

2001年发表于《西部之声报》　副刊

遭遇文留

（一）

第五次听说匡文留是在一班文人和商人的饭局里，有一个举止谈吐颇有几分斯文的商人说：“没遇见文留前，我是‘啊！’听别人讲她，用一个叹词是‘咦？’到见到本人，再用一个字形容是‘噢！’”他的表情和手势可供人们生发无穷联想，惹得同桌男女大笑，刚刚踏入社会青春如溪水一样清澈的我却在笑声里心生惆怅：一个四十几岁的女人，经常地让人们当做茶饭之余的谈笑，是一种荣幸还是悲哀？她究竟是玉树临风还是红眉绿眼？

很偶然地在《甘肃广播电视报》一角看到文留的小像：戴一顶花边小绒帽，歪着脑袋，一根大辫子斜垂到肩上，摇摇曳曳而至腰际款款停留着，很顽皮很清秀的一张笑脸，以至于后来见到文留本人以及她的其他相片都觉得不如那张小像上美好。

屈指一算，从知道文留到真正地遇见她并与之倾心交流，已是四五年之隔了。

因为要跟李总编他们一起去电台做特邀嘉宾，我事先很大胆地约了文留。李总编是甘肃人民广播电台的台长，文留是他隔着几层的部下，所以我很容易就找到了她的电话，一个小灵通号。

尽管我脑海中还顽固地留存着文留当年的模样，然而在约定地点见到已是鬓发半白的她居然梳着两个小辫子着一件大红呢子披风黑皮裙靴子的青春豪气仍让我有点需要仰望才可能触及的叹服。在那个年代，那个年龄的人有这种装束真的是很大胆的。李总编说，匡文留可是个调皮姑娘，一次单位集体去天水麦积山旅游，三十几岁的留姐姐采了一大把野花插到当时已经是副台长的他头上，惹得大家笑喷。我脑补了下那个画面，真是白发垂髫并怡然自得的场景，不禁会心一笑。

沉静下来闭上眼睛想华服浓妆的外婆文留十分豪迈地振臂在兰大或西北师大的校园里叫卖自己的书，那一份气定神闲，那一份从容自若，勇气这东西并不是每一个自视甚高的文人可以拥有的。人们往往非议文留徐娘半老还浓妆艳抹，或者谈论她跟她情人的飞短流长，或者以为她在酒桌上与西北汉子们一较高低如同李白是何等不雅，等等，而我每想起她对于一只假冒的玳瑁环、一个玛瑙串或一只蓝玉镯、一袭苏格兰方格披肩以及对于黄河水车和童年生活的小心珍爱，以及对于曾经投入真心企望有一次惊天动地爱情却往往落荒溃败的心路历程，我就能十分强烈地感受到她对于远去的美丽是多么珍惜，对人与人之间的真情是何等渴求，然而岁月流逝间她不得已或不自觉地用一层薄薄的幕布遮蔽了自己。

于是，人们看见的文留是多变的，人们永远不知道她苍老的心里盛放的是什么样的历史和多么沉重的悲哀。

（二）

即便如此，她仍被世俗的利剑射得千疮百孔。

于是，她呐喊她反叛她燃烧自己，她用痉挛的十指拼命抓紧父亲的灵魂与之对话，她用血淋淋的心向冥冥之中的上苍倾诉。因而，从某种角度欣赏，文留的诗意支离杂乱，有的近似呓语。她的散文倒颇似母亲杨蕁的风格，沉静感伤厚重，不同的是由于留日经历，母亲的文字总是散发着一股日本樱花的甜香，而文留的文风颇有黄河水车一唱三叹的韵致。

文留的妹妹文立在文章上比姐姐出色得多，而名号却没有姐姐叫得响。可以说，文留的一生，是淋漓尽致的一生，是虽历经坎坷却无怨无悔的一生，却绝非哗众取宠的一生。因为作文与做人的一致与矛盾，铸就了文留“西部诗后”的桂冠。

她的形象，就像一棵怒放着的奔放的红柳，在风沙中挣扎着吐露自己筋脉里血红的眷恋和爱。若是一切都错了，爱是清白无辜的，所以文留不屈服不妥协，不为世人的眼目而改变自己诗意的栖居。

文留的父亲匡复是西北师大文学院的教授，母亲杨萼是外语系的元老，父亲风度翩翩；母亲长身玉立天生美人，一打眼就非常吸引人。有一张全家福上，匡老夫妇中年沉静，坐在两张古旧的太师椅上，两朵金花调皮地立在身后，笑容灿烂如玉，令人不禁心生暖意。从某种意义上讲，二老是西部的伟人，开父母真爱之先河。

从青年时代的浪漫洒脱和曲折坎坷中一路走来，对于子女他们很少有扼杀天性的束缚。直至终老，他们仍给了文留姊妹俩一个从外表到心灵都无限开阔的真正意义上的家——只要善良真诚，子女喜欢什么便做什么。不管成功与否，永远地爱着女儿，一如爱当年那个拖着鼻涕的小丫头。

我对于未来子女的态度正与匡复先生夫妇是一致的，人活一世十分短暂亦十分不易，让他自由挥洒吧，不要把精力耗费在别人的目光与议论中，活出文留那样的风采与气势来。

一向欣赏李清照的婉约，这次却有点醉心于文留这位女侠一般的旅伴在举手投足之间闪耀的疯狂的魅力了，未知文留在她的《文学大厦》节目里的听众可有与我感受相同的，则心有所慰。

文留退休后去了儿子在北京的据点，据说还在北京又兼了职。做了奶奶和外婆的文留现在是什么模样呢？眨眼又是二十年，再没有她的传说，英雄总是会走向沉寂，这世界谁也不会久久长长处在舞台的最中央。

雨打珠帘

来兰州之前，心里算计着等有了钱干什么——最好建一家三边临水一处依岸的茶屋，可以驶一艘古式的雕花大船，屋檐上挂了透明的细密的珠帘长长地垂落下来，起名就叫：雨打珠帘。

那些或许有相同心境的人会有所触动于这个语义阑珊的名字而不辞劳苦地跋涉来此，凡是进入到这儿的人都可以听得见黄河的心跳，心动欲速，内心愈静，不会猜拳行令七吆八喝做出一些可能伤了人们和气的举动。喝喝清香的茶，听听古筝、琵琶或钢琴、洞箫，隔着随风舞动悉索作响的帘看远处的苍茫无尽的黄河，看来往忙碌的人群，在心灵一隅静静守望。最好是雨天，若有一个穿红衣的清绝的女子坐在茶屋窗边，雨“滴答滴答”敲打着珠帘和屋檐，分不清哪是帘哪是雨，风吹来，雨珠和帘上的珠子一并迸进屋内，音乐也碎碎、低低、轻轻地，潮水一般漫过茶屋的每一个角落，所有的人都很安静地聆听自然界的每一种声响……或者，这红衣女子的茶钱我是不会收的。她恍然就是我所熟悉的那一位，她是母亲、女儿、情人、姊妹，是李清照是三毛是在世界上苦苦寻觅美丽的那一个灵魂——我将欣赏和理解她的心灵独白。她在这个雨中的珠帘后吟哦和跋涉了几千年，她的脚步没有起点亦没有终点。卷上珠帘总不如，那一份婉约和清远，又岂是俗世中人可堪解读的。那么，让我做她尘世中的知音吧，看她寂寂地来，孑孑地去。

人而熙熙，皆为利来；人而攘攘，皆为利往。

在流浪而躁动的都市中，我们渴望一片宁静的天地，是那样的刻骨铭心呵。

我却总在旅途中，奔波辗转，于是雨打珠帘的梦想就一直成了梦想，梦里想想罢了。

在兰州的怀抱里有爱有恨有情有义地苟活了十年之久，在一个夏雨淋漓不尽的黄昏，耳机里响着《大话西游2》的主题箫曲，含着泪吃下了一碗饱含着离情的牛肉面，我在心里把那只青花瓷大碗扔到地上，碗在我忍悲不尽的心头碎成八瓣，风萧萧兮易水寒，壮士一去兮不复返。我将自己孱弱的身体和灵魂一齐交给那个叫作陕北的地方。

米脂的婆姨绥德的汉，清涧的石板瓦窑堡的炭……山歌婉转，民风厚朴，我人生的另一场大戏拉开了帷幕。忽忽十年飞逝，我已经成了一个十岁孩子的妈妈。

机缘巧合，在烟花三月桃李芬芳的季节再来亲爱的兰州——我不陌生，这里的每一条街道每一块地砖仿佛都是我的至爱亲朋——尽管它们朱颜已改，好多的街角已经耸立起陌生的高楼大厦，但是我依然不觉得它们是陌生的，就像我的亲人，尽管他们脸上长满了皱纹，青丝白发，但是依然改变不了它们是我亲人这一点。在这里我并没有觉出自己与这座城市有什么样的牵连，离开了却是魂牵梦萦，牵挂这里四月盛开的鲜花，牵挂这里黄河上冻起的冰凌和河心上的野花鸭，牵挂这里的牛大碗，牵挂我和朋友们吃过的朱家炸酱面……我知道兰州也是认得我牵挂我的，因为当我满怀着深情走在旧日走过许多遍的小路上，我仿佛看见那个苗条纤细又青涩的自己穿过十年的烟尘走在岁月的那一头，高昂着头，额头光洁，眼神明亮，嘴里轻轻哼着歌。走在旧日走过的街上，十年前和每一位朋友的旧事，吃饭嬉闹别扭臭美惆怅欢喜，就连当日当时的心境，夕阳的颜色和朋友的表情动作，仿佛都历历在目。

是的，别看城市只是建筑物的集合，城市也是有生命的，它记录了我前一个十年所有的故事……那飘摇的风雨中的大树，那伸入窗内的杏花，为了吃新鲜核桃拿着拖把踩到二分部窗台远远地够着树枝差点从窗口掉下去的后怕，和同学在咖啡厅里调笑细谈的场景，城市是生命的录影机，把生命的历程复制下来，只等有朝一日我们从时光深处跋山涉水而来的时候，把这些重重叠叠的生命记忆释放出来。

用这样的情怀，接纳我这个永在异乡的浪子。以为就这样走一走看一看，这也就是我对兰州最后的和最清晰的怀念了。

却不料九曲黄河，再睹芳华，时光给了我留在黄河边的另一段际遇。

这一次我带着儿子去了黄河边，发现我曾经想象过细节的雕花大船，是确乎真的有了，而且还有不少家。我带着九岁的儿子，细细地执着地走了一路看了一路，大船是有，茶也有，就是没有细细密密的珠帘，也没有音乐，有的是黄河边热闹非凡的小剧团，青衣花旦老生，演员们认真地在臭烘烘的公厕镜子跟前上彩妆更戏服，嗒嗒嗒一路小跑赶过去唱戏，围观的人们里三层外三层水泄不通，这种烟火气息，也让我湿了眼眶。

儿子只管一路走一路惊叹，小眼睛不够用似的东张西望：看，妈妈，那里有汽艇，还有羊皮筏子，这个阿姨唱戏化的妆可真漂亮啊，她们唱什么呢，你能听懂吗老妈？

雨打珠帘的梦想，在热闹不休的黄河岸边居然不知不觉地消散远去了。

朱嫣的遗体捐赠声明

谢谢客服对我的信任，我真的喜欢博客带给我的快乐。我一定像老牛那样努力地生活和写博客。

另外，我想请求新浪和新浪的博友们为我的遗体捐赠做见证。我的身体状态不是很好，眼睛有一只近视，胃肠功能比较差，其他零件基本还有利用价值。我在这个企望留驻美好的平台上写下自己的遗言：无论何时（几年或者几十年），只要我的生命消失，我愿意无偿将自己的器官捐献给需要它的任何人，另将遗体捐赠华西医学院做解剖研究，以帮助那些或者真正需要帮助的人。

我有这样的念头已经十几年了，一直不知如何去操作这件事情。昨天，看了《西藏生死书》，突然觉得或者下一瞬间我就会被不知名的东西带走生命，所以我要在尽情地绽放之前先比较冷静地安排好自己的死。

这一世我做过许多好事，也在知道或可能不觉察的情况下做了许多伤害别人的事情，我希望自己能够在最后的生命旅程中给世界留下一些美好的东西，这或者可以或者无补于我曾经带来的伤害，但我已无所奢求，于心无愧而已。

现在我很无助和彷徨，但这并不妨碍我持续地建立自己的身体、心理健康和美化自己生命之花园。就在昨天，我还冤枉了自己最好的一位朋友，用很刻薄的言辞指责她带给我的痛苦，我已经很诚挚地向她和她家人道歉了，希望他们不要因此而悲伤和不再爱我。但是，无论是否得到谅解，我都不会怨恨，就像水流过，风吹过，花朵在春天开放，果树在秋天结实，生命中的一切都是一个自然的过程，我将怀着感恩和欣喜去迎接这一切，包括我的痛苦、挣扎、欢乐和愤怒。

我并没有皈依佛教，但是我一直在努力地改进自己生命中的缺失和增加自己的善行，并打算试着去理解那些我曾经无比讨厌的人们。用英语说就是“Live in，and let live in（活着，也让别人活着）。”生命应当是毫无贵贱一律平等的，最可恶的魔鬼也有他们心灵深处的苦难和不幸。

索甲仁波切说各种教派在原理上是一样的，都是希望人们平和、理解以及慈悲，我同意，所以我不去皈依任何宗教，但是在危急时我会虔诚地祈祷，而且，我一直在尽力为善。或者，这是唯一的消除仇恨、战争、杀戮、疯狂和混乱的良药呢，如今的世界，真的需要人们为地球和自己的家园好好想一想了。

人类只是地球上的一个物种，和绵羊、大象、野草、鲜花是没有本质上的区别的，没有任何必要自视甚高或自轻自贱。

关于过去的一切，我原谅别人，也原谅自己。虽然很苦，生命毕竟是美好的，我要好好地对待自己的余生，只到能够有幸完全奉献自己和魂归他方的一天。

发了这个遗体捐赠的帖子，博友都还没怎么惊奇，但是把一个很关心我的陌生朋友吓着了，以为我要自杀或者很悲观。

有人关心真的很好，不过也真的很抱歉吓着你了，我亲爱的朋友。

可是我现在状态很好。我是读了那本书，比较深刻地领悟了生命的无常和可贵，所以希望能够有机会在临死之前把自己留给世界的最后一份美好告诉大家。因为我单身一人，也很难说定脆弱的生命可能会在哪一刻离我而去，或者下一刻，或者十年八年，我可能一梦不醒，现在不说出来，或者一分钟之后我已经死去，就没有任何机会说和做了。谁都会死，死亡和活着一样是生命中可歌可泣的事情，是欢乐和新生。谁都会死，我也肯定一样，所以不必因为想到死亡的结局就悲伤和张皇。

无论谁，死去了都逃脱不了化灰回归大自然的结局，而也许这个冰冷的世界上到处都有刚刚受到各种伤害充满恐惧和无助感觉的人类，与其让身体一无所用地消失，不如将可以用的零部件给予那些尚还存在的、极需要它的朋友，也算是废物循环利用吧，可算得一个善举，呵呵。告诉大家的意思就是希望一旦我不幸或有幸离开世界，马上就会有朋友或知情者帮我完成这个心愿。

早就知道遗体捐赠要办很多的手续，我目前暂时没有时间和精力去接洽这些事情，如果有华西医学院的博友请和我联系，如果没有，我自然消失之后愿意捐赠自己身体的一切物件，这样可以有人帮我去做这些身后之事，我不能告诉父母，以免吓着他们，而目前没有合适的人可以托付。这是我发帖子的初衷。

我一定会享受生命中的每一个过程，和小贩的讨价还价，在博客上和朋友谈天论地，在生活中听音乐，开心，生气，哭泣，或者学习，奋斗，每一个历程都是美妙和值得享受的，因为知道了生命的无常，我更愿意给予别人温暖，哪怕就是在深夜回个帖子这样微小的温暖。因为知道了岁月的蹉跎，我会以更积极的心态去活着，去创造，我有许多志趣相投的朋友，现实中也不乏可能成为终身伴侣的人，我会在时间和精力允许的情况下去寻觅自己的归宿，所以无须为我担心。

我已经知道了自杀是懦夫和无稽的行为，自己不会去选择了，更不希望身边的任何朋友有这样的念头。好好活着，不要放弃努力，然后随遇而安。

这一段文字是为那个真心关心我的博友写的，我都公开写了，请不要为我难过，我真的很好，谢谢你。祝你全家幸福快乐！

都市里的狗和气球

因为受不了一老一少的两个帅哥马不停蹄的骚扰，我躲到东胜大姨妈家十天。

关了手机，扔了课本，本想好好享受一把，可是大姨和小姨俩老姊妹像看犯人一样看着我，生怕我出门去迷路丢了，无法给爱我如珍宝的老爸老妈交代。天又一直阴雨，我轮着番地被几十年没见的哥哥姐姐弟弟妹妹侄子外甥前呼后拥地请吃饭，饭菜的丰富让我头晕，陌生而熟悉的感觉也让我有点尴尬。比如，东梅妹妹小时候到我家乡去，每和我打架打输了，必定鼻涕眼泪地到我妈妈跟前哭诉："三姨，大傻瓜打我。你家那个大傻瓜她打我了，大坏蛋，大傻瓜！"大家一顿哄笑，事情也就过去了。几十年后相见，她漂亮而沉稳得我不敢相信，妹夫潇洒得像演员，而可爱的小甥女像个蹦蹦跳跳的小天使。

大姨夫已经 71 岁，举手投足间已经恍然透出外公去世前的模样，走路似乎是头沉重得抬不起来，脚步一拉一拉，他是一个多么好的人啊。当年外婆和外公全靠他的悉心照料和贴补，他是个孤儿，几乎把外公外婆当自己亲爹亲妈养。如今外婆虽年近 90 而齿牙尚健，他却眼看着不怎么利落了，怎不叫人心酸。好在他自己很乐观，常常笑眯眯给我说古论今，谈天说地，情绪一点都没有低落的意思。他耳朵不好，对他说话得大声嚷，结果还是可能你说东他拐西，我也不愿意跟他争辩，让一个人一整天面对自己耳背眼花的事实是很残酷的。大姨在晚饭时笑话姨夫去掉假牙吃饭的样子，姨夫耳朵偏好使了一刻，回头笑眯眯地嗔道："死老婆子，你将来不也还是要用假牙吗？得意个甚！"

令我惊讶的是大姨的国标依然跳得风生水起，63 的人了，晚饭后在小广场上她俩提议跳会舞，结果我和小姨跳了一曲就气喘吁吁，而她居然连跳四曲只是出了一点清汗。想起十年前，在家乡的舞厅和她跳早场，她带我在全场旋转不止，顺时针转了还要逆时针转，说这样可以保持大脑平衡不至于发晕呢。沧海桑田的感觉啊。看着天上一轮晕忽忽的元月，飘在异乡的上空，耳边是缠绵的陕北民歌，响在人家的家园。

趁着夜色回来，有一点淡淡的乡愁。

第二日照常阴雨，然后乍阴乍晴。成群结伙的午饭结束后，我和大姨去小街闲逛，回来遇见一条样子很壮硕的大狗堵在我面前，我吓得目瞪口呆，眼巴巴地看着大姨。大姨发福了，行动可一点不迟疑，立马在路边拣起一块拆迁遗留的废砖举在手里，将我护在身边，恶狠狠地呵斥那狗："滚，快滚，听见没有。"一边很灵巧地三躲两闪就进了一个人家的小院，那狗很沉默，只是支棱着耳朵不依不饶地跟着我们，后腿蓄了势，一触即发的样子，眼睛却一点也不凶。我躲在小门后看它，一排乳头很显目地吊在它的腹部，天啊，还是个狗妈妈，听说母狗护崽时是最凶猛的啊。可是，慢着，它的眼睛里真的没有凶光。我于是跟姨妈说，别打它。然后我隔着门温和地对它说："快回家吃肉骨头去吧，听话啦。"我看见它后退了一点，然后很有兴趣地嗅一辆摩托车，我又叫："听见了吗，快回家去，你在这里吓着姐姐了。快去啊，听姐姐话。"神奇啊，它居然真的就慢慢转身走了，很放松的样子，走到一个小巷口，身子在里头，像孩子似的探出脑袋看我们，满眼睛的纯真，就像个听话的孩子或者依依不舍的女子，我胸口陡然一股热浪喷涌起来。眼睛湿润着挥手跟它告别，"快回去，姐姐明天还来看你。"话刚说完，它转身就消失了。

天骤然放晴，太阳光万道齐射，晃得我眼睛一片水渍，姨妈心里想必也是愉快的，她甚至轻轻哼起歌来了，拉着我的手，就像我仍然还是童年那个穿着小花裙子，在青草的香味里蹦跳歌唱朝着澈蓝的天空微笑的小女孩。可是，我已经不适时宜地长成一个整天心事惶惶浮躁不安的三十岁的女人。

一个小女孩从一家院里跑出来，眼睛疑惑地看着一只气球飞起来挂在一根树枝上，我刚想伸手帮她取下来，那气球已经自己脱离树枝，居然晃晃悠悠地飞到天上去了，拉着一个短短的紫色吊带，像一根渴望自由的尾巴。小姑娘看看我，又看看越飞越高的气球，失去信心地笑了一下，就像花朵骤然开放的样子，美丽极了！

“回去吧孩子，这是氢气球，它会飞到我们看不见的地方去呢。会带给那里特别美丽的梦想呢。”我对小孩子说，又似乎在自语，我脸上居然有了慈祥的样子，我是真老了。

不过，我还是愿意在人间，就这样生息，就这样在爱的温暖和辛酸里漂泊和歌唱。

假美真爱

今夜在灯光下听音乐看书，突然就想起了很久以前自己的婚礼上，那些盛开的婚纱和艳丽的妆扮。自己的青春年华就这样悄悄地走了，依然是在落花飞舞的季节里一个人守着灯火，守着自己那些或许永不会收获的情感。

离开是为了真爱，需要勇气。追逐大爱是需要智慧的，或者我的积淀还太浅薄，不足以抵挡世界上的风风雨雨，不可避免地受伤，不可避免地纠缠，不可避免地躲避，不可避免地孤单。

放手的一刹那知道今天的风霜吗？一个人抵挡，是太冷了。

然而夜深人静的时候，我知道，我的心知道，那里，一盆炭火永远在燃烧，在等待那个冬天里为我掖好长围巾的男子。我没有违背自己的心，我是新鲜的，我是静洁的，我是从容的。只在深夜，我才如此坦然。白天的我，就像虞姬，甩着长长的舞袖躲避人世间种种的中伤种种的眼光种种的芜鄙。

我必须学会在痛苦中坚强挺立，在繁忙中保持心静如水。

尽管这种过程可能会很艰难，我知道这是破茧化蝶必然的代价。

几年前在兰州的一家小院租房考研。同院有一家农村来的小两口，男的长得很帅气，是个装修工人，女的带一个很可爱的三岁男孩子。女的不认生，刚遇见我，第二天就来找我聊天。女人，很容易聊到自己的丈夫孩子，她在担心丈夫单位的老板娘跟丈夫关系不明不白，丈夫工作的地方离这里很远，两三天才回一次家。我笑她过敏，不会的。

其实，我也不知道。我就不过安慰她，或者宁愿这样认为。

女人平时很邋遢，蓬头垢面的样子。可每次丈夫回来前半小时，她总是会涂好脂粉打扮齐整出门候在小巷口，说实在的，她的妆化得恶俗透顶，粉底和粉加起来每次该能抹半斤有余，眉毛画得太黑太弯，嘴唇画得太红太浓刚喝了人血似的，衣服又实在廉价得厉害，活像日本的艺妓出现在乡村的小街上。一开始，小巷里的人都有点哑然失笑的模样，时间长了就没人惊奇了。而我，渐渐地从一开始对她妆容的惊恐到后来的反感，到最后居然莫名其妙地开始为她的命运担心，开始喜欢她，开始感动于她的这一份爱情。她自己大概觉得很美，天地良心，她真的就那样带着恶俗的妆容很骄傲地、泰然自若地抱着孩子，挽着下班回家的丈夫，从小街的人海里有说有笑地回到租住的地方，一副贵夫人的满足之态。也许有人一撇嘴："假成那样了，还张狂什么！"我却开始觉得，真的很美。有了爱情这个东西，一切都是光芒四射的。我相信这个。

他们也有吵架的时候，屋子里没有什么东西，一张床，一个燃气灶，一个旧衣柜，多余的东西都放在床上，吵得最凶时也没有什么东西可扔。一开始，我会下意识地讨厌他们的吵嚷，觉得实在粗俗。可是，像对他们本人一样，我渐渐开始在他们和和美美的时候开心不已，而在听见争吵声时就担心起他们的幸福了，仿佛那是我自己的幸福。

奇怪，夜晚的心是安静的，却又总有许多的往事在音乐的倾诉里悄悄地蜂拥而至。一个片段，一个人，一整个月或者一年，一种情绪。

你瞧，我还恍然记起许多年前，当我还是个小孩子的时候，看见市里最豪华的婚纱影楼带着摄影模特拍外景，那些女子个个美貌如花，戴着蕾丝花边的手套，长长的假睫毛就像天使的翅膀忽闪忽闪地排在眼睫边。我多么羡慕那些美丽的女子啊，一个女人，最美丽的时候可能就是穿着婚纱的那一刻。尤其是，当她的婚纱是为最爱的人而穿的时候。

到我自己穿的时候，最爱的人不在身边，也许我是美丽的，也许我是空壳的。我那些孝顺公婆、相夫教子的最初对于婚姻的设想似乎还在，又似乎被大家像谈买卖一样论定我的身价银子，做生意一样讨价还价的烦琐，以及种种露出的荒诞抹上了一片意义不明的色彩。

好在，也许一切都已经过去了。噩梦，好戏，一切都在身后的风景里活着。为了纪念，我们必须忘却。

我们有什么不满足的？人总是在太多的欲求里迷失了自己的所有，开始惶惶不安，开始缩手缩脚。我不要这样的生活。

或者，我能够回归到过去的安宁和闲适，彻底地安静了自己呢。

在这样的时刻，我静静地睡去了。窗外雨声如泼，电闪雷鸣，一片繁华热闹。

鹤鸣九皋

学生时代有过许多单纯美好的回忆，如今倘要回眸，总是一种灼痛心扉的感动——为了自然界曾经给予我们的生命的激情。

学校后面有一大片芦苇荡，春天里苇塘边那大片绿草坪就会含羞却顽强地冒出喜滋滋的神气，点缀其间的碎黄碎黄的小野花就像绿地毯上天然生就的花边儿，眼看着蜘蛛、蜜蜂儿或者绿头苍蝇们在陶醉的芳草地上匆匆地忙碌，闻着初生的芦苇略带苦味的香气，听着欢快而清脆的雀儿燕儿的啁啾，我年轻的心就有一种融入其中物我两忘的无与伦比的快乐。

芦苇荡里一年四季都有许多风景，我鲜少见到的水鸟会在不经意间“扑噜”从小苇塘上惊起，让我张大嘴巴半天合不拢，还有常见的首尾相连难舍难分的蝶或者蛙让我这个正学昆虫和动物遗传育种的小丫头莫名脸红心跳，以及秋天苍茫起伏令人生悲的芦荻和芦花，冬天晶莹剔透的冰塘以及枯败飘飞的苇絮……那真是人工无法斧凿的化工之境啊！

那两只鹤就是在我与同桌那个挺怕羞的小男子汉等了五六天之后出现在我的视野里的。在我心里，鹤就是仙，是神话里才有的圣鸟。所以当小男子汉告诉我他的新发现的一瞬间，我下意识窒息般地屏住了自己的呼吸，像聆听上天的圣训一样。而后，我约了小红、于波和龙龙会同消息的制造者在苇塘边等了整整六天，我们带了干粮从早到晚守着，唯恐错过时机。我才发现冬天苇塘的冰窟窿里居然仍有鲜绿诱人的水草和狡猾活泼的小鱼，正巧小红从沟里捡来一只歪歪扭扭的破铝盆，我们几个在好几个仍旧“咕嘟咕嘟”冒着绿气的冰窟窿逮到了七八条小鱼儿，美得端在手心里小心翼翼地往前走。这是第六天下午，西下的夕阳把苇塘映衬得很美，塘边的红柳像一片片灿烂的红色火焰。

“看——天鹅，天——鹅！”小红突然惊喜地压住声音朝右前方指过去，我一惊之下，脚底一滑，一个大马趴就把手里的盆子扔出老远，“哐啷啷”几声响，我们只看见二十米之外两只鹤冲天而起的优美背影，回头再看几条小鱼，竟是在酷冷的冬野直僵僵地冻硬在冰面上。小男子汉飞速捡了盆舀出半盆冰窟窿里的水，哗哗倒在冰面上，迅疾地捡起冻僵的鱼儿扔进冰窟窿里，奇迹般地，那几条已经僵硬的鱼儿在水里懵了几秒钟，居然慢慢抖动身子，活了过来，很快就摇摇尾巴逃进水的深处。

我目瞪口呆，大家懊恼地责备小红吓跑了我们心中的仙女，继而哈哈大笑起来。

功夫不负有心人，我们在第二天看到了两只鹤，在五米之内，我能清楚地膜拜般虔诚地看着它们相对振翅、搔羽、起舞、鸣叫，不知为什么，泪水禁不住盈满了眼眶。

时隔多年后的今天，偶尔在报纸上见到一段记载——生物界里鹤的恋爱是最高雅的了，它们相爱时双双起舞，互相凝视，为对方梳理羽毛，陶醉于自己美好的爱情而完全忘记周围的世界。读着这些文字突然想起当年那一对鹤以及我们虔敬地等鹤出现时那一份天真和执着，我不明白那一双情侣是因为深爱而忘了季节忘了南飞还是贪恋相守而迷了路，它们那样忘我地为对方舞蹈歌唱，用全部的身心来守候迷失在寒冷北方的爱情，不瞻前顾后，不左顾右盼，不怕有别的生物在注视，不怕猎人的枪管，我们几颗年轻的心曾为它们担忧和祝福过，而今又怀想着啊。毕竟世间无常，我不敢猜测两只鹤如今归宿若何，可有一个温暖的巢和一大群鹤子鹤孙，可为它们劫后相守而感激上苍……

人世间，若有爱如斯，便是赴汤蹈火又有何憾？只是鹤去无声，痴恋依旧呵！

床头打架

哎，当心理医生 N 久以来，常常替人灭火消灾。这不昨天又替不得已两地分居的朋友两口子调节了一把，心里还忐忑着呢，今早见了，人家都好得跟一个人似的。惆怅郁闷和开心于是杂而有之，突然替他们想了一些对白。因为主要是俺女朋友乱吃醋或者吃了本身就该吃的醋，谁知道呢，这世界，一夜之间魔术横生的事情多了。我这里就主要替俺那女主角设计了一些道歉的场景语句，聊博大家一笑一叹尔！

1. 对不起，是我不好，你别自责了，乖啊，快睡觉觉。

2. 人家最近不是亲戚快来做客了吗，心里不爽，本指望你安慰一把，哪知道正碰上你约会，哎，你的事情比天还大，反被你怀疑我侦察，狠狠臭了我一顿！长得丑是因为遗传，个子小是因为缺钙，再不能想不开啊。

3. 好了好了，知道你工作不顺心情不好嘛。你就这么想，在事业上你已经很优秀了，即使你倒霉透顶，还有我这样倾国倾城聪明绝伦的女人陪着你，你还有啥不满足的嘛！

4. 哎，你看闹来闹去还得我给你道歉啊。哎呀，跟超级无敌大帅哥在一起实在是不能自信得起来嘛，实在是压力大嘛，还不是怕你无穷无尽的魅力迷倒一大帮的粉丝嘛。对不起啊，又惹你生气了，是我不好嘛。

5. 你看昨晚我气得一夜没睡，辣椒水老虎凳电椅准备得那个全乎啊，气冲牛斗想今早起来就咬着牙忍着心疼审讯情郎，谁知道三句话就被你策反了，缴械投降还外带赶紧空运玫瑰巴结你。我瞎问什么呀，以后保证不问了。

6. 早知道东方红就会太阳升，我又何必给你脆弱的心灵沉重的一击呢。你看你看，偷鸡不成我蚀把米，还得低声下气哄你开心，生生是吃醋吃成酱油了，关心变成顶牛了，把帅哥哥气得快要脚底抹油了。

7. 我已经深刻领会到了啊。好女人的标准是少问多做，以后我要努力做到啊。好了，说了不生气了还生气，来，给洒家笑一个？笑不笑？再不笑让你跪搓板，反了你了！

8. 好了，现在该不是那么非常非常愤怒了吧，长长出口你的气，甩掉你后背的冷汗，赶紧去美美吃一碗牛肉面，算我请你。不过别忘了留一根结实点的给我打包带回来，我好用它上吊自杀，没脸活了我，冤枉了这么清白的你。

9. 你就放心地开心地继续和你那帮狐朋狗友花天酒地吧。我如果睿智到足以用自己的理智踩灭担忧和吃醋的步伐就算得上超凡入圣了。我这样愚蠢的女人，是委屈你了哈。不过总有一天你会拨开乌云见太阳的——总归得等到你头发白了胡子长到脚后跟了。现在心里有一丝丝拔凉拔凉的吧？别撞墙啊，千万别撞，咱家也没有云南白药（武侠小说通常叫金疮药）。期待着吧，朗朗乾坤下花儿就是这样红，委屈兄弟了。呜呜呜呜！

反正今天二位已经甜蜜得像新结婚的小老鼠刚从蜜罐子里偷吃饱了打着嗝出来一样了。这从我那个有点愚蠢有点清秀也有点可爱的女友那肿着的大眼泡和掩饰不住的从眼睛里流出的快乐可以明白。君不见，李白先生说了，快乐如同黄河之水天上来，东流到海不复回。莫使金樽空对月！

红蜻蜓

清晨，当东方的千缕万缕霞光刚刚映入湖面令其无比妩媚时，我和同伴们三下五除二剥去西装革履和漂亮的裙子，迅速地套好灰姑娘专用服饰，大热的天蒙得只露出眼睛眉毛鼻子贼溜溜彼此一瞅，哈哈大笑全无淑女风范，大叫：“挑伦巴（抡把）去也！”一人扛一把或秃如和尚头或新如松鼠尾巴的扫帚，雄赳赳气昂昂开赴环境区域，大有“壮士一去兮不复返”的架势。

刚开始未免有点底气不足，走上三步便老鼠似的向早到的游客溜去一眼：“若是同学熟人的多丢面子，大学生还要扫垃圾。”虽然凡是进园工作的人都要经历这种“劳动改造”，可是面对九、十月份那五花八门堆积如山臭不可闻声势浩大一点也不把我们这些臭丫头放在眼里的垃圾大军，我们不怵不难受是假的。后来，脸皮日渐厚沉起来，我还暗中用西方那个刷过马桶的总裁的思想激励自己，我又不是一辈子都在刷马桶。如此一来，再有朋友亲戚过来，我居然可以泰然自若目不斜视地挥动自己手里的武器，若他们识得庐山便衣衫褴褛蓬头垢面与之大大咧咧嬉笑怒骂任他人好奇侧目而视。

更多的时候，是温热的水汽在晨光中蒸蕴着，布谷鸟给我手里的扫帚唱着和弦：“唰——咕咕！唰——咕咕！”一只野鸭子在远处木刻的鸳鸯船中间的水波里快活地游弋，兴奋地“嘎——嘎——”欢唱或者一只鹤优雅地在湖边散步或骤然高飞，令我心旷神怡。在布谷鸟的歌声和我的轻松愉快的微笑里，会突然冒出一声泉水也似的极动听的鸟叫，“咕——嘀哩哩哩哩叮——唧唧！”那种叫声又醇厚又温润又曲折婉转，像是那只为我们歌唱的小家伙吞饱了海藏之泉蹦蹦跳跳梳理着羽毛，顾盼间将泉水的灵气从歌喉里流泻出来了。我停下扫帚想寻找这一个歌唱家究竟藏在哪个舞台的后面，可没办法，园深林密，所有的舞台包括油绿油绿的白杨树、柔媚的垂柳和淡黄的槭树喧闹的花丛都见不着它们的踪迹，一切都那么勃发着生机向太阳老头儿微笑，你找谁去？嗯，它的叫声“叮叮咚咚”像泉水，瞧这个季节的湖水是浓绿的，不似冬天的清澈见底，那么这鸟儿也一定是绿色的。我愉快地想，又低下头“唰——唰——”苦干起来，那些时刻我在心里便十二万分地热爱我的这一份貌似繁重的工作来，它使我在踏实而平凡的劳作中获得了无尽的快乐！

我记得一天早上，扫到东大门附近时，石椅子上款款停着一只红蜻蜓，那两枚翅膀如鲜红的两瓣绢纱，美丽极了。我凝神屏息地看着它，心怦怦直跳。从小，我就希望自己能拥有一只蜻蜓，当然如果它们的翅膀是红色或者淡蓝色那就更美了。现在，幸福似乎触手可及。可我看着它微微扇动着翅膀的快乐模样——而且八成翅膀被潮气蒸湿了，尽管它们平素敏捷得令我可望而不可即，可如今它似乎算是落难蜻蜓了吧，又那么毫无隔膜地快乐着，丝毫不知尘世中有一双如我一样贪鄙的眼睛在直戳戳地注视着自己，乘人之危的事情我还是不做为好。我叹了口气，用扫帚把轻轻碰碰它。它居然不飞走，眼睛“咕噜咕噜”看着我，“走呀，傻瓜！”我又碰它，不知道它正在想什么，反正它非常不情愿地飞入晨光之中了。凝望着那一点红光，心中所有不为人知的苦痛都飞远了。

我完成了生命中的一次净化和升华，轻轻地哼着一首歌，一些美好的情绪和一些因为过去了其实并不美好也显得十分美丽的记忆轻轻地拥紧了我……

鸭 殇

我始终觉得那一个小小的生灵是毁灭于我的手中的，所以我一直无法真正原谅自己。

至今我还清楚地记得在逝去的前夜它发出的凄凉、无助、孤单的叫声，仿佛在向这个美丽的世界寻找最后的归依，而我却无情又冷漠地将它推入了无边的黑暗和寒冷之中。不容置疑，我是屠戮弱小的刽子手！

起先，纸盒里是有两只小鸭子的，毛茸茸的一摇一摆非常可爱，在我们房间里“叽叽喳喳”快乐地嬉戏。也许那时候我心情也还不错，所以，没事的时候便站在一旁看它们在盒子里一摇一摆从东扭到西，用扁扁的嘴巴把一点碎馒头拨来拨去，或者两个小家伙亲昵地互相整理羽毛，不高兴就半真半假打一架……然而不久，其中一只不知什么缘故突然在一天中午无声无息地离开了这个它一定曾特别留恋的世界，另一个便在刹那间形只影单了。

失去了伙伴的小家伙开始惶惑不安，总是小心翼翼地缩在盒子一角，以忧郁而陌生的目光打量着它四壁空空的家和家上面四角的窗外投入的阳光和阳光中莫名其妙的红花绿叶……就像一个懵懵懂懂的孤儿，样子可怜极了。每逢有人走近它的小家，它总是遽尔退到离人最远的角落并且低着头，身体瑟瑟地抖。我看见了总也心酸，轻轻磕磕盒子告诉它：“不用怕，我不会伤害你！”

只要是生命，总是会孤单的。

其时我正因为一些琐碎小事处理不当而致身体一日比一日倦怠，自感焦头烂额心力交瘁。白天里要调整情绪跟各种各样的人友好交往，夜里当然渴望回归完全的安宁之中了，关掉台灯，按下键钮，古典音乐低低地拥抱着我，而很

“奢侈”地跟我“同居一室”的小家伙亦轻轻地“叽叽喳喳”，倒仿佛一个久未谋面的朋友在心平气和地与你在高山流水的意境里交谈，我的心在这种安宁里渐至平平淡淡。

转眼月余已去。

我的小鸭子悄悄地长大了一点，我也成熟了许多。

生命的坐标有时真要靠两个生命的相互支撑和鼓励。

我和我的小鸭子可以说是无形中有了这样一种血肉相系的亲情。

然而一天，我的躁郁让我不愿听到任何声音。岁月不容浪漫，无奈恰似春水落花，而所有的新人旧事在日月磨砺之中东奔西走杳如黄鹤，连听你倾诉而你又愿意倾诉的人都没有，只有我一个人单枪匹马跌跌撞撞在物欲横流的世界里奔波，我复何言？我很霸道地把它的小家搬到阳台上说：“你在这儿好好睡吧！”它“叽叽叽叽”一阵抗议，似乎很怕窗外不停的雨声。窗玻璃冰凉，而我还是压下不忍，合上了通向阳台的那扇小门。

第二天一早，到阳台上去取晾晒的衣物时，一眼看到它直僵僵卧在纸盒的中间，我的眼泪“唰”一下涌流出来了。天，我杀了它，杀了一个和我一样孤单的生命！

在生命的最后一段章节里，它恨吗？爱吗？恨谁，又爱什么？……安息吧，我的小鸭子，愿来生不再孤单，福寿绵长。

1998年4月发表于《武威报》西凉周末

拙妻不识字

天锦理所当然地成为我拙朴清贫的农家妻子。

天锦是我的邻家农女，暗恋了我四年。在我上学的四年中，她风雨如一地伺候着我那瘫痪在床的老母，其所作所为，超过了我这个无能为力的儿子，天锦大我三岁。

在我毕业后的那一个新年，雪花不紧不慢地飘着。就在那样一个清冷而岑寂的早晨，我手拄两腮趴在炕头上，含着泪水孩童般望着雪末子一粒又一粒地往下落，想象萍披上洁白婚纱时的曼妙和她这时的心情，想象鞭炮想象迎亲的光彩照人的车，想象迎来送往的客，想象天雄拥住萍……直到暮色完全笼罩了四野。

一整天了。

母亲和我一样，一整天无声无息。她喜欢萍，凡是儿子爱的，她都爱。

天锦在这时候悄声地进来了，把一碗鸡蛋肉丝面端在母亲面前的炕桌上，一直倔强的无声息的母亲突然失声哽咽起来。看见白发的老母那种眼泪，我陡觉委屈、愧疚及其他种种无以言明的感情激起一股汹涌的热浪直冲顶门。天锦过来，我突然将头埋入她的怀里，孩子一般痛痛快快地哭了。哭得天昏地暗，痛快淋漓……在这个像我姐姐又莫名避讳的农女面前，我无须再掩饰过去所有的难缠。

“天锦，择个日子你们把事办了吧。”抹掉眼泪的母亲“稀里呼噜”吃完一碗面，平静地说。

我在迷茫中一愣，娶天锦？

“阳子，男娃仔家不兴哭。有甚用哩？天锦心细，性子柔，是把子过生活的好手。妈的眼不花，这个没有错。”

我抬起脸，怔怔望着眼前的农女，她健康，红润，手大脚大，粗眉细眼，显老——她就要成为我的妻子吗？

“莫多思想了，女大三抱金砖。阳子，妈这就择日子下聘礼去。”

我点点头，木偶似的。

新婚之夜，望着天锦憨厚的笑脸，心里忽悠闪过萍的娇俏的嗔怒、喜乐、悲伤等等脸孔，一刹那竟愣怔在原地。然而，不可挽回。我四年的学费都是假期里我做苦工、天锦卖西瓜做鞋垫赚的，我能给萍什么？我也不能再亏欠了天锦。

天锦拥有了我，便幸福得像个女神。

每天，家里总是窗明几净，鸡跑得欢，狗叫得狂，母猪安静地卧在南墙里哼哼咛咛地唱。

地里，收成比谁家都好。

母亲，比任何时候都光鲜和清朗。

我从乡政府回家来，冬天总是热饭热炕，夏天总是蔽院的葡萄架下躺椅上坐着老母亲，桌上晾着饭菜。

我够了，有天锦这个贤良的妻子。

天锦不识字，天锦只是个善良、热情、容易满足的农妇，她爱我平日搁下的任何一片有字的纸头。有时我扔掉一点没用的资料，她总是小心地说：“再检查一下看有用不。”我笑笑：“放心吧，没用了。”

拙妻不识字，却是我可以相伴终生的女人，兼有姐姐、母亲、妻子三种角色的女人。有时候热烈企望的不一定适合你，而上天安排的却正合了你的口味。

凡物物事事都是这样罢。

1998年4月发表于《武威报》副刊

蝶　吻

九、十月之交，大约是有叶早熟早落的时候吧，我的“根据地”转移到东大岛南部了。天气渐凉，公园已渐渐清静起来，那种宁静的美使我看到那儿一地的白螟时，不免想到岁月无常了，心如落英。

有好几个早晨，都是那样，一地的白螟，安安静静地死去，在秋雨后的湿地上，宛如一地精巧而哀怨的礼花！它们死得那样的静默，有谁曾经注意过临死前它们拼命地与死神搏斗，努力地扑打着那两枚纯洁的翅翼——有谁曾为它们热切的生的信念、执着的生命渴望感动过？当我在某一个飘着毛毛细雨的清晨发现几个努力挣扎着的痛苦的白螟在渐渐走向死亡时，我感到自己的灵魂也一点一点从身上挤出来欲向世界作最后的一搏。而生命终于一点一点从它们身边消失了，谁也留不住。一道光芒烧灼着我的眼睛……

我在幼年时看过一个美丽的童话——说是当蓝房子里最后一盏灯将要灭时，一只白螟“啪啪”地急速撞着窗玻璃。王子打开窗户，白螟飞向灯火，灯火烧焦了它的一只翅膀。只见灯花一闪，白螟化作一个美丽无比的姑娘……童话插页上那个美貌无比、栩栩如生的姑娘在我幼小的心里种下了美的憧憬。自此，每看见白螟，我便固执地幻想着它们是美丽的精灵幻化成的。

又是一个早晨，依旧是一地，像默默无声的礼花，我照旧单独地掩埋它们。一扫帚过后，现出的奇迹令我目瞪口呆——保持着临死时的姿态，或仰或俯，或侧或卧，每一枚洁白的礼花都在湿润的砖地上印下了一个淡淡的白色轮廓，轻如烟云。

它们不经意在死去时留给世界的最后一份美好，我有一种近乎透明的感动——仿佛那一个个洁白的心愿，在雨后的大地上，印制了一枚又一枚精致的深情的吻！

1997年11月发表于《武威报》散文

小翠鸟

时令已经是冬天，湖水分外地幽深明澈起来。我正凝望着覆了薄雪的泊船想心事，京问我：“要不要那只麻雀？”恰好我心情也不错，也乐得听他吹吹牛，便信口说当然要啊。谁想他真的跑了三两步就捏着一个漂亮的小家伙举到我面前：“给，要吗？”

我一声欢呼，因为面前的这个小小的生灵实在太可爱了。头顶上天蓝的头巾，嘴巴是红的，绿的披肩、黄的外衣和深蓝的裙子一唯一美中不足的是它竟恶狠狠地盯着我，眼珠瞪得溜圆，一定是在诅咒我。我安抚它：“别怕，我不伤害你的。”嘴刚凑近与它沟通，冷不防这个没良心的小家伙居然“嘣”地一伸嘴巴，死死钳住我下唇的一块地方。妈呀，丝毫不领情？简直像个四川辣妹子，一副誓死保卫自己美丽的样子。京拍着手哈哈大笑，待我气急败坏地从它的利喙下解放出下唇后，血珠都沁出来了，未免讪讪然。心说：“不识抬举！”我记得有一回试着宰鸡时，鸡瑟瑟地抖，倒让我难过得扔下刀大哭起来。怎么一只小小的鸟竟如此泼辣，在我手里攒着劲儿挣扎。我一边不喜欢它一边就想：“凡夫俗子皆爱奉承者莫不是此理，毕竟弱者或者并不弱，却假装如此的就让人同情进而得以存善，而不肯苟且者如是鸟便惹人生厌罢！其实世间生物都有活着的权利，而某些人独以主宰的模样统治一切又假惺惺地给一些没有骨头的东西以怜悯，于此中便又自私地体会到心善的快乐了！”

我最终决定放它回归时，已是日落西山。我放之于手心，它已疲软而踉跄，仍恶狠狠地瞪了我一眼，方“扑噜”隐入淡远的天空中了。而我手中，仿佛还攥着它反抗时那一股不可阻挡的力！

1998 年发表于《武威报》散文

第二部分

长路漫漫

尘埃里半开的花

金 婚

从小到大，写过不少关于父母的文字，至今仍觉得不够深刻不够真实，总是想定下心来认真地跟他们说两句话，却时时辗转于熙熙攘攘的红尘之中，为一些明知毫无意义而无法逃遁的事情忙忙碌碌，抽不出多少空闲来把自己内心的情感波动记录下来，而且我的心情总是在各种生活的漩涡里起起伏伏，面对着他们是报喜不报忧还是坦陈自己的心路，犹犹豫豫拿不定主意，一不小心回首一看，父母在一起已经四十多年，快能办一个金婚纪念酒了。

某一个瞬间，忽然发现父亲的白发已经由鬓角渐渐渗向钢刷般的发群里，且慢慢地发质变软露出一些青白的头皮，不禁悲从中来。人世间最重要的事情是陪伴亲人，我却捡了芝麻丢了西瓜。这个世界上最疼我最爱我的人已经一步一步蹒蹒跚跚走在了通向天国的路上，随时都可能成为一个永恒的背影了。在这个世界上，我比一粒尘埃还渺小，单位没有我照样运行，朋友没有我照样幸福，学生没有我还有千千万万比我好许多倍的同仁顶上去。可对于我亲爱的父母，我就是他们的天，我就是他们的地。年幼的时候，我依赖他们成长；我长大了，他们老了，我就要替他们遮风挡雨了。

小时候，由于父亲远在他乡，我非常依恋母亲，一会儿不见就要到处寻找她的身影，奶奶叔叔们看着好笑，动不动就骗我：“完了，妈妈可让人背上走掉了。”我一听真着急了，咧开嘴巴坐到地上就大哭起来，他们一看我那可怜兮兮的样子，终于不忍心，抱着我起来连忙安慰：“没有没有，妈妈一会儿就回来了，我们逗你呢。”如此狼来了几回，我就再也不愿意搭理他们，见他们又来吓唬我，翻个白眼出去疯玩了。逐渐大点我通常就知道妈妈大概在哪片地里，甩着我的小短腿唱着童谣当当当径直跑去找我妈。有人问：有狼吗？也有，人性的恶，放在哪个时代都是不可能彻底隐藏的。对于历史的伤痛，可能除了忘记，是没有什么可以治愈的。

有一段时间妈妈带着弟弟去了宁夏跟爸爸住了三个月，小小的我对于距离是没有概念的，片刻不见已经让我丢魂失魄了，三个月不见，那简直让我感到度日如年，恐慌、思念让我怏怏不乐，加之只比我大几岁的调皮的小叔叔动不动就说："你妈妈被人贩子背去卖了。"我听了这话简直就五雷轰顶，觉得末日来临，我不敢相信妈妈真的就再也不见了，天天巴巴地站在门口等待妈妈的身影在小街尽头出现，脖子都望酸了，妈妈就是杳无踪影……一天不见，两天不见，十天不见，两个多月还是不见，童年的我们没有年月的概念，就觉得那日子已经长到没有尽头。我的心里就彻底结上疙瘩了，难道这次他们没骗我，妈妈真的再也不会回来了？急痛交加，我很快就病倒了，奶奶这才着了急，把始作俑者小叔叔一顿胖揍，别人再要逗我的时候，奶奶就老麻雀一样扑过去凶巴巴地骂道："夹嘴，沟子痒了南城墙上蹭去。"见我病势不轻，赶紧给爸妈发了电报："女病速归。"然后安慰我说："再等两天，就两天，妈妈就回来了。"我哭得涕泪横流："你骗我，妈妈已经被卖了。"奶奶急忙说："他们逗你玩呢，真的。"我就是流泪不再言语。奶奶只好再次哄我："好好，我给人贩子说了，娃娃不能没有妈妈，人贩子就不卖她了，答应两天后就给我的娃娃送回来。"我半信半疑，仍然茶饭不思，奶奶无计可施，只好抱着我去买我最爱吃的棒棒糖和青杏子，又带着我在合作社的小卖部买了一堆新鲜玩意儿，并给我保证："只要你吃了这些好东西，妈妈很快就知道你想她了，就会更快回来了。"在那个物资普遍匮乏的年代，大家都穷得叮咣响，谁会舍得给孩子买这么多东西，有这些好东西垫底，我勉强算是信了奶奶的许诺。

不过两天，妈妈风尘仆仆带着吃奶的大弟从屋外卷进来，着急得久了，我倒有些疲倦了，也不去小街迎接，陡然看见日思夜想的妈妈做梦一样出现在我的眼前，我惊呆了，睁大眼睛不敢置信，半天才猛扑过去抱着妈妈的腿，号啕大哭起来。我一哭，不明所以白白胖胖的弟弟也扯开大嘴开哭，一时屋子里哭声震天，奶奶抹着眼泪把弟弟抱过去哄，妈妈不容易才把我抱着她腿的小手掰开，红着眼蹲下来抱着我坐到炕沿上，摸着我的头柔声安慰，可我的小手抱着她的脖子再也不肯松开，生怕一旦松手，失而复得的妈妈就会无影无踪。

今天写到这一段的时候，我正坐在甘肃省图书馆明亮的书桌前，却抑制不住地眼睛潮湿，眼泪几欲夺眶而出。

年复一年，我逐渐豆蔻，成家怀孕，流产离婚……其间经历了许多不堪回首的往事。母亲从不娇惯我，管教起我来非常严厉，监督我学习工作，培养我做饭洗衣，教导我自爱自立，稍有不到就会被重重责罚，这一度让我怀疑自己是不是母亲捡来的。但是，当我被现实打击得毫无尊严和自信的时候，已日渐衰老的母亲却来了，掷地有声地说："不怕，哪个人还不经历一点风雨，孝庄皇太后那么伟大的人物还要跟现实低头认怂，邓小平还三起三落呢，咱们普通老百姓哪有一帆风顺的，你要相信自己，错了，咱们改过来，不会，咱们就耐下心来好好学，总有一天，你一定会完成自己的梦想。别人不信，妈相信你。不管多难，妈妈都陪着你。"

2000 年的 2 月 14 日凌晨两点半，我怀了快 6 个月的可怜的宝贝天天从母腹中去了另一个世界，身体的疼痛倒在其次，虚弱不堪的我心如刀绞。从生到死，对我来说是一场真正的炼狱，而对于甚至无法预知自己生死的天天而言，只是一个瞬间。我毕竟不是三岁小儿，再也不可能像儿时那样抱着母亲蹬腿大哭，我不敢在母亲跟前流半滴眼泪，生怕在她历经沧桑的眼里再添一笔悲哀，无论是命运驱使还是我自吞苦果，我必须自己承担。

凉州有风俗，女儿不在娘家坐月子，而我前夫身在西安，我们又已经开始分手程序，母亲生怕我受到伤害，瞒着婆家把我接到 6 号泵房，做了我最忠实的守护者——父亲一开始斩钉截铁："谁还不是妈生的，哪来那么多迷信，就在楼上住，我不怕什么冲克，我就不信她还把我克死了。"母亲思索再三，还是决定带我到 6 号，说那里是公家地方，不会有什么讲究。住在楼上的话，怕左邻右舍会对我流产有所避忌，不利于我恢复。

每天从清晨五点，母亲就睡不踏实了，翻覆一阵后下床捅开炉火，用细砂锅小心地煮上稀饭，淘净红枣、核桃、蕨麻、葡萄干等物一一下到锅里，我睁开惺忪睡眼看她朦胧中的身影，童年中那些夜深人静而母亲依然忙忙碌碌的细节忽悠悠就在心头涌流。母亲看我睁开眼睛，关切地说："还早呢，快闭眼，再休息一会儿，坐小月子可比大月子还伤人，现在休息不好老了眼睛可就花麻得看不着了。"

我只好听话地闭上眼，可是眼泪却不争气地偷偷流下来，我赶紧悄悄擦干了，背过身去。

毕竟还是身子虚弱，我很快又迷糊过去了。等我再一觉醒来的时候，可口的饭菜已经摆在桌子上，不凉不烫刚好入口。我食欲不佳，母亲柔着嗓子催、哄，一天少说也得吃七八次才肯放过我。

三月份的凉州，还是冰雪皑皑天寒地冻的时候，怕我受了风寒，母亲把一只便壶放在屋里，坚持让我就在家里解决问题，由她端出去倒在花池一角埋起来，有时候父亲也抢着收拾，我更是心有芥蒂，一个成年人让父母端屎端尿，这成了什么样子。母亲说："无论多大，你永远都是我们的娃娃，给自己的娃娃干这些活有个啥难堪的。"

父母的心在儿女上，儿女的心在石头上，真真的。

我刚刚恢复一点就执拗地不肯再祸害父母，坚决要求到院子里解决五谷轮回之苦。母亲拗不过我，每回都监督着我穿上棉衣棉裤戴好围巾帽子手套，裹得像个木乃伊似的才准许我出去。她在卫生间偷偷放了一个小电炉，每次约莫着我快要如厕就提前打开电炉子把那里烤得热热火火，一点都不肯让我委屈。

母亲从早五更起床到半夜十一点，总是像个陀螺似的转个没完，脸色就像被霜打过一样，眼窝发青，面容浮肿，我经常用眼睛追着她的影子，追来追去眼泪就冒出来了，趁她不注意偷偷擦了，心想：母亲生我的时候不知有多疼，生下来没明没黑操碎了心，好不容易长大了，我还经常跟她犟嘴别扭，结婚了还没让老人家省过一天心，我这个女儿太不称职了。

有天夜里，伺候完我最后一餐，母亲疲惫地把自己重重撂在床上，不易察觉地叹了一口气，我突然特别想给她揉揉肩捶捶背，我不作声地搭上母亲的肩膀，刚捶了几下，想再给她捏捏肩窝，她回头说："快别捶了，把手放被窝里。"我说："怎么，不舒服吗？"她沉默了片刻说："舒服，咋不舒服呢，但是你现在身子虚，胳膊上用劲、手上碰撞着，以后老了手和胳膊会疼。"我心里一酸，眼泪夺眶而出，可我不想让她看见，连忙拉过被子蒙了头，她又急了：“别蒙头，老了头闷得慌。”我抑制着自己喉咙里的哽咽撒娇：“妈，我就是想给您揉揉肩膀，几下没什么的。”母亲转过身，眼圈也红了，摸着我的头说：“等你身体好了，以后有的是机会。”说完习惯性地替我掖好被角，话音未落，她的眼皮已经开始打架了。

在沉沉的黑暗里，我想起自己年少叛逆的时候对母亲的许多不恭敬，暗暗下定决心以后一定要好好听话，不让全心全意爱着自己的母亲难过。

父亲那时候还在上班，每天来来回回奔波在单位和家以及 6 号泵房之间，一大家的事情，少操一丁点儿心都得乱了套。

年轻的时候父亲几乎走遍了上海、北京、天津、南京、重庆、成都这些地方，照片上的父亲长身玉立风度翩翩，和工友们站在飞机旁边、背靠着长江大桥或者站在杜甫草堂门前，意气风发的样子，他也确乎是年轻过的。即使得了胃癌做完手术那一阵，家里的状况捉襟见肘，他都会每天早晚认认真真地刷牙、洗脸洗脚、擦香香，他抹的东西很简单，郁美净或者当时很多人都在用的春蕾润肤霜，春蕾有点增白，父亲的脸倒罢了，偶尔有些抹不太匀人们也并不觉得奇怪，那双手则青筋暴露皱纹横生，他经常把手抹得青一块白一块的，非常显眼，但我们被父亲的严苛的管教压覆着，都不敢吭声。慢慢地，父亲懒惰起来，先是取消了晚上洗脸一个环节，接着刷牙也三天打鱼两天晒网，衣服总是穿得邋里邋遢，照母亲的话说：“你爹的衣服，得放了洗衣粉至少泡三小时再用刷子刷洗，洗出来的脏水都能直接加到摩托车里当汽油呢。”我们几个都在外面上班，现在条件好了，我们也希望父亲能够打扮得精神点儿，免得别人笑话我们不孝，便劝他勤着点儿换洗衣服，他一挥手：“退休了还那么麻烦，我懒得伺候衣服呢。”我们说：“是洗衣机洗又不是你洗，你怕啥啊。”他一皱眉毛说：“哎呀，烦得很，懒得换来换去。”于是，除了他自己选的那些颜色式样都很陈旧的衣服，他什么也不愿意上身，而且一件衣服穿好多天，谁劝也不脱。无论我们给他买什么样的衣服鞋袜，他看一眼就扔到柜子里了，还嘀嘀咕咕说：“以后再别买啊，买回来我给你扔掉哩，反正我没心穿。”弟弟嘀咕了很多次，说父亲现在是不是有些老年痴呆了，我虽然也不喜欢他这样，但是能有什么办法呢，只能顺着他喽。

前年夏天我们是开车回老家的，心说趁着假期带父母出去走走。十几年前爸爸带着妈妈跟团去了大连烟台青岛天津北京十一日游，走了许多地方，妈妈一直念叨山东的城市实在是太美太干净了。爸爸这些年单位的“七一”党员活动和老年大学组织的旅游很多，已经把甘肃省的旅游景点都看完看够。所以我们选择旅游的地方颇费了一番脑筋，老公嚷嚷去敦煌都好几年了，自从我们有了沛儿，他几乎就被死死绑在家里，一步也出不去，考虑到妈妈也没去过敦煌，而我又二十几年没有见过自己中专的老同学了，大家最后大致决定去敦煌，父亲先说：“敦煌我都去了两回了，我不想去。你们去吧，我来看家，6 号泵房也不能没人，领导知道了要扣你妈妈工资哩。”妈妈很高兴，出发前一天就准备了自己换洗的衣裙，小侄儿和沛沛也高兴得手舞足蹈，爸爸却无动于衷，我以为他真的不想去，就也没有苦劝。

父亲本来每天早上很早起床就去买早点买菜，牛奶、面皮子、凉面、锅贴、豆浆油条、豆腐脑，他是变着花样让我们吃得开心，一天都不肯歇着。我劝了很多次说等我们起床自己去吃，他笑着应了，第二天依然是我们还在睡梦中他已经买好了吃的叫我们起床了。那两天父亲突然罢工了，见着我们面上也淡淡的。我并没有察觉，老公细心，看出点端倪，晚上悄悄地跟我说：“老爸不高兴了，你再问问他去不去，可能他也想去呢。”我瞪大眼睛说：“不是吧，他自己说去过了不愿意啊？”老公说：“你个猪脑子，他肯定是想给咱们省钱，或者想去又不好意思张嘴。你明天再问问。”

第二日，我便问父亲，他脸上有些游移地说：“嗯，我本来不想去了，可是又一想，你到酒泉去了，你同学肯定要问：晓云啊，你爸爸咋没来啊？所以要不我也一起去，6 号泵房我托给宋姨吧。”老公高兴地说：“好好好，老爸你去了我们爷俩还能拉拉话，要不然我一个人开车累死了。”老爸的脸色马上雀跃起来。他愿意一起去我倒也挺开心，可他这是什么神逻辑啊，我们一家大小过去，同学是要安排宾馆接待的，多去一个人不是会给人家添麻烦吗，人人都上有老下有小，怎么会问这么奇怪的问题。况且，我同学那里现在好多都已经成了县太爷级别的官员，大家不过念着一点共同见证过青春的情谊才想聚会一下，我爸那么大岁数，怎么还那么天真呢。

走之前，我特意叮嘱爸爸换件稍微体面点的衣服，毕竟这是对我同学、对我、对他自己的尊重，平时怎么样我管不了，但是去外面这点脸面还是要顾的。父亲满口答应，头一天下午找了附近的邻居宋姨照看院子，第二天一大早，本说好 7 点钟出发，我们早已把一众人的行李都搬到后备箱，就等他老人家收拾自己的衣服呢，他却没影子了。我们在楼上左等右等就是不见他，打电话不接，只到 9 点才见他气喘吁吁地出现在楼下，我迎上去一看，父亲穿一双沾满泥水的布鞋，裤子上油渍麻花裤边还磨毛了，有些埋怨地说："你不是到 6 号取衣服去了，怎么连件衣服都没换还拖到现在才来？"他搔搔软趴趴的头发说："我抢着把 6 号泵房的花草都浇了一遍，害怕等咱们回来干死了。还把荣娃子（我侄儿）的旅游鞋给洗刷了在巷口钉了一哈，娃娃的鞋脏了，有个地方开线了。"

侄儿大声抗议说："爷爷你也不问我就给我操心呢，我家里鞋多的是，看我脚上不是有新的呢吗。"

妈妈说："啊，你这个老贼，你干完活也不知道换衣服的，就这么个出去哩？人家同学要接站来呢，你穿成这样咋走。"

父亲不耐烦地摇摇手："咋就去不成了，出去玩玩还要讲究个啥，走吧走吧。"甩开手就要拉车门。我无语，拉着父亲去楼上，勒令他必须换身衣服，他耍赖说找不见在哪儿。我摇摇头，拿出老公的皮箱翻出一套短袖长裤给他换上，气鼓鼓地下了楼。

一路上我都不太开心，我觉得父亲一点儿都不心疼我，他不顾自己的脸面，就不想我会在同学面前难堪吗？父亲却想不通我一路上为什么沉默寡言，后来跟母亲说起这件事，父亲却哈哈大笑起来说："哦，我以为你怎么了呢，一路上嘴噘得像个球鞋底，还说谁惹你了呢。"

唉，他们的的确确是老了，毫无疑问。我的心里真的是百味杂陈，难以言表。父母老了，我们还没有成才，拿什么当他们的大树呢？可是，这树我当也得当，不当也得当，况且，他们需要的，一点也不多，不过是微不足道的一点陪伴和认可。

到兰州读博士以后，离家近了，高铁也方便，抽一个周末就可以回家。上学期有一段时间，大弟家庭出现一些变故，我打电话过去父亲总是唉声叹气，我安慰他说：“儿孙自有儿孙福，您现在的任务就是吃好喝好睡好玩好，其他的，他们都是大人，与您无关。”一个周末，我风风火火开着自己的小赛回到家里，豪气地说：“老爸老妈，这个周末你们想去哪儿，说吧，我开车带你们去。”他们都懒洋洋不想出门，我在网上搜了许久找到民勤的红崖山水库，二话不说拖着两人就出了门。车一上路，父亲母亲就活跃起来，嘀嘀咕咕谈天说地，兴奋之情溢于言表。在红崖山水库大坝上转了一圈，下了坝子却没个什么好玩的去处，我问二老怎么办，就在农家乐吃个大盘鸡打打牌？父亲说：“我想去民勤县城转转，我九几年去过一趟，现在也不知道那里成个啥样子了。”我二话不说扶他们上车，点火踩油门，“坐好了哦，咱们这就出发。”打开导航，从水库到县城还有四十多公里的路，我稳稳启动车子，打开随车 CD。他们还能享受多少个年头呢，今天一切听他们的。

到了县城停好车，已经下午两点多，我们找了一家稍微干净的酒店，点了几个小菜，开了两瓶啤酒，乐滋滋地吃喝起来。毕竟是小县城，也许我们挑的不是地方，菜品并不好吃，但父母都没有怨言。

乐呵呵地吃饱喝足了，三个人就在民勤东大街走了几步，这里的大街跟凉州城九几年的面貌差不多，店铺小，街道窄，大中午的没有多少人，父母走了一阵就没有什么兴致了，父亲说：“也没个什么看头，比九几年那会儿繁华了一些。那时候我是跟我们自来水公司的车到民勤自来水公司办事来了。咱们回家吧。”母亲有些歉疚的样子：“你看，咱们跑了一百九十多公里的路就为了吃这碗并不好吃的饭嘛。没意思。”我挽着她的胳膊说：“没事的妈妈，就算拉你们出来兜兜风也挺好呀，要不你们成天待在家里闷出病来怎么办。”

今年四月底，又到了鸟语花香的季节，我盘算着再找个周末带二老出去走走。不巧爸爸有同学聚会，我缠着妈妈，两人吭哧吭哧从凉州到华藏寺，再从那里倒车到天堂寺，一路上我拉着母亲，对她毕恭毕敬言听计从，看得出母亲很快乐。在华藏寺倒车候车时，别人都烦躁不安，她却跑到车站旁边一座石桥上，把腿搭上去压起来，差点就一字马的架势了，看着老迈的母亲做这高难度的动作，我也想效仿，却已经筋骨僵硬，连一半都抬不起来，母亲得意地笑着说："小懒汉，不行了吧？让你不锻炼。"

藏家的寺庙一般都盘山建立，下了车找好宾馆放好背包，我们母女二人进了寺门，山底下的花儿开得五彩缤纷，我给母亲拍了许多照片，照片里母亲笑得无比灿烂慈爱，我心里不禁甜丝丝的。大概夕阳已经斜在西山上了，山上没有人，显得无比寂寞。我们俩刚刚走到盘山浮桥的时候，后面走过来一个黑脸的大汉，母亲很警惕地看了一眼就站在路旁等他过去，那大汉慢悠悠地问我们："走不动了？"我和母亲对视一眼，没有说话。他自顾自地说："我到这里找羊。"径自往前走去，母亲示意我："稍等等，找羊要到山上找哩？羊怎么可能翻过木桥的栏杆爬到这么陡的山上去。这人面相不好，咱们小心点。"

盘山木桥曲曲折折，那黑脸的大汉很快不见了，我和母亲继续往前走，我给母亲打着气："没事妈妈，这是寺院，再坏的人也不可能跑到这里来杀人抢劫。也许他真是找羊的呢。"

母亲伸手从山脊下捡了两块石头装在口袋里说："防人之心不可无，小心还是没大错，这世道有点儿乱。"我不得不佩服母亲的智慧，但是看着她鼓鼓囊囊的口袋我还是有点忍俊不禁，自己也见样学样，在右手里牢牢攥定了一块石头。

盘山道旁边的山脊上三步五步就会有佛像和唐卡，母亲每每经过都要膜拜一番。在一座依山而建的寺庙甬道前，我们又遇见了那个形迹可疑的汉子，我手心出汗，不动声色地走在母亲前面，经过他站的位置以后，赶紧自己落在后面，脊背无比紧张地感知着身后的动静。约莫走出二十米，我回头看了一眼，那个人再没有过来，我和母亲心惊胆战地一边往前走一边回头看，母亲把两块拳头大的石头捏了又捏。好在这个寺院的盘山路并没有拉卜楞寺的那样漫长，也没有转经筒，我们有惊无险地走回了佛寺那边的平路上，三三两两稀稀拉拉的游客在开满花朵的路上走动，母亲这才掏出兜里的石头扔到垃圾桶里，开心地竖起剪刀手喊我拍照。

第二天一早，我和母亲洗漱干净，退了房，谢过美丽温柔的藏族姑娘，开开心心地坐上回华藏寺的大巴。

本想带着母亲到天祝县城逛逛，归途中，天空突然阴云密布，我问母亲："妈，出来耍美了没？开心不？"母亲重重地点头说："美得很。"我摸摸妈妈的脸:“那就好，以后我还带您出去。您放心，您老了有我呢。”

其实，旅游不在于一定要看多少名胜买了多少纪念品，而是沿途的风景和心情，心情到了，何必在意那些多余的东西呢。

雪漠印象

——质朴的朝圣者，诗意的生活

关于雪漠，我所知甚少。一绺蓬松的大胡子，曾经也留过象征艺术的长发，眼睛是朴素的、真诚的、犀利和平静的。仅知道，他是个为朋友自杀而长时间无法走出悲痛的男人，是我第一次听到说自己老婆是“世界上最好的女人”的丈夫，是个 8 年之后还为弟弟被埋黄土伤心的哥哥，是个可以温和地看着我吃完满桌的食物而没有露出鄙夷神色的朋友。关于他的艺术，已经有那么多的大家和追随者纷纷撰文喝彩评介，这个队伍里也许根本不需要我这样文笔稚嫩、水平有限的人来说三道四。所以我只是撷取我与雪漠交往的一些小细节，聊以记录一些生活和艺术之外的东西，给正规的论家们提供一些有意无意的佐证罢了。

相　识

我认识雪漠，是通过爱民，她算得上是我的启蒙老师，尽管她一天也没教过我什么。

爱民是我叔叔的同学，我认识她的时候正逢全国热播《西游记》，少年无知的我虽然说不上什么意味之类的术语，但立刻迷上了《女儿情》《相见难》这些歌曲，拿我最漂亮的笔记本把它们连曲带谱整整齐齐抄了下来，贴上漂亮的翁美玲、山口百惠的贴画，作为限量版的珍藏，只给最好的朋友御览。女儿国国王和哥哥温柔凝眸欲语还休的场面配着令人柔肠百转的歌曲一次次感动得我热泪盈眶心潮澎湃，“最是那一低头的温柔”啊，这是一个单纯得如同白纸一样的少女对美好最初的感受和记忆了。小叔叔只比我大几岁，那时候读初中，因为爷爷早逝失去依恃，衣着破破烂烂，歌却唱得一级棒，是武威六中著名的男高音歌唱家，登台表演时全班同学和老师要给他借行头，比如燕尾服和尖头皮鞋。他成天和我一起上学放学，把爱民的名字挂在嘴上，说她如何漂亮如何温柔，说她唱歌如何好听，说她作文如何感人——我那时候和爱民的妹妹同班，她就够漂亮的了，学习也够给力，是我们班同学公认的公主。小叔叔看过照片后说爱民比她妹妹好看得多，我好奇得不得了，一定要见见她。小叔叔拗不过我，正好他们班有个男生中途去新疆，他们要开欢送会，年少尚不知羞的我就像个尾巴跟着小叔叔去见爱民了——第一眼看见她，她温和地朝我启齿一笑，我立马想起女儿国国王，她长得太像朱琳了，只不过比朱琳矮一点，稍丰满一点。我们一见如故，一起唱歌，一起交流珍藏本，她的文章细腻、温柔，让已经有朦胧的作家梦的我迷恋不已，这种友谊持续至今。我跟她妹妹爱华倒是淡如清风，交接极少。我常去她们家，去了却是跟爱民坐在书桌前读书交谈，她们姐妹俩住一屋，屋子里挂着一个淡紫色的风铃，窗子开着，风一吹满屋的馨香。她妈妈刚开始颇迷惑，因为爱民介绍起来常说：“这是爱华的同学，来找我。”她们漂亮的妈妈常常费劲儿地眨巴半天眼睛，搞不清为什么爱华的同学却不跟爱华聊天，一个劲儿跟爱民唠叨唠叨，后来便习以为常了。我看的第一套竖排线装版的《红楼梦》就是在爱民干干净净的压着玻璃板铺着雕花台布的书桌上拿的，我迷恋上词这种文体也是源自于爱民的。我和爱华后来上了省重点武威一中读初中，仍然不怎么来往，但是我常常和爱民去野外坐在开满鲜花的河岸边读书，或者瞎聊，一般都是我在说，爱民很温柔很专注地听，不时抿嘴一笑。其时我野性未驯，也时常让她放哨去农田里“偷”萝卜、豆子、玉米来，俩人在河边简单烹调了吃，吃出的味道居然是家里根本没有的幸福。有时候被农民伯伯发现追了过来，我们像兔子似的飞奔逃脱，甩了“敌人”后我们就会相视大笑，全然不知羞耻。爱民高中也考入我们中学，是他们六中当年唯一一个考入一中的学生，离得近了，我们甚至会在自习课期间悄悄溜出教室，躲在一楼楼梯口下面那个狭小黑暗的格子里谈天说地，谈各自心里的白马王子，谈自己喜欢的老师，谈当时风行的琼瑶阿姨，用很夸张和很形象、极具场面感的语言谈喜欢和讨厌的同学。如今想起来那里墙壁黄黑，画满了乱七八糟的图画，里面还偶有学生撒尿拉屎，臭气熏天的，我们居然不嫌恶。这种友谊真的很值得追忆。有时候在郊外开满野花的草地上，我会放肆地打滚，会卷了裤腿提着鞋子跳进清澈见底的溪水捞贝壳和螺蛳，爱民比较淑女，通常只是静静地抿嘴坐在阳光下的草地上望着我疯，亲昵地称我“疯丫头”。我还清楚地记得有一次是蚂蟥钻进我的鞋子里，我还兴高采烈地跳上岸大喊：“哈哈哈哈，鱼，鱼进我鞋子了！”等脱了白色的塑料凉鞋，才发现是个软体动物，后怕不已，爱民帮我将它倒在一块大石上，两人用石头把那个可怜的小动物砸得稀巴烂，都有点说不出的感觉，怏怏地骑车回家，一路无话。我们大概还不知道佛以身饲虎的故事，但是心里为那么残忍地打死一个我们害怕的动物而闷闷不乐。

时光荏苒，多年之后，爱民因为父亲癌症英年早逝生活一落千丈，我的境况却渐渐好起来——实在是造化弄人。爱民曾在雪漠的作文班上做辅导老师，曾在雪漠的书店和雪漠的妻子一起工作，《大漠祭》出版前后，她一直提到介绍我和雪漠认识。如此，我们就在一个阳光很好的春天的午后，在爱民家不远处一个小咖啡馆见面了，那次我们三人相谈甚欢，兴尽而归。虽然工作稳定父兄康健，但是由于在中专校园里被大家称为“三毛”，结交了许多喜欢舞文弄墨弹琴作画的兄弟姐妹，而且在《武威报》颇发了些小品文，且自诩琴棋书画针凿女红厨房厅堂样样都拿得出手，骨子里我已经有了一点儿二傻的清高，作伪的、势利的、无才的、好吹嘘的人，我都不怎么看上眼，我是个是非十分清楚的人，绝不会含含糊糊模棱两可，讨厌的人见了第一面就绝对不会有第二次谈话。雪漠给我的感觉很好，他至少是真诚的，有农民大哥的豪爽和义气，但没有他们的贪婪和狡黠，跟他谈话不累，吃饭不用装模作样，所以这个朋友我就交上了。爱民的事一言难尽，且放过一边，说说跟雪漠认识后的一些琐碎吧。

吃 豆

我第一次也是唯一一次去雪漠家是一个七月流火的夏日下午。马路被太阳晒得融化了许多地方，脚踩上去软绵绵黏糊糊很不舒服。那时候《大漠祭》已出版了，我去的目的第一是想讨一本书来拜读，第二其实最重要的是常听雪漠说他老婆是世上最好的女人，我委实有点好奇——当今天下男人，说起老婆来差不多个个义愤填膺捶胸顿足，一副吃了大亏上了大当的模样，却有个农民大哥说他老婆是 NO.1，那这个 NO.1 究竟是个何等样的女子呢？

门开了，一个高高瘦瘦的女子很客气地请我坐，酷暑的天气我穿着紫云缎的短袖和短裤还浑身黏糊糊汗津津的，她却穿件宽大的夹克外套，很家常地扎着一只马尾辫，让我坐下随便寒暄了几句，雪漠说："家里不是有点儿新摘的大豆（学名蚕豆）吗，煮了咱们吃。"夫人即刻含笑起身，我也随她来到厨房，二人淡淡地说着话一起洗了那豆子，放到锅里加水煮上，一起回到客厅落座，继续随意聊些家常话，没有主题，想到什么就是什么，气氛就像是一家人，我不拘束，他们也不把我当外人的样子。沙发对面就是一长排满墙的书柜，书柜旁边是一台跑步机，我笑："是你在锻炼？"雪漠也笑，说："是儿子，我偶尔也跑两步。"当时陈亦新初二吧好像，在跑步机上瞎摆弄着，一副天真无邪的样子。我艳羡地趴在书柜跟前张大嘴巴惊叹，雪漠说："好了，本来是书和老婆概不外借的，我今天就破个例，送你两本书好了。"说完爬上小梯子，给我取了两本书，一本是《甘肃作家四十年小说精选》，一本就是他自己的《大漠祭》。我欣喜笑纳。又坐了个把钟头，乱侃了一气，因为有个年轻的小女孩仰着一张天真的脸毕恭毕敬地"请教"雪漠老师一些问题，我便告辞出来了。临走时我抹下腕子上一只靛蓝的镯子送给雪漠夫人了，镯子是玻璃材质的，也不值几个钱，但是我一向非常喜欢那个颜色，戴也不舍得多戴，就是觉得喜欢她安安静静悄无声息坐在圈椅里笑望向我的样子，我毫不犹豫地以心爱之物相赠了。

农舍和司机

雪漠写作，通常不在家里进行，而是在郊外租一间农舍，独居一隅，埋头苦干。

这句话，说的是雪漠的关房和他的创作状态。《大漠祭》等书，据说就是在这些领地里诞生的。对这些关房，雪漠统称为“红云窟”。三十岁时，雪漠剃掉头发胡子，走进关房，一个人生活了好多年。夫人独自照顾陈亦新，静静守望着另一隅的丈夫。那段故事，至今我仍觉得像是童话。现代城市里，哪儿还有人像他，甘愿扔下如花美眷，把青春献给看不见的梦想？又哪儿会有人像她，在最好的日子里，甘愿独守空房？后来我听说，夫人在恋爱时，就许下了等一辈子的诺言，想不到，她竟真的等了一辈子。能守信到这种地步的女子，世上会有多少？想来，那诺言对夫人来说，也是一种信仰了。有时，我心里也会嘀咕，夫人在那些年里，是否也有过寻常女子的情绪？是否也有过忐忑、不安和寂寞？但我想了半天，只能记起夫人那种淡淡的笑容。夫人就是这样一个安静、淳朴的女子。她留在别人心里的，永远只有那种质朴、干净的笑容。

至于“红云窟”那神圣领地，我有幸观瞻过两处，离他武威九中的家都很近，大概是为了来去方便吧。一处是在蔡庄一个农家小院，大门外有一条笔直的小水泥路直通向马路，交通很便捷。小院是新修的狭长整洁的四合院，他的屋子在靠近大门处，屋子里一床一桌一火炉，陈设非常简单干净。带我进去后，他收拾生火，身手很是利落，不一会儿房间的火炉就呼呼呼地蹿出幽蓝黄边的火焰，屋子里很快显得春意融融。他泡起一壶茶，我们二人围炉而坐，他开玩笑说：“与美人共围一个红泥小火炉，人生一大享受啊！”我大笑：“别矫情了你。”顺手拿过他桌上的一本书低头看，书是哪本不记得了。他亦捞过一书翻阅。没有什么交谈，但是也没有什么别扭，阅读个把小时，冬日的天色已然微醺，二人灭火锁门各自回家。

我曾是个有精神洁癖的人，不肯丝毫勉强自己，因为跟雪漠在一起几乎没有性别的意识，也没有世俗的穷于应付，所以可以如此随性。

第二次去他的写作室，是甘肃省作家团来武威采风，他叫了我去拜会马步升和匡文留等人，在宾馆恭恭敬敬跟前辈们讨教了一会儿，觉得不能一直待在那里影响人家休息，就告辞出来，大概意犹未尽，二人就去他的“圣地”旅游——这次他的“根据地”转移了，也是在蔡庄，但是在一个七拐八弯的小巷子里，院子里还养条大狗，刚推门就忽地蹿过来龇牙咧嘴咆哮不已，着实把洒家吓得不轻，雪漠看我花容失色的狼狈模样哈哈大笑，然后说：“没事，狗是个很公道的东西，不会轻易对跟它没怨没仇的人下口。你放心，它舍不得咬你的。”那“舍不得”，当然又是雪漠的玩笑。别看雪漠是个大胡子，似乎一本正经，其实他骨子里是个顽童，很爱开玩笑，也很爱恶作剧。雪漠常调侃我是美人，其实姿色平平，根本不值一看，这就跟我常笑称我养过的小狗瞳瞳“帅哥”是一样的道理吧。这间屋子是里外套间，光线并不好，暗沉老旧，一个古旧的火炉放在外间，基本不能起到保暖的作用。雪漠从里间床底下拿出一个小电炉插上，把电炉和椅子都拉近书桌，二人落座。他说：“怎么样，条件够艰苦吧，我是有意这样，因为太暖和容易犯困，而且这里光线不好不会影响思路，是极好的写作工地。”我一边哧溜哧溜吸着冷气，将手凑到电炉上烤着，一边打量他贴在墙上的唐卡和《金刚经》片段说：“怎么，你还信佛啊。”他笑：“好多年了，这能让我更安静。这个世界太热闹，我需要头脑冷静点儿。”我说：“我喜欢了解各种教派的教义，找它们可以让我滋润的营养吸收到心里，但是目前为止，还没有皈依哪一派。因为《红楼梦》告诉我，似乎信仰也很虚无的。”他也说：“人是应该有信仰的。”我想起海藏寺的某些和尚，因为生活所迫出家了，可是还常常钻女员工冬天下班晚的空子骚扰她们，心里就有点儿说不出的滋味。或者有一个从布达拉宫来的浑身破破烂烂的喇嘛见到我说：“你有佛缘，久后必证。”然后衣袂飘飘扬长而去的样子，心里更是百感交集，也许多年之后，我也要跪拜在佛的脚下，祈祷他的庇佑和寻求心灵的安静了呢……当日我好像还拜读了他的《猎原》的半成品和提纲，好像还探讨了许多相干不相干的话题，仍旧各自回家。这种记忆就像一张黑白的旧油画，底色固然是冷的，但是蕴含着人世间难得的温暖和率真。

后来，因为要积攒学费，我承包了一辆公交车，跑车的时候不知哪个司机提到《大漠祭》，我说我有一本，他们就要借了去看，我也很大方地借给他，结果他们传来传去，书就下落不明了。因为书的扉页有雪漠的签名和印章，他们非常想见见雪漠本人，我把这种愿望传达给雪漠，他很爽快地答应了。于是，在一个工人宿舍里，一群司机和机修工和一个大胡子的作家豪爽地推杯换盏了一通。雪漠无疑是真诚的，我相信这点。

火　锅

到省城兰州，我匆匆忙忙在杂志社混饭，业余拼了老命学习，几乎不知魏晋，和雪漠就失去联系了。

突然有一天，他打电话给我说："我从《兰州晨报》你旧同事那里找到了你的电话，我现在在兰州，咱们一起吃火锅吧。"我既惊且喜，立马收拾出门赴约。他还约了另外的一个朋友，我们三人就在兰州农民巷找到一家一里外就闻得着香味的火锅店，呼啦啦闯了进去。我本说我在兰州，应当聊尽地主之谊，但是雪漠说："算了吧，你现在混饭混得那么不容易，还是我来吧。《大漠祭》让我现在是一个有钱人了，我工作也到省文联了，专职作家，有钱，不用你可怜巴巴掏腰包。"说完豪气干云地大笑，我也做崇拜状："有钱人，今天洒家可要狠狠敲你一笔竹杠呢，这种机会，千载难逢，不敲白不敲。"他豪爽地一挥大手：你们放开了吃，随便点。于是，那天我们一边说笑一边吃喝，桌子上食物的尸体堆积如山，好像还喝掉了不少啤酒。宾主双方兴尽而归，说了些什么却真不记得了。对了，我还掳获了一本他新出不久的《猎原》，这当真是让人从嘴巴到大脑都饱餐了一顿啊。

曾经有一个朋友，到兰州说要请我吃饭，两人要了一锅咸萝卜鸭，店里送了满满一桌各色小菜，馋得我口水横流，结果此君打从饭上桌前到上桌后到午餐结束，压根就没碰过一块鸭子，也不吃一口小菜，满口都是我感到极陌生的德国哲学家的名字，弄得我觉得一顿饭也具有了哲学意味，根本不好意思吃菜，只好做洗耳恭听状，时不时偷偷咽下口水，实在有碍观瞻得很。一顿饭犹如受刑，好不容易等到他说声“咱们走吧”，撒丫子拔腿就往外走，一桌子美味的菜肴很不幸成了他训导的背景，他却以一句令我哭笑不得的诗状语言给我们惨败的午餐做了总结：“晓云啊，你在我眼里就是一轮光华四射的太阳，照耀着我的生活，使我脱离了世俗的生命。谢谢你。”我热泪盈眶：“你真是个伟大的哲学家，这顿午餐将使我终生难忘。”走出饭店，我心里暗暗发誓：“这个伟大的哲学家，我永生不会再和他一起吃饭。太恐怖了！！”我甚至很不得体地揣测，假使万物有灵，那躺在锅底等待完成使命的咸萝卜鸭，该是多么痛恨他的哲学啊。他是一个活在云端的高尚的人，我是一个活在尘埃里的世俗的动物，连吃饭都要吃出境界，这于我的智商来说委实是期望值过高，令我压力山大啊。

我宁愿与雪漠这样的朋友，不作伪无拘束地海吃山喝一次，夹杂一些可有可无的废话，似乎什么都没有说，但似乎什么都说出来了，痛快！毕竟我给自己的定位是：“能文能武出得厅堂入得厨房十八般武艺样样精通的武林第一吃货”，我是成不了什么大家的，何必装什么深沉呢？

我是个很一般的女人，既无什么地位，也没什么姿色身段，仅仅有点儿对文学的爱心和一鳞半爪的感悟，雪漠待我如此实诚，真的令人感佩。当今世界，我们能够得到的纯粹的东西，实在是凤毛麟角啊。

说到这里，我似乎该打住了。因为生活舞台的转移，我和雪漠也失去联系多年了，他的《白虎关》出版，他转战广东，他写了“灵魂三部曲”，他有了工作室，他的儿子陈亦新——那个在夏天的午后在跑步机上折腾的小小身影，如今也成了他人之夫，连他死去弟弟的儿子陈建新，如今也跟随在他身边，成了他的得力助手，这些事情都是因为一个偶然的机缘，我才重新了解到的。我重新联系他的时候，他说过几天要去印度朝圣，这几天很忙，匆匆说了几句就挂了电话，我不禁回想起关于他的种种。再过几年，雪漠还会给我们什么样的惊喜呢，让我们拭目以待。更重要的是，他踏踏实实地活着，认认真真地劳作着，这样的朋友，让我们祝他一路顺风吧！

嫂 子

这一个嫂子，我至今未见过面，连同那个在贫寒的环境里以幽默、正直和坦诚引起我注意的三哥，也已多年失去了联系。

三哥和我的初恋二哥一样，是我在甘州那个开满丁香花的白塔园结拜的干哥哥。他的家在古浪胡家边乡一个小村子，那一定是个很荒凉很瘠薄的地方，三哥的敦厚以及善良都在证明着这一点，也许不准确，我总是爱把荒远的小镇子与民风淳朴夜不闭户连接到一起。

在学校里，三哥似乎当着团委一个什么官儿，还兼着纪检部长之类的学生会职务，时隔十几年，我已经记不大清了。每次看到他在几千学生面前慷慨激昂从容不迫地发号施令，并且那激昂和从容皆章法绵密，节制而不疯狂，我就崇拜得不得了。那时候二哥在学生会做文艺部长，手下一帮狐朋狗友都会舞弄点儿文字，三哥的情诗在校园里十分流行，而我不知所以然地被人们称为“三毛”，又生性内向害羞，常老远被一个生人热情地欣赏一番，自己羞得昏头涨耳，只恨时间不能长了翅膀飞了，将我扔到一个老鼠洞里面向墙壁啃小老鼠偷来的花生。这样，也不知是一个什么时机下我和一向崇拜着的三哥居然相识了。况且发现三哥的女朋友萍是我的老乡，更觉着亲了一层，于是常在闲暇时与大哥、二哥、三哥以及一些女伴们青春无忧地结在一起谈天说地。

跟二哥也恋了将近八年，分配工作时却隔在了两地，后来我跟排行老大的武子成了亲，二哥娶了当地九四级的一个女生。说起来有些渊源，我曾在那个女孩子的毕业留言本上半是悲凉半是假意半是真心地将二哥托付与她 —— 她美丽高挑，给我的感觉是一朵散发着野趣的睡莲，绝无矫饰和像我那样时而疯狂时而怯懦的浮躁，因为她是二哥的老乡，学校里又很盛行老乡恋爱的风潮，还在心里拿她当作一个时隐时现的情敌。不想后来，她真的成了二哥的妻子。

三哥的文字和字体都很奇崛，让我光一看他的字就想到鲁迅，再看文章，更觉得是鲁迅的影子。作为纪检部长，三哥公然与萍出双入对，在某些颇正统的人口里是很有些叛逆的，不过我倒很欣赏他这一点，敢爱敢恨。萍的身影形象讲话风格举手投足活脱脱就是上天给三哥匹配的女人，不跟她在一起，三哥还有什么完整可言？一向畏恋爱如洪水猛兽的校党委和团委居然皆默许甚至赞叹他们的牵手，在当年，这真的也是一个奇迹了。

萍的个头比三哥高近一尺半，女高男低，应说不搭调，可他们两人在一起就是感觉赏心悦目，任何人都没有觉得不妥。

恋人在一起，难免是有些摩擦意气的。一次夜里我已睡了，三哥急急慌慌来敲我的门——他很少来我们宿舍，这大半夜的，又火烧眉毛的样子，我一骨碌爬起来，跟着他匆匆忙忙往外走，一边走一边问，才知道萍跟他赌气把自己关在教室里反锁了门，怎么也不开，央我去劝和。萍那天是真倔，我们施尽浑身解数她都一声不吭坐在冰冷的门内与我们对峙。后来三哥突然不见了踪影，我一个人在楼道里跟萍隔着门磨咕，有些时间了，忽然听见教室里一声惊呼，紧接着是桌椅碰倒叮呤咣啷的声响，我冲口而出："萍姐，你怎么了，没事吧？"同时，黑漆漆悠长的楼道引出我莫名的恐惧，牙齿有些格格打战起来。约略几分钟，奇怪，门主动开了，萍手执烛火眼含热泪对我说："建华，谢谢你。我们不分开了，再也不分开了，永远不说那个字眼。"我诧异而惊惧，呆呆地望着秀美而且一向理智的萍这失魂落魄的样子。这时候，三哥从萍身后扶住萍的肩头温和地说："回去吧，好不好？"我更是目瞪口呆，三哥难道有隐身术分身法，可以破门而入穿墙而过？

萍后来告诉我，那夜三哥是从楼下攀爬到三楼的窗口——乖乖，窗户那边是一条直线式结构，除了一、二楼三寸宽的窗沿外甚至无蹬脚的地方，他是怎么爬上去的？神功啊神功！萍却说：人有时候是能够爆发出意料不到的能量的。

一个周末，为了庆祝我的文字获奖，三哥、萍和另一个酒泉的女子约我去郊外饮酒。时间已是初冬，月光又冷又亮，清寒地涂抹了郊外那一片苇丛。我们架起了路上捡起的一部分柴火，兴致勃勃地铺开带来的小吃和一瓶松鹿大曲。我和三哥点着火，萍和那个叫秋娥的学友挽手出去说再捡点儿柴火。三哥的脸不英俊，一笑起来牙齿参差不齐，可是火光里他沉静而嵌着思想的轮廓让我感到分外温暖、放松和安全，他一边拨着火一边跟我讲笑话。我们选择的那个苇塘旁边的简易温室（只有三堵墙壁一边豁口，冬天种菜时覆膜）像一个温暖的洞穴，我们像是原始社会的一对兄妹。我一边有一搭无一搭地应和他，一边冥想。这个苇塘春天里野花招摇香气四溢，夏天里群鸟翔舞，我和二哥的许多故事都在这里呢，我们甚至为一起等待一对偶然发现的天鹅而在塘边游击队员一样潜伏了好几个下午。我是多么迷恋这里的每一个土坡每一根芦荻啊，可是二哥毕业也两年了，我们常常是聚少离多，未来命运之波流向何处，谁也不敢肯定。……半天不见萍她们回来，我又未免有些着急，回到现实刚想问问三哥，三哥起身说："这两个怎么还不见人，我去看看。"还没迈出豁口，就听见大嗓门的秋娥一阵聒噪，她的笑常常毫无顾忌，因此我并未在意。三哥的身影刚折没在温室后边，我就看见有两条影子"嗖嗖"地从一个土埂子上飘忽过去，其飞快让我一时间意识无法转弯，心里想：咦，这里又没有车道，即便有，谁半夜把自行车踏得这么快？一点儿也没意识到危险的存在。不过，三哥走了几分钟我倒是有点儿害怕，抬头看了看温室矮小的墙壁，心说要是这会儿从墙后面跳下来一个江洋大盗可怎么办？手里便下意识地提了一支粗的火棍去豁口探望同伴们的踪迹。十几米外的月光下见有几个人在跟三哥交谈什么，三哥还捂着肚子弯下了腰，我一下子踏实了，以为是三哥的朋友也在周末来凑我们的酒场，我远远喊道："三哥，你跟谁说话呢，那么高兴，笑得前仰后合的！"说着话又回身踱进豁口，刚蹲下身子准备拨火，三哥雷霆闪电般冲进豁子，就手提起他拨过火的粗树枝，同时大喊："救命呀，来人啊，救命！"我浑身一紧，下意识攥住那瓶酒和三哥站成一条横线，嘴里还半信半疑地埋怨："三哥，别开这种玩笑。"说完就意识到自己有多蠢了。我俩万分紧张地盯着豁口——时间在那一瞬间都冷冻了。半天了，外面没有动静，三哥操两根长棍小心地移到豁子口，回身一把拽住我，提起我们的美食就向刚才人影飘闪的方向拼命狂奔，我这才觉得自己一身冷汗心跳如鼓，几乎是两腿发软地随他在乡间田埂子上高一脚低一脚直冲。真是奇迹，那天晚上那么冷，又已经很晚了，那片苇塘远离村庄，居然有一台拖拉机打着明晃晃的灯在田野里耕地，也像是上天预先安排的一个来救我们生劫的神灵。那个农夫的样子我不记得了，他在听了秋娥和萍惊恐的叙述后安慰我们说："不要紧，他们已经走了，也就是这一带村子里的几个小毛贼，不敢对我怎么样的。你们快回去吧，我还有一点点地要犁完再走。"

原路是不敢回去了，因为我们四个一边转移一边分析，可能他们正是我们来苇丛的路上遇见的那几个家伙 —— 当时虽然月亮很给力，树丛的阴影遮住了他们的面目，我们单从身形看还以为是三哥班上的几个同学，也没打招呼。其实他们从迎面遇见我们几个以后就开始转身跟踪了，可惜我们青春豪气，居然浑然不觉。

当我们惊魂未定地绕了很大一圈回到学校时，已是深夜 11 点，四人都是第一次历险，全无睡意，聚在三哥他们教室里后怕。他们几个笑我天真无脑，萍说："天哪！高兴得前仰后合，好我的尕妹子哟，这你都想得出来。"三哥一个劲儿搓手："小妹啊，你真急死人了，本来萍和秋娥都已经跑到安全处了，我就着急你，不是你在那里，我早跑了。我跟那伙子人周旋，他们拿刀放在我腰边逼我拿钱，把我口袋都撕烂了。没钱就叫一个女生过来，我弯腰是因为他们在我肚子上狠狠打了几拳，我心里急得要命，恨不得大喊一声小妹快跑。你居然……傻妹子啊，我那时候还担心你傻乎乎过来迎我来，你让我一个人怎么打败五个地痞呢。那后果，想想都害怕。"大概毛贼们劫财不得，转而想劫色，得亏三哥是个有担当的男子汉，关键时刻一点儿不怂。

想想今日校园里醉生梦死的一代，而社会上除了一见面就谋划着上床或者数钱的友谊，怎不教人空空如也。

三哥家贫，就那一件稍微像样子的衣服也由四个兜变成三个了，缺了那个兜的地方泛着新鲜的光色，与其他部分截然不同，他就堂而皇之地扇着三个兜的旧夹克在校园里来来回回，直到来年夏天同样不很宽裕的萍为他买了一件白衬衣，那件军绿的夹克才退休了一段时间。

萍说她刚考上农校来报到时与三哥在火车上相遇，座位正好面对面，两个人一聊，嘿，还是一个学校一个班的新生，那是缘分。

就是这样的缘分也没有成就姻缘。

我于毕业后半年再见到萍时她已挺着小将军似的肚子，很黯然地嫁给了一个法官做了第二任妻子。那个男人长相倒是比三哥高大帅气，可能抽烟太多，牙齿有些发黄。萍偷偷地提醒我不要在她丈夫面前提到三哥，而我知道三哥的悲伤——他在萍婚后给我写过一封长信倾诉自己的痛苦，说萍的母亲以死相逼让萍放弃了他，其中语言，不忍卒读。

我甚至于时隔五年后在公交车上偶遇萍的丈夫——他与一个我不认识的女子十分亲密地谈笑，就坐在我的对面。认出我后他有些不太自然地介绍说："这是我一个同事，我们今天出去办个案子。"我糊里糊涂与他寒暄了两句，他匆匆忙忙下车。我记得他对萍挺好，体贴，温和。

但是我看着他远去的背影还是心里莫名地一疼，为三哥，也为萍。

三哥结婚时，我没去参加婚礼。一则我当时经济条件不太好，又不肯总是拖累父母，二则我知道三哥娶的是一个不识字的农家姑娘，人很贤惠善良。

我不知道我该去祝福一个喜剧还是悲剧，尽管三哥两次写信邀请我一定前去。

我后来跟大哥结了婚，把二哥娶的那个女子称作"嫂子"，为三哥写了一篇《拙妻不识字》，发表后报社的编辑忘了寄给我样报，过了几个星期我路过报社顺道去找，她翻来覆去找不见自己编的那一期报纸，连我的原稿也遗失了。本想纪念一下三哥，替他幻想一份单纯的美好，却未能如愿。

三哥分配到古浪一个乡政府，我们生活圈子不同，渐渐失去联系。

一次在本地电视台一个古浪县农机公司的广告上见了一个名字和三哥一模一样，记住电话打了很多次也没人接，那时候没有手机，最时髦就是有个传呼机，一般人只能打单位电话——如果这个人真是三哥，他应该是农机公司的总经理了吧，毕竟他那么能干，到哪里都会是闪闪发光的存在。

二哥和那个莲一般的女子生了一个珍珠般鲜嫩的女儿，叫飘飘。去年，他突然找到我，说是辗转从别的同学那里找到了我的电话。他当了税务局的副局长，啤酒肚轰隆隆地呼之欲出着，头顶有些微秃，不太茂密的头发油乎乎地黏在头皮上。他沉默了许久告诉我，他现在有了大房子，有了漂亮的家具，有了一个花骨朵似的女儿，却和那个莲花姐姐过不下去了。那个姐姐和一个做种子生意的家伙混在一起，前不久在公园幽会被联防队的抓了现场，他没脸再过下去了。

二哥说："晓云我错了，我当年就不该放弃你。你爸爸不同意，我应该努力争取。如果你给我1%的希望，我会用100%的努力靠近你。"

我不置可否，我已经不是十几年前的我，不会再痴痴地等在巷口，满心希望他从路过的中巴里跳下来笑吟吟地朝我狂奔，仅仅因为他说他那个周末来看我。现在的我，满肚子疑惑我年轻时候为什么会疯狂喜欢这样一个沉默寡言的男孩。

过去了的，就只能成为记忆，虽然我也已经离婚数年，但我不会为了一个油腻的中年男人去和一个我已经不熟悉的莲一样的女人争执，因为心里的爱，早死了。

如今坐在兰大宿舍的一豆灯光里，读书，写字，孤身，客里，夜半。

想起前几天一个也是二十几年未见且当年关系很一般的校友突然打电话给我——他说去古浪参加同学儿子的婚礼，遇见三哥了，问起我，三哥半天都想不起我的名字。我自嘲地一笑，好啊三哥，我常牵挂着你，你居然把我忘得连渣都不剩了。

那位校友说，三哥现在是泗水的镇党委书记，泗水是古浪最大的一个镇子，他下一步可能高升到县上去，前途还是不错的。

那么好吧，三哥，我祝福你步步高升，吉祥如意。

倒是校友，这么久难为有心还想着我，和他凉州的同学聚会了一次，以为我还在凉州，席间说想把我叫过去，只是谁也没有我的消息，毕竟我们差着好几届呢，大家早就断了来往。他转了一大圈，从酒泉的同学那里找到了我的电话。

他跟二哥在一个市区，无意中提到了我们都认识的男男女女，他说二哥跟媳妇现在挺好的，娃娃也大了，长得如花似玉。

我无声地咧了下嘴，的确，人生就像一列没有起点也没有终点的火车，在岁月这个长长长长的隧道里，好多人同行过一段时间，走着走着就散了，也有一些人在同一个站台下了车。谁的命运又是能够预料的呢？当初幸亏我冷静，没有动了乱上乱下车的心思。我们不是上帝，拯救不了任何人，人唯一能依靠的，只有自己。

我没有给校友说莲花姐姐的故事，没那个必要，有孩子了，不管怎么，凑合过吧，日久天长的，什么也能磨合过去，还磨叽什么呢。

约会的故事

一

昨天是朱小明的生日，清晨一起床，周静的心里就开始不太明朗了。往年的这一天，不管简单还是隆重，都要给他庆祝一下。可现在不同，已经不能回头的岁月，不能够再去把握那些可怜的馨香。虽然说，爱有时候就是放弃，让所爱的人感到幸福，还是有许多的场景像戏一样在心里忽忽悠悠划过，她就愣坐在床头，两眼呆滞，无喜无悲，老僧入定的模样。

早上天气非常好，晴翠碧蓝的温暖的天空在窗外兀自欢喜，连久已不太出巢的鸟儿们都高兴地扑棱着翅膀，叽叽喳喳表示着它们的快乐。有几只麻雀轮番地在周静一无所有的窗台上低着头认真地寻寻觅觅，偶尔一瞬间斜着眼睛好奇地望着这个迷茫失路的女人，然后不屑一顾地掉头和伙伴们叽叽喳喳密语一番，或者“噗噜”振翅径去了。

在最近的相对规律的作息周期中，周静再一次进入梦幻状态，不食不饮不动不栉，直至黄昏。突如其来，悲哀和心痛排山倒海般喷涌而出，想起某年朱小明生日二人一起喝到酩酊大醉，然后互相讪笑，她那时，本来不想喝酒，不知怎么就喝上了。两个人，她坐在那只单人沙发上，魁伟的朱小明自缩在一只极其简陋的小木椅上，喝醉的两个傻子互相指点说：“丑八怪，丑……丑八怪！呵呵呵，你是丑八怪！”“你才是丑八怪呢，你是，呵呵呵呵，你是丑八怪。”“呵呵，呵呵呵呵呵，我们都是丑八怪。丑——八怪！”唱着，舞着，挤挤挨挨到床边，红着脸傻笑着，朱小明骂周静：“你这个小骚货，真不要脸。”周静唇齿不清地还击：“你个臭流氓，你才不要脸呢，滚远点，让咱们孩子听见羞死了。”接着就是令人窒息的长吻，仿佛那一刻就是世界的末日，两个灵魂毫无隔膜地交融和亲近。化骨融髓的吻，深切，缠绵，细致。

第二天起床，周静看见歪倒在地上的小板凳微微红了脸，儿子在肚子里也撒娇似的敲敲打打。他们是一刻也不肯分开的，但有一瞬，必定相依相偎，无耻而快乐地眉来眼去。可是自从儿子开始在肚子里做操翻跟头，朱小明受了好多的委屈，再也不能把周静放到他的膝盖上悄悄地搂定耳语，咬她的耳朵了，他们都怕碰到儿子。小板凳太袖珍，只能容得他小半个屁股，可是他不肯离周静稍微远点坐到另一只沙发上，就像个小小的绵羊，卧在她面前，互相握着左手，用右手猜拳玩，喝酒。

如果他们儿子活着，该有快四岁了罢，而且估计会是个小小的酒王，小小的音乐家，小小的画家，或者小女生崇拜的小小美男子。又或者就什么也不是，就是个简单调皮但是健康的小孩儿。

他们的儿子是在那个春天的黎明上了天堂成为天使，周静也不知道怎么那血就汹涌地冒出来了，那可怜的孩子还没有来得及看看这个也许美丽也许虚幻的世界一眼，就被仁慈的上帝召去做了花界的使者。或者这是幸运的，她还是不能原恕自己，尽管他们已经尽了最大的努力企图保留他的花园。去了天堂的宝贝一定不能明白为什么父母都那么爱他，却未能保住他的生命，大人的世界是现实的，也是恐怖的，他还未成就雏形的思维是无法理解和想象的。她身上疼到半死，心里更是万劫如灰。但是母亲一直在握着周静的手，所以她只能选择坚强地无力地微笑。父母生她养她，纵有多少喜怒，她回报于他们的，实在是太少了。

她最孤单的时候，朱小明总是不在身旁，异地恋总是那么漫长，他有许多不得不面对的事情，周静也帮不了他。“等我六年。”朱小明祈求地说。周静就傻乎乎地等。有时候多么希望自己是孤儿啊，其实孤儿们却在悲苦无比地希望有个哪怕简单的家呢。

阴差阳错的等待，等到花朵飘零，等到如雪的童颜变作哭泣的嫣红，可是能够等到什么呢？是周静心里的某些不能明言的感觉么？等来等去，等来的是朱小明车祸身亡的消息，他是在来看周静的路上出了恶性事故，迎面来的一辆丰田霸道把他身子都削成两半了……他下去陪未能降世的儿子了，周静心碎得无以复加，连眼泪都没有了。

朱小明的遗照很帅气，脸上有笃定而温和的笑容，周静看了一眼就晕过去了。

她固执地按照约定等，等了不止六年，是十三年。直到不能再有理由蹉跎下去。

周静已经想好了，等最近的项目一结束，马上开始准备成家。不等了，一朵花的青春究竟有多少可以用来等待呢？等待戈多的人都已经被岁月的烟尘蒙蔽得不知所向，更何况一个没有影子的过去。

心痛着的时候，天就猛乍乍变了脸，风从窗缝里呼呼地往小屋子里灌，霎时间小屋暗淡下来，暮秋终于露出了狐狸尾巴，龇牙咧嘴地在屋子里盘旋起来。

周静改变了坐姿，拉拉傻乎乎的被子，屋子里兀自有一种晦涩的气息，她想起来今天连熏香都忘了，机械地起来点燃一支藏香，继续在床上发呆，以这样的方式，给他的生日献礼吗？

周静一个人问："我离开你，你心里会疼吗？""两人阴阳相隔，他怎么会有感觉呢？"………

这时候有外地朋友程杰来电话了，他昨天就告诉周静今天会到这里来，所以她知道。她明白该来的都得来，她该换场演戏了吗？似乎是不能很快地接受这种角色的转换。许多年，已经许多年不再跟男人约这种特殊意义的会了。现在，她正在被一种无形的力量导引着，必须勇敢地或者绝望地去赴这样的可乐的约会。

电话铃一响再响，她下床，假装很愉快。仔细地洗脸化妆，脑子里一时迅疾塞满了鸟毛，轻飘飘乱糟糟。尽量地表示自己很快乐，表情是笑的，眼泪却一次一次不争气地夺眶而出。

拉开门的一瞬间，天好像控制不住地一举泻下满天的眼泪，打得楼下核桃树仅剩的几片大叶子稀里哗啦落了一地。这些半枯半黄的叶子叶柄纤长，有很大的芭蕉形的叶片，不知道是什么品种，就那样无辜而自然地七倒八歪俯仰在瞬间成河的地上，偶尔地被风雨卷包一把，很被动地换一个姿态继续卧在那里。

二

走走停停，哭哭笑笑，我们的忙碌只是世界的一个小小插曲，或者什么也不是。所以不必太在意，安生活着，一切随心。该约会时就约会，风风火火闯九州呵——！

昨天大雨倾盆的时候，周静在一种很散淡的愤怒中送走了那个让她整个约会期间几欲作呕的男子，然后纤纤弱弱地顶着大雨往自己的小巢里跑，几百米的路她像是跑了几个世纪那样的长。

进了小屋，周静突然地就不再难过，并且心情有一点恢复。迅急地换下了淋湿的衣服，裹上厚厚的睡袍，放了一个很凉的曲子，翘着脚听。周静觉得自己居然会想到跟这样的一个男子平淡牵手，真是世界上最蠢的猪里自作聪明的那只！就有了点儿占了便宜的庆幸，心想："得亏没对上眼，不是王八跟绿豆！"继而觉得自己也许有点儿过分，人家或者也没有什么过错，我更不是十恶不赦的人，只是不合适而已。而且，现在这样的世界，每个人都漂泊流离，都像尘埃，不能自已，无处逃避。那样的累，不应当怪谁。

周静的第一份工作是在大西北的一个事业单位，这里每月提前固定开薪。刚报到四天，她就领到了一个多月的一笔"工资"，生平第一次拿到自己"挣"来的一笔"巨款"，心想：天啊，这么多钱，怎么才能花完啊？！兴奋得手都有点发抖。那时候人们是多么容易满足呢。现在，人们都像蒲公英一样飘来飘去，每月拿的钱是那时的十几倍，却总是担心明天会不会衣食无着使得年迈的父母为了我们一夜头白，钱在什么时候都显得少到可怜，握在手里一点儿没有安全感。

两人热恋的时候，朱小明带她去了当地一个佛寺祈福游玩。这家寺院跟其他的佛寺不一样，寺院南面有个偏殿叫帝王殿，严格上说只是一种民间娱乐的形式。里头有七八间阁子，下辖着中国古代帝王（其实也就是一群泥塑木雕的家伙，堂而皇之地黄袍加身，然后一本正经地戴上王冠，整日死气沉沉立在那里，经常地，或者衣服被老鼠咬破一个大洞，或者脸上被鸟儿拉了一泡屎，或者顶了一头的灰长久无人光顾，一点儿都不体面！），周静最害怕的是慈禧，面目狰狞，以至于她一次夜里梦见老妖怪推开大殿的门，忽忽悠悠飘到自己面前，无比严肃地直盯着她看，吓得她都快哭了。

还有其他的阁子里，有观音菩萨、寿星、七品芝麻官、济公、金陵十二钗、四大美女、四大情人（孟姜女和万喜良，牛郎织女，白素贞、许仙和青蛇，梁山伯与祝英台）等等。要说雕工的精细，莫过于金陵十二钗了，其中秦可卿和王熙凤，就像从电视剧里直接请下来的真人一样，表情动作惟妙惟肖，就连酒窝都若隐若现，似乎贪嗔痴恶都在那个泥塑的躯体上活动着，阴雨天进去，兀自会觉得恍惚的悲伤，而且略有些怕。就是这样，周静仍然时时动着歪脑子，想象如何能够瞒过众人，将那个黛玉的坐像扛回家去放在客厅里。现在想想有点儿后怕，且不说违法与否，试想你夜半起来，迷迷糊糊看见一个影子在那里做悲悲切切之状，岂能不被惊得魂飞魄散？幸好也就只是动了动贼心而已。不过由此可见，“高人在民间”，那是一点儿都不夸张的。另外有趣的就是那个七品芝麻官了，画着滑稽的白脸，项上套了一只硕大的铜钱，接通电源之后，只要在他兜起的前襟里丢一枚硬币，伊就会很得意地狂笑起来，声震屋瓦，实在是见钱眼开啊！

朱小明在四大情人的殿里拥着周静的肩膀，信誓旦旦地说：“我朱小明，这辈子，除非死，绝不负朱静。若有违背，不得好死。”周静生气了：“谁让你发毒誓了？！我只要你好好活着，喜欢了别人，告诉我就是，我绝对不纠缠，利索转身走人。就是千万别骗我。”

现在无聊时想，似乎周静和他在佛寺的誓言已经为她此后的人生定了一个隐约的基调。比如，她现在的学术方向是宗教学，他活着时的手机铃声一直是《大悲咒》；他们都喜欢《青藏高原》那首歌，但是他们在岁月的街头擦肩而过，一世无缘；至于济公，周静现在已经常常按照他的方式打发岁月了，呵呵呵呵呵，她吃素只是喜欢，不是为什么戒条。酒肉穿肠过，佛祖心中留，南无阿弥陀佛！

朱小明走后，周静时不时要去那个他发过誓的佛寺走走，仿佛他就在院子里看着自己。朱小明朱小明你并没有背叛我，为什么就那样走了呢，你不守信用！朱静喃喃自语。

那年冬天很冷，游人颇少，周静一个人在佛殿的檐下轻声唱李娜的那首《青藏高原》，有些忘乎所以。忽然有个传呼嘀嘀嘀接进来了，朋友蘑菇在留言里告诉周静："李娜出家了，你知道吗？"周静唱了一半的歌儿在嗓子口堵了半截，不知道该咽下去还是冲出来。就在她发愣的当口殿里来了一个喇嘛，全身挂满神秘的零部件，叮叮当当作响，且有一些符篆旗帜一样挂满周身，面色红黑油亮，令人悸怖。他恭恭敬敬地叩拜了济公像，然后一眼盯着立在檐下的周静说："你有佛缘，久后必证。"周静目瞪口呆，立在原地，木雕泥塑似的看着他叮呤咣啷走远，油黑的黄僧袍在风中猎猎飞舞。

周静知道她没有权利出家，因为父母尚在，作为独生女的她没有权利只顾自己的悲欢。可是等到他们仙逝的时候，或者她已经老到懒得剃度了呢。人生何处不相逢，我心静处，佛即存焉。她至今既不欲皈依任何派系，也绝不排斥任何宗教，任何东西都有人家存在的道理，她一介尘俗，无道理评是论非。不过还是在读到一本书说的"净土不净空门不空"时心慌了半天，顿时有一种无家可归的感觉。

无枝可依，以己为枝。

既然没有出家的能力，她也就只好将约会进行到底了。呵呵呵，阿弥陀佛！

草原和《红楼梦》的记忆

一

长这么大，实实在在地说，俺是个穷人，money 不多，时间也不多。虽然有个巨宏伟的梦想是游遍世界最美丽的山河——可实际上，最远俺也就去过两次夏河拉卜楞寺的。俺那老实透顶的爹娘还进行过一次山东烟台大连青岛蓬莱北京十一日夫妻双飞游呢，爸爸更是独自游遍了祖国山河，连我那长相毫无创意的老公也去过 N 多地方，照片一大沓一大沓的，而俺呢，现在为止也只能流流口水了，还能咋样呢？

1995 年刚参加工作的时候，听同事们说以前的王主任如何如何好，福利以及待遇如何好得让全城人羡慕，每年发东西发钱之外，至少有一次外出旅游，上海北京天津到处跑，而如今的刘主任，一天不指着你鼻子骂大家就觉得是过年了。虽然工资在涨，福利都被伊腐败去巴结上级了，看我运气好不？后来到报社杂志社工作，白天上班，晚上玩儿命学习，周末紧急会会朋友，许多时候周末还会出差，虽是肥差，然旅游就谈不上了。工作虽然也去比如山丹军马场、敦煌古城、天水麦积山之类的景区，但是这可不是我心理上认为的旅游，吃要主家安排，玩儿也要听主家安排，官方的酒席，一大伙子人，素不相识，各揣目的坐在一起，脸上笑得都快掉渣了，心里干得常快冒烟了，满桌子佳肴，刚要动筷，酒杯来了，怕被讥做饭桶，怕给领导丢脸，怕吃相不雅，要应付酒令，等等，常常饭未饱酒已好或者干脆想辙偷偷到路边吃一碗当地特产的面，回来继续应付酒桌上酸甜苦辣各色人等，以至于好几年一听人请吃饭，条件反射头就开始疼，脸上的肌肉开始暗自酝酿笑的表情然后暗自抽搐。

既是闲话，也就不嫌啰嗦，瞎扯吧。话说这个职业病到这几年才慢慢痊愈。

夏河拉卜楞寺的旅游，自然是我认为的纯粹的旅游了。实在是太纯粹了，纯粹得就像来自深山老林的美女，毫无人间伪饰的味道，看一眼，人就醉，好色的男人们更要醉了。要不为什么我对那里那样的恋恋不舍，魂里梦里都是那里的草原，那里的夜，那里的雨声，那里的转经筒，那里五体投地的虔诚的膜拜者，那里的尼玛堆，那里的经幡，那里新新旧旧的哈达，那里神态安详的喇嘛，那里路边郁郁葱葱的野花，那里盘旋在宫殿纯金顶上的神鹰……太多太多的记忆，太多太多的感触，许多年以后，我已经很少有机会去那里，细想起来，还是能够让我从那安静的草原之夜，那吱吱扭扭日夜不停的转经筒里感觉到温暖的泪水。

夏河拉卜楞寺，最为大家熟悉的是做过《天下无贼》的外景地，刘若英和刘德华这一对贼夫贼妻曾经在大殿前表演过绝妙的一段。这个电影让我异常感动，它是邪妙的，也是纯净的，不着一尘的。

大概我第一次去的时候，《天下无贼》尚未完成拍摄，但是人员已经转战到甘肃天祝的天堂寺去了。而我刚刚签订完研究生就读协议，累得浑身快散架子了。从兰州到临夏，再从临夏坐大巴去夏河。遇见一个很漂亮的小姑娘，十七八岁的样子，戴着样式古老笨重的首饰，一坐上车左右扫视一眼，坐到我旁边就跟我攀谈上了，说她叫扎西，她家人就在拉卜楞寺旁边开店铺，她是来提货的。“那些中学生见了刘德华直喊华仔我爱你”，她说着，大大的眼睛笑成月牙的形状，“现场太火爆了”，她脸上满是自豪，仿佛刘德华是她家兄弟。后来她稍稍羞涩一下说：“我已经订婚了，我男朋友在拉萨做生意，今年就回来娶我。”她晃了晃手上那种很笨拙的蓝色石头戒指，然后说夏河的洗衣机电视机销路特别好，就是没有办法往过发货，我问了这里的售价，暗中还想如何想办法提一车皮的洗衣机电视机在这里赚点儿钱当学费。然后她问我从哪里来，到夏河干什么，孩子几岁了——呵呵，俺信口胡诌：五岁了，女儿。其实，哎哎，俺俺俺，不提也罢。路上我买了雪糕，她毫不客气地接过去就吃，毫无芥蒂。吃完要过我的 MP3 听了一会儿，居然很大方地枕着俺的腿睡了，睡前还很大方地跟我说：“阿姨，将来到兰州我去找你啊，这是我的手机号。”然后俺手里就多了一个写了手机号的字条。

到夏河已经夜幕降临，醒过来的扎西很热心地帮我找了家便宜而且干净的旅馆安顿好，挥手离开时说：“明天我陪你逛寺院。”我慌忙说：“谢谢谢谢，我还要办事，办完了再去寺里。”天啊，说实在的，感动之外，有点累。千里迢迢，到这里就是想离开那些繁琐的人和事，一个人清静清静，怎么又要旁边多个小尾巴。

在简陋的小旅馆随便洗漱一番，水真是刺骨的寒冷啊，虽然七月的天，在兰州还是热火朝天，一进藏区马上就能感觉到清冽的冷气，在夏河更甚。要了一碗羊肉面，和一群红脸膛的藏族人一起坐在烟熏火燎的小馆子里，听着听不懂的藏语和汉藏相间的话，有一个慈祥的老妈妈朝我微笑说：“这娃娃长得真像白度母。”其他人也附和着说：“耶耶耶。”彼时不懂这些话什么意思。总之见到他们让我觉得长久以来对于人类的倦怠被抽象了，模糊了。俺像被淹没了似的安心呼呼噜噜吃完，有点儿头晕，回去就睡了。

第二天起床，出门来突然觉得天空异常的高，异常的蓝，又高又蓝的天空让我觉得更加眩晕，而且阳光和天空都纯净得令人不安。还有那些盘旋在高高蓝蓝的天上的神鹰，它们的翅膀一扇动，我的眼泪莫名其妙就掉下来了。回想起来，那时我流泪的情绪类似于生沛儿的时候在产床上听见他第一声啼哭，看见一个雪白的小小的身体从我眼前被护士接去称体重，然后听见护士说：“谁家的男孩子能这么白啊，天啊，皮肤太白了。”我的心狠狠抽动了两下，哽咽和眼泪不由自主喷出来了。不知道是什么样的情感。

对于草原，对于藏族人，我有着天生的亲近和融入的感觉，好像，原来，我和他们是一体的，不知什么原因，我们被悄悄割裂开来，成了两个世界。今天，我回来了。

我情不自禁地仰头大嚎了一嗓子：“神鹰啊，神鹰啊，你把我的思念带向远方啊远方。”那时候我的眼泪淌得稀里哗啦不能自抑。我就像一个委屈的孩子想扑到母亲的怀抱里号啕大哭，但是我仍然没好意思哭出声来，因为我还是活在人间，而不是天堂。

二

关于草原的记忆，是幸福的，而这种幸福因为来之不易，在我的记忆里绽放的是一朵有点凝重的艳力四射多姿多彩的国画牡丹。我不能一一捕捉它的印迹，只好浮光掠影地匆匆回眸一瞥，只那一瞥，也是足够摄魂夺魄的美了啊。

且略去中间换旅馆的波折以及我因为高原反应突然咳出一大团黑血块的惊心动魄，只说我的行程好了。

我自然是先问着拉卜楞寺的方向步行过去，一路上逍遥自在，说不出的新奇快活，说不出的虔诚空灵。

这些经幡和尼玛堆以及神态通达的喇嘛，早在进入藏区的时候已经慢慢地熟悉了，自然不足为奇。

大殿前头非常大的广场停着不多几辆车，居然非常冷清，只偶然见到几个红衣喇嘛匆匆来去。远远看那些经幡在微凉的风中飘舞，看大大小小的佛殿在晨光中肃穆庄严的金顶，看大殿背景的山上各色各样的哈达沉默地飞舞着，看山顶那歌里的神鹰盘旋着，耳机里响着很悠远的佛曲，突然有瞬间庄生梦蝶的恍惚——仿佛我就是经幡，我就是喇嘛，我就是山鹰，我就是寺院纯金打造的金顶，又仿佛他们就是我。泪水再一次潸然而下，很久以来的漂泊的疲累，人情的重负，生存的困惑，洁净与肮脏的冲突，在这个晨光闪耀的早上突然淡了，淡了，远了，远作轻烟的模样，一丝一缕忽忽悠悠飘散开去了。

欣快上路，不急着要像别的旅游者那样查看壁画，或者在各类殿前照相留念，就是信步地走，心里念着六字真言。遇见转经筒，就学着藏人的样子上去转一圈；遇见有佛像的地方，就虔敬地磕头下拜，心里默念的无非是："请上天保佑我的父母兄弟朋友皆平安顺利，请上天赐给我心灵的平和，不要再有入骨的怀疑和疑惑。"一路上常有男女老少很友善地拽我的衣袖，然后朝我竖起大拇指——也有几个叫我"白度母"，他们是那样地开心而良善，看看他们身上补丁摞补丁的衣裤，看看他们黧黑的风霜历尽的脸庞，看看许多女人由于长期劳作和严寒严重变形的腿脚和弯着的腰，心里无限震撼。他们也许是最穷的，但是他们似乎也是最富有的，在这个失去信仰的时代里，还有什么比全民族虔诚地信仰某种精神更能凝聚人心的呢？我开心着，忧郁着，一路跟着藏人的脚步去朝山。所谓朝山就是自正殿开始，沿着寺院的走势，来朝拜的人群围着山走一圈，当然不是简单的走，有那种全身贴地，一步一拜者；有一手摇着寺院长到看不见尽头的回廊里那些转经筒，手里还转着小的铜质转经筒，嘴里念念有词的；至少也要一路将吱吱咯咯转动不停的回廊和小殿里的转经筒用力地转将过去——这一点他们态度是相当认真的，我亲眼看见有两个老妈妈，腿脚已经十分不便，叩拜是绝对不可能的了，可是一步一挪还要慢慢腾腾一路吃力地拂过去，她们布满皱纹的脸上没有对于苦难的怨憎，有的就是淡然和慈祥，仿佛转经筒是她们最亲爱的儿子，最挚爱的情人，没有牙的嘴巴吃力地嚅动着，大抵也是念叨六字真言吧。看我望着她们，其中一个老太太张开空洞的嘴巴朝我微笑起来，我敢说，那是世界上最美丽的笑容。我的镜头自然很快地定格了这一画面，可惜这些珍贵的图片在从兰州到榆林的货运途中出了纰漏，偏偏倒失踪了，虽有遗憾，想想也许是缘，缘起缘灭，就那么回事，也就作罢。途中遇见几个五六岁的小喇嘛，好奇地盯着我的照相机看，露出天真无邪的笑，红红的小脸有着太阳一样的光芒。

这一次朝山，由于内心本身的虔敬，由于藏人的影响，直到日将正午才接近一半，我有点儿累了，在正殿前的小路上要了一碗面补充了下体力，坐到正殿前的一把条凳上歇了会儿脚，谁知道一会儿的工夫不知从哪里冒出一群汉人的乞丐，一拥而上将我围了起来——在拉卜楞寺跟前，一碗面也就2块钱，在城里来回打的也就2块钱，我掏出钱包，不分老幼每人给了1元，想想夏河的消费也不算少了吧，可是居然有女人祈求我："再给我儿子一块钱，我们连饭都吃不上了，求求你！"眼泪就呼啦啦淌下去了，哭声紧跟着来了，我赶紧又给了她怀里的孩子一块钱，她一把掠过去，疾速地说："再给我一块，再给一块。"我心里突然有些不快，要知道，拉卜楞寺的门票也不过5块钱啊，哪有如此贪得无厌的乞丐呢？我也是个穷人而已，忍着这股不爽又给了一块，分开其他的乞丐，我回到长廊底下翘着腿闭上眼。我不知道自己该怎么解决这种矛盾，明显我应当再给他们一些钱，可是这能够有多大的效力呢？再次睁眼的时候，丐群已散去，只有一个围着头巾的小眼睛矮个子女人，手里拎着一只超长的蛇皮袋，隔着两三米的距离眼巴巴地望着我——我有点儿吃惊："刚才没给你钱？"她有点驽懦地低下头，我赶紧掏出钱包，准备趁着别的乞丐不在多给她几块，她慌忙抬起头说："我不要钱，我就想要点儿吃的，你能不能把你吃的馍馍什么给我些，我老汉有病，在家里等着饱肚子呢。"我默然片刻，还是抽出 5 块钱给她递过去，她惊慌失措地赶紧推开说："太多了太多了，这么多我不敢要。我真不敢要。"她的这一举动使我一下热泪盈眶了——我坚持一定要给，她推却不下，说那我不白要你的，我给你漫个花儿吧。"花儿？"我很惊奇，"你是哪里人？"她说："宕昌的。没办法，家里太穷，娃娃们读不起书，女儿都嫁出去了，一个儿子也生病死了，只剩下我和老汉两个，一路讨吃到这里，这儿花钱还不太费。我们就找了间旧窝棚安身了，离拉卜楞寺近，有些好心的游客给点儿吃的，给点儿旧衣服，我再捡点儿垃圾卖卖，凑合也就能过日子了。"我喟叹半晌，黯然神伤，我苦难，比我苦难的人多了去了，我还有什么不满足的啊。零零碎碎说着话，她一直站在广场上，我突然觉得自己有些居高临下，表情就有些不尴不尬了。我在台阶上，对一个乞丐，我坐着，人家站着，人家和我妈差不多大，我赶紧招呼她坐过来。她慌张地说："不不不，我不坐我不坐，你快坐吧。把你衣服弄脏了可怎么办啊？！"我的心陡然酸得七上八下了，多么善良的女人啊。我不由分说，拉她跟我坐在长凳上，她斜签着身子往椅子那头挪了又挪，忐忑不安的神情让人心疼。她拉长着声调唱起来："千里的路上我走个来回啊，心里头想着个你呀。我想你是真心实意哩，你想我是撒谎撂屁哩。"这大概是河湟花儿，凄苦动人，我的眼泪几乎夺眶而出，我将包里的饼干面包和矿泉水一股脑儿给了她，让她赶紧去捡那些废矿泉水瓶子，就她说的，自己能挣一口，就少问别人要一口。我在心里默念："好女人，好母亲，一路平安，'工作'顺利吧。"

接下来去朝剩下一半的山，我走得酸甜苦辣咸五味俱全。碰见一个外国朋友，拿着相机拍一只在干水渠里乱拱的黑色的小猪，我走过去问："Why do you focus on a pig？ Is it very interesting（为什么拍一只猪，难道很有趣吗）？"她笑了："No，it is very beautiful！（不，这很美。）"我疑惑着正往长廊下走，听见有人叫我："阿姨——！"我循声望去，天啊，是扎西，她带着一个10岁左右的小男孩开心地朝我扑过来，我非常尴尬，她倒很无所谓，拉过小男孩说："丹正，我弟弟。"我笑笑，她说："我们陪你？"我慌忙摇头："不不，我自己可以，谢谢。"心里暗惭，在这样的孩子面前撒谎，我真是太不地道了。扎西还是很愉快地挥手说："那阿姨再见，我们走了。有空到家来，打我电话，晚上就住我家吧。"鲜艳的藏袍风一样卷走了，消失在绿色的山坡下面。

怀念乡村

我的乡村永远是质朴的，辽远和温暖的。

经常在不经意间，许多记忆会裹挟着温情和爱呼啸而至。

那时候农村还是生产队，互助组，没有自留地。大家都是集体劳动，每天由会计记工分，秋上打了粮食再集体分配。我们太小了，所有的任务就是跟在大人后面看热闹，或者自己和小伙伴们疯跑。印象最深的事情就是幼年的我摇着羊角辫，小眼睛黑亮黑亮，在正午的烈日下跟着大孩子钻进青翠浓郁的玉米地抓大个儿蚂蚱。玉米刚刚包浆，小麦已经收割了，半尺高的麦茬儿很讨厌，一不小心我们的小脚丫就会被它扎得伤痕累累，可这丝毫不妨碍我们进入宝地的热情。我们三个一群五个一伙，小心翼翼地钻入玉米行，脚抬得高高，专门找那些野草茂密的地方，屏住呼吸瞪大眼睛四处扫视，忽然一个伙伴儿发现目标，不敢大声说，悄咪咪地指着："看见了看见了，那里，快，那里！"果然，一只足有大人拇指大的蚂蚱可能意识到了危险，慌不择路的样子，在一丛灰灰条上一跳两跳就往旁边的狗尾巴草丛里蹦过去，那里草长得密，它要逃到那里，我们也就没戏了。一群熊孩子马上兴奋起来，胆子大的孩子就往前冲过去了，一边跑一边脱下身上脏兮兮的小背心，到草丛跟前时，蹑手蹑脚地猫下腰，屏住呼吸，小眼睛瞪得溜圆，悄悄地把小背心摊开，瞅准了蚂蚱的落脚地，突然以迅雷不及掩耳之势捂上去，高兴地大喊："哈哈，我抓住了，抓住了！"旁边的孩子都围拢过来，眼巴巴地看着那个战斗胜利的小毛孩儿将军似的挺着小肚子，小小的鼻翼一翕一翕表达着激动，小眼睛瞬间亮了许多倍。小将军骄傲地小心地捏着小背心一角，一点一点打开衣服，却发现里面空空如也。周围的人发出一声唉的长叹，小将军也像泄了气的皮球一样萎靡下来，嘴里喃喃地说："唉，我明明抓住了，怎么可能让它跑了？不可能啊？！"旁边一个拖着鼻涕的小个子耸耸鼻尖，狠狠吸了一下，嘲讽地说："你抓住了，抓住个屁打胡子了，抓住的东西呢，给我看看。"小将军可不服气了："你有本事你来抓啊，抓住了我才服你。"小屁孩们一哄而散，各自为营寻找目标去了。像小将军这样的贼大胆是什么都敢抓的，逮着蚂蚱装到一个瓶子里，或者扯着它的两条腿在手里一颠一颠地玩，蚂蚱也着急脱险，就垂死挣扎死命蹿腾，三蹿两蹿就把一条腿弄折或者扯没了，它成了三条腿的残疾蚂蚱，这孩子就有点儿嫌弃了，一把扔了它再去找新的。掉了腿的蚂蚱再也蹦不高了，拖着那条伤残的腿费劲地往前爬。我是很怕那些力气大的虫子，尤其是蝗虫，村子里人不叫蚂蚱，叫个啥名我如今是死也想不起来了，既不敢抓，也就只能远远地看着他们抓了在河边表演各种行为艺术，可是残疾了的蚂蚱在那里一点一点地往前挪，我心里却很不忍，脑子里会盘算："它们的妈妈爸爸会不会很伤心？要是它是只虫妈妈的话，它的小宝宝怎么办，会不会在窝里等不到它们就哭鼻子去了呢？"我常常心不在焉的样子，让伙伴们都笑我"小呆瓜"。我气得小肚子一鼓一鼓，心里发誓再也不跟这些傻乎乎流着鼻涕的小屁孩儿们一起玩了。可是，下次他们一来招呼，我的腿就不听使唤地跟着他们跑了。

其他的比如在上午或者夕阳西去时挎着篮子捡麦穗时纯真的快乐，在柔和的春风里迎着麦苗清香掐野菊花疯跑，在土坡坡田埂埂里挖苦苦菜、辣辣和酸溜溜不知死活地大吃一气，在母亲拖长声音的呼唤里意犹未尽地扔下小伙伴走进老屋的一豆灯光里……这些久远的镜头牵拉着乡思像火花般一闪，便深深地沉醉了我的心，我的眼神会不由自主地温柔起来，嘴角情不自禁地就弯成了月牙。

一年四季，乡村的田野总是弥漫着清香。春天，阳光下的庄稼肆意地散发着令人心醉的气息，风就像一大匹上好的无形的软缎，柔和而服帖地从人的肩头脸庞和身上滑过，天是一种淡青色的蓝，在和煦的微风里显得无比高远。我们蹦蹦跳跳，从这一片原野疯到那一片原野，反正没有人限制我们，天大地大，我们就是田野的孩子。

最诱人的是春天的麦苗和小萝卜，麦苗像一望无际的绿丝绒毯，被勤劳的人们剪裁缝制成变幻无穷的锦裳，风一拂来，漫天漫地的小脑袋一起快乐而温柔地歌舞着，向人间传送着不尽的喜悦。“惊蛰，末萝卜儿荫着”，小萝卜苗最可爱，两片新叶子像两只招展的小手，芥子油的辣香在风中若隐若现，教人垂涎欲滴。大人蹲在地里把长得太稠的萝卜苗拔掉，叫作间苗。间出来的萝卜缨子拿回家，摘掉小毛根，就便洗干净，凉拌，清炒或者直接炝到锅里做成小米萝卜面条，简直香得掉舌头，我一口气能干掉一大碗。当然，小孩儿们一天一天伸长脖子盼着的是萝卜长大，过几天急吼吼地偷偷拔上一个，看了看太小没法吃，就悄悄地扔掉，要是被大人发现糟蹋东西，那是要挨揍的。不容易等到小萝卜有拇指粗了，我们隔三岔五就霍霍出几个来拿到河里洗干净，咔哧咔哧地两口干掉，老人们看见了无可奈何地摇头：“哎，我把你们些坏怂，这么小的萝卜子都祸害，不能长大些再拔吗？挨上年成，首先饿死的就是你们这些狼吃的。”我们做个鬼脸，转身就跑，第二天就故态复萌，简直就是一群土匪。

不容易萝卜长大了，浇过水以后，土地松软干净，我们趁着看管的不注意，偷偷摸摸飞行军一样空降到地里，唰唰唰地直往起提，等看管员追过来的时候我们早一人抱着一大包萝卜连跑带笑没影子了，只听见后面有人笑骂：“我敢操了你们的老妈妈了吧，啊，这些死着剩哈的。老子们一不小心你就给老子冒条。再来了，贼腿子给你们砸折哩。”我们知道他只是作势，不会真的追上来。我们才不管他是张三李四还是王二麻子，嘻嘻哈哈到河边，一屁股坐下来，把自己的战利品堆在河沿上，先洗了自己手上的土，把小脚丫子悠哉悠哉地泡到清澈见底的小河里——小河里的水都是从村上机井流出来的活水，一点儿杂质都没有，绿色的水草柔媚地在河里摇摆发光，带着泥土的萝卜散发出新鲜滑嫩的香味，我们慢吞吞地洗着，吃着，闹着，不一会儿就把小肚皮撑得成了一个个圆锅底，这时候，放牛的大孩子把那一堆萝卜叶子扔过去，胡乱拔下几棵车前草、打碗花或者马齿苋的嫩叶子赏赐给牛大哥，牛儿甩甩尾巴，感激地“哞——哞——”叫两声，低下头享用自己的美餐。等它也吃得肚子滚圆，熊孩子王拍拍光溜溜的小肚皮说：“回去喽。”一大群刚才还大闹天宫的熊孩子很快就各回各家各找各妈去了。

夏天最露脸的要算油菜花，这一片花田尚未老去，那一片已经呼啦啦就开成一大片金黄的花海，漫山遍野招招摇摇都是黄色，蜜蜂和蝴蝶着急地在一大片黄色里忙碌不休。油菜花是村里每年必须要种的作物，这种植物成熟收割以后，挑几个太阳好的时刻在村子里的场上铺着晾上好几天，然后再用套了碾子的毛驴或者牛一圈一圈打碾，趁风扬去大渣，簸去小的茎叶和石头沙子，然后大家平分了，送到榨油厂加工。那时候家家户户几乎都吃现榨的胡麻油和菜籽油，环保无污染，而且炒了菜贼拉香。

深秋分玉米则又是另一番热闹。村子里的场在村东头，方圆得有一公里大小，压过油菜打糜子，打过谷子碾小麦，场上被那么多人踩踏过，那么多牲口和车子滚过，亮晃晃白光光简直就像镜子一样，大人们把剥了皮的金灿灿的玉米全部拉到场中心，队长和会计一个念名字一个念分得的斤数，另有一伙子人则用磅秤一个个给大家分享胜利果实，山一样的玉米堆很快就变成一小堆一小份摊在不同的地界里，大人们一边开着荤的素的玩笑，一边忙忙碌碌往自己家装袋拉运，小孩子在各个玉米堆之间窜来窜去，大呼小叫，一会儿张家的二狗子和李家的臭蛋打起来了，众人忙不迭地训斥着自家的祸害拉开两个小东西，吃了亏的未免扯着嗓子嚎叫，把天都快震塌下来，大人们却不去管他，自顾自地忙着手里的活计，哭的这一个哭着哭着没什么意思了，偷眼看看自家父母和周围的人，见根本没人理他，抬起袖子麻利地把脸上的眼泪鼻涕一抹，脚底下摩擦摩擦又凑到刚才的那个冤家对头那里，两个人很快就忘了刚才搂头抱脖子小野狼似的狰狞的神气，哈哈哈笑得掉了牙齿的嘴巴活像个狗洞子。

集体劳动就是这样，看那些妇女凑到一起，准定不说点儿什么好的，一边说还一边笑得老乌鸦一样又尖又利，把路边的麻雀都吓得噗噜噜飞远了，生产队长虎着脸忍住笑走过来：“哎，我把你们些老骚鸡儿，钩子痒得慌了到南墙上咣去，不快些子干活扯什么蛋着哩。”一个比较泼辣的女人给周围的同伴丢了个眼色，嗷的一声扑出去，秃了头的队长见阵势不对拔腿就跑，可是已经来不及全身而退，只见一伙子婆娘按手压脚，扯着裤带就把队长的裤子给扒了，一个女人还哈哈大笑着用一个铁锨把挑着老头的裤子问：“说，牛逼不牛逼了啊？叫你个老没脸的丢一哈人。”女人们围着可怜巴巴护着裆部蹲在地上的队长，你在屁股上拍一巴掌，我在肩膀上拧一把，把男人整得龇牙咧嘴直求饶：“啊哟，奶奶们，敢饶了我吧，老子再也不敢惹你们这些金头马氏母老虎了总行了吧？”女人们集体哈哈大笑起来，年轻的小媳妇远远躲着，红着脸不敢看。冷不防队长一个蹦高跳起来抢了裤子也不管自己是只穿着裤衩子了，跑得比狼还快。女人们又是一阵乌鸦炸巢一样的笑，低着头各干各的活去了，嘴里可一分钟不闲着，张家的猫儿把李家的狗扯死了，长长短短嘀咕着，谁都可能成为那个被嘀咕的人，但是谁也不记仇，说完回去就着咸菜就把地上干活的辛苦抹掉了，也把别人的调侃和打击扔掉了，吃饱了搓搓肚子，倒头就睡。

搁到今天，队长那就是村主任，哪个农村女人胆敢脱了他的裤子踢他屁股，那准是活腻歪了。今天的某些人也说长道短，说的人恨不得看别人多倒霉才称了心，被说的人不管自己对错都恨得咬牙切齿。而且这说与被说都是暗中进行的，面上见了，那些恨不得别人立刻栽倒跌一个大跟头的死对头都做出很亲热的样子，手拉着手互相赞美，就像一家人似的相亲相爱。

相较而言，我的乡村就真实和率性多了，我亲爱的乡村，它是鲜活的，生动的，美丽的，清新的，健康而粗野的乡村。我永难忘记的乡村，我的可以自由呼吸和撒欢儿的乡村。我怀念它，是因为自从离开它的怀抱，我已经一天一天枯萎了。

奶奶过世之后，我千里迢迢赶去奔丧。看着叔叔婶婶们穿戴讲究，住着三层小洋楼，屋里的装修富丽堂皇，可是仍然为一些鸡毛蒜皮的小事互相算计白眼相向，我的心就像被堵塞了的泉眼，没法呼吸没法思考。我眼睁睁地看着奶奶的灵柩被吊入墓室，看着黄土一层一层埋了那个经常问我“建华你来了吗，建华我给你泡豆奶粉喝不喝？建华你吃苹果不吃？”的满脸褶皱却面容慈祥的奶奶，第一次感到生与死的界限是如此清晰，并且觉得人活着好没意思，争来抢去，临了到头能抢到什么，不过都是一抔黄土了事，也不知道大家跟斗鸡眼似的打个头破血流图点啥。

奶奶的坟骨堆刚竖起来，一个红脸道士把招魂幡子插上坟头，刚才晴空万里的天突然乌云压顶大雨倾盆，我听见自己耳朵边“铮”的一响，内心里有个声音钱塘潮似的一浪压着一浪滚滚奔涌过来：“我再也没有根了，我的根断了。”

眼泪悄悄地顺着脸颊滑落下来。我知道，我原始意义上的乡村，已经消失在我的视野里，永不回返。

村上人说，雨洒陵，必定穷，雨洒墓，子孙福，张奶奶这埋得贵气。奶奶走了，除了几个至亲面有戚色，人们嘻嘻哈哈地跳上来时的中巴，各说着各自的家长里短，车里一派祥和气氛。反正也没有几个人认识我，我坐在车厢最后头，扫视着熙熙攘攘的人群，淡淡笑了一下。如果心穷了，就永远也富不起来了。哪怕你拥有家财万贯，也是个一贫如洗的乞丐。

任意乡愁

我们家乡凉州有句妇孺皆知的俗语："人生在世，吃穿二字。"可别小看了这句话，它通过人生而为人的两大需求，表达了老子无为而治的思想精髓，把朴素的辩证法很好地展示给了听众，把凉州文化的慵懒、厚朴、精明全书写进去了，怎么也比我这一箩筐的废话要强几千倍。

这话不含蓄，初听来仿佛不妥。尤其是咱们中国，传统文化一个"道"字便贯穿五千年历史，近代先辈们更是大谈各种主义，当然都是高尚的主义，怎么能庸俗地讲吃比穿？

细想下去，也还是有几分道理的。

你比如说，普通百姓就不管你什么主义，让我老百姓吃饱肚子穿暖衣裳的就是好主义。谁肯饿着肚子高喊某主义万岁呢？就是想喊，也没力气呀。

古人说："仓廪实而知礼节"，所以我看这个时代把经济建设当作一个中心工作实在是大智之举。问题是这是一个曲折而漫长的过程，我们的经济水平不可能一蹴而就越过发达国家，于是抓经济建设的过程中文化有些委屈，扁扁嘴也发出自己的声音——转轨和嬗变过程中人情、世俗、道德、国民品质都开始肿胀发炎变形。伟大的马克思主义战士邓小平就是善于敏锐观察，他早就意识到了这一点。于是在"猫论"之外又给出一个"两手抓"，以免广大的中国同志们失去了前进的方向。现在习近平更是致力于全面复兴中国古代文化，就是要在经济复苏之后让人们人性回归，继而促进社会和谐稳定发展。

再回到吃上吧，吃穿二字，少了吃可就不圆满喽。

南方人性情柔和，好吃甜；北方人刚烈勇武，口味重；东北人性格无所畏惧，吃起东西来也是豪爽；西北人直爽干脆，酸酸辣辣的牛肉面和油泼面就是他们的最爱。

大西北的城市里头，玉门是给我印象最深刻的。因为二十年前我出差到那儿时，上市场搜罗小吃，在一个叫“楼外楼”的餐厅居然见到家乡的面皮子，激动之余跨进店堂，刚想大快朵颐，“啪”的一声，背后被人拍了一下，回头见一男子在身后理直气壮地说：“我们大哥请你过去一起吃饭。”我莫名其妙说：“你找错人了？我不认识你们啊。”他火气十足地说：“娘们，不识抬举，我们大哥请你是给你面子，敢不答应。”我一听口风不对，斜眼一觑，见大厅角落里一群喝得乱七八糟的男人正在丑态十足地吆喝，心里“砰砰”直响，坏了，这楼外楼成了“笑傲江湖”，我得演虎口脱险了。不过，气愤之余觉得新鲜，这大中午的闹市区人来人往，光天化日之下市井之地居然可以有此场景，我就不去，看他如何？！眼看一场武打大戏就要开场时，老板娘跑来调和说：“你快走吧，这些人我们也不敢惹，别闹僵了。”说着一个劲儿给我丢眼色。我虚张声势了一下：“我打个电话请你们苏市长跟你们喝算了。”我掏出记者证给老板娘亮了一下，老板娘又去劝那边的老爷们一番，那边也给了老板娘一份薄面。面皮子也不敢吃了，我拔腿就逃，如有犬逐。心说：“山外青山楼外楼，果然是春风不度玉门关啊。”前不久看新闻知道玉门那里已经成了空城，想起当年自己为了吃差点儿羊入虎口，不免悲凉。

甘州，那凉爽滑嫩的漏鱼儿，满口生香的炒搓鱼，独具特色的臊子面，以及凉拌饸饹面、牛肉干拌，哎呀，一想起来就让人口水横流，可是再也没时间跑去品尝。

毕业后也在甘州寓居过几个月，在新修的青年路有一个“车站麻辣烫”，是四川成都人开的，那真是火了去了。你无论何时过去，偌大的店里都是人满为患，站着等的，排队的，挤挤挨挨，直持续到午夜才会闭门谢客，一段时间我的一日三餐都是麻辣烫，就差把铺盖卷拿去睡在店里了。

遍行河西，再没吃过那么余香满口的麻辣粉了。

就说甘州人吧，热情好客，因此一碗炒搓鱼炒得红绿相间，菜随你挑，面是厚道到家了，虽然奇香，我常常吃得满嘴流油余味无穷，但是每次都吃不完，只好歉然一笑，匆匆付费离开，占了人家的便宜似的。

我们家乡，可又是一道炒拨鱼、一碗面皮子、二斤驴肉，再美味不过了。

尤其那面皮子，醋是酸甜适中色泽莹绿，闻之即勾人食欲，再将那黄澄澄闪亮亮的面皮一切，抓一把特制胡萝卜丝，讲究的人家再放两三条煮茄子，油汪汪的辣子往里一浇，香得人腮帮子都快掉了。仅我所知道的，许多旅居异地的凉州人回乡第一件事就是美美吃他几天面皮子，顿顿吃都不厌倦。走的时候还要带上一块留着回去享用。我是每次回乡，即以此为生，每日里上午吃过，下午馋虫又来了。下午吃了，晚上睡了一想那滋味儿，口水唰地就冒出来了，第二天一早迫不及待地又去早市买。

在金城兰州，要坐饮食界头把交椅肯定非牛肉面莫属了，一清二白三红四绿，令人一望就芳心大乱，垂涎三尺。忙不迭地买了坐下，吃得浑身毛孔大开，出门三里，蒜苗子的味道还在身上盘旋。这算是比较淑女的吃法了。牛肉面最上乘的境界就是在街边一个小门店内，不拘干净还是脏乱，只要味道够正，辣子蒜苗够火爆，端一碗来或站或蹲，稀里哗啦风卷残云，人吃的就是那股酣畅淋漓的自在。这一点有点儿和榆林的羊杂碎相似，榆林人离不了羊杂碎，就像兰州人离不了牛肉面一样。

有一段时间兰州出现了一些连锁的牛肉面馆，走的是高端路线，精致富丽的装修，干净雅洁的桌椅，轻柔舒适的音乐，感觉像是在牛肉面馆吃出西餐的味道，让人无法抡圆膀子吃得像梁山好汉。再看看那些切得无比精细的蒜苗和拉得无比精致毫无瑕疵的面条，突然觉得这一碗牛肉面像是蜡像馆里的风味。

无论吃什么，怎么吃，都要本色、地道，人才会真正地拍案惊奇呢。因为气氛不对，所以味道也变了。

今年我到兰州读书，有些舍不得儿子，歪着头问他："宝宝，妈妈走了你要是想我了就跟妈妈视频好不好？"儿子搔搔头皮："妈妈，不要紧的，要是想你了我就让爸爸带我去吃肯德基，要是一顿不行，就吃两顿，肯定就不想了。"我笑喷了，同时觉得他说得还真是蛮有道理。

以前，交通不便，我回凉州老家要在银川换车，并不途经兰州，我以为这辈子都没有机会再去兰州吃正宗的牛肉面了，因此想起兰州的街道、秋天的雨里飘落一地的槐花落蕊、定西路口的陈家炸酱面就觉得心里很惆怅，兰州曾是我的第二故乡呢，我在那里度过了我最美丽的青春年华，却再也不能走到它的人行道上漫无目的地看一看，这是多么悲伤的事情啊。现在交通发达了，榆林到兰州的航班每日通航，从兰州到武威也有了特快列车，很快动车也将通行，那以后我回老家就方便得很了，回老家的同时，蹭碗牛肉面吃也根本不存在问题了。

到兰州读书这段时间，每天都吃一个酸辣酣畅的牛大碗，配上鸡蛋小菜，拍个照片给兰州读过书的同事朋友炫一下，她们羡慕得两眼发光，这是终于解了相思，也真实地踏上兰州的街市了，却开始时不时想念我以前从不注意也吃不惯的榆林羊杂碎，也想念横山腊肠、油泼面、擀面皮、岐山臊子面、迎春炒面、秦镇米皮，虽然好多是外来户，也不妨碍我对它们的热爱和向往。

而且，我渐渐发现我对于面皮子的热爱程度在降低，这隐约表明我这个飘零在外的游子似乎已经把他乡当故乡了，这到底算不算一种背叛呢？夹在兰州、榆林和凉州中间，我的乡愁都无处置放了。

饮食就是人的一种特殊情感和地域文化的载体。我们表面上是爱着那里的饮食，其实是爱着那片土地和在那里休养生息的人，以及我们曾经在那里留下的一点印痕，以及我们永难回还的青春。

天上的云海

大叶的侄女在美国读书，朋友圈发了几张照片，当真是年轻貌美，肤白腿长，青春靓丽，把所有用来形容美女的词用在她身上都毫不夸张，一个女孩儿一生中最美的年华，就像一朵刚刚开放的栀子花在春风里浅浅地笑，任何不雅的词都会亵渎她这个年纪独有的芳香。我看了，实在是感慨万千，看人家这书读的，蓝天大海，加勒比的海风把少女的秀发吹得宛如丝绸飘扬。再看看自己，就像一只缩在宿舍里的虫子，天一亮，自觉起床洗漱吃早点，接着打开电脑和摘要本，开始一天的生活，中午出去吃一碗面，下午喝点儿酸奶吃个苹果，夜里十一点收拾上床睡觉，顶多白天出去拿个快递，睡前翻翻微信、QQ、腾讯新闻，看有没有错过重要的通知，看看世界每天都在发生什么大事，高兴的时候，自己觉得心里暖暖，阴暗的时候，心里堵一阵子骂两句，进入梦乡。每天如此，毫无例外，不知道哪天就在阴寒幽深的宿舍里发霉了呢。

说来也是古怪，我考博完全是心血来潮，没有计划也没有复习，考前还病了一场，鬼知道剖宫产都快十年了咋还能粘连造成肠梗阻。大过年的人家在外面欢天喜地普天同庆，我和老公两个可怜兮兮地窝在几乎没有几个人的病房里输液，老公还要抽空去家里给我熬中药，可怜的儿子被他小姑姑带过去，生平第一次寄人篱下那么多天，心疼得我一想起来就揪心地难受。十几天禁食禁水，饿得我锁骨都突出来了，完全靠营养液的结果就是后一个月我力气全无，只要拿起课本肚子就开始绞痛，气得我直捶床。这算怎么回事呢，我已经在 2017 年兰州大学博士考试报名系统登录报名了，打算看看题去，谁知道天不遂人愿，半道出来个拦路虎。老公安慰说："大不了不考了，那么多人不上博士不也好好的，何必给自己找不自在。身体才是最重要的，其他都是烟云。”我沮丧地不言不语。

大夫说肠梗阻这病，一旦发作就会经常复发，果然没错，我刚刚觉得自己恢复得差不多准备去兰州考试的时候，嘴馋无事吃了一小把瓜子，晚上肚子又开始翻江倒海，第二天一早，我毫无悬念地又躺到了病床上，这次医生只给拍了一个片子，就毫不犹豫地给我开药输液，又是禁食禁水，老办法治疗，躺在病床上的我着急上火静不下来，老公知道我把课调了假请了，火车票也买好了，跟医生探讨半天回来劝我还是放弃算了，说反正你原计划明年考不是吗，身体这样去兰州万一发病可咋办呢？

英俊儒雅的医生也反对我出门，说才输了三天的液体，只怕还是不行吧，肠梗阻其实很凶险的，弄不好会要命。我上度娘看了看，他还真不是吓唬我。可我还是咬咬牙，12 点输完液，趁着老公接儿子的空当我飞速地跑到医院附近一家不怎么样的面馆偷偷吃了一个小碗毛细的牛肉面，饿得发慌的身上勉强有了点儿力气。刚喝了两口汤老公电话来了，问我在哪儿，我支支吾吾说在卫生间……医生明确说了不能吃东西，一定要去兰州就少喝点儿稀饭，我怕大叶同学揍我。

那时候榆林到兰州还没有通航，交通非常不便，坐大巴要十个小时，我根本就熬不住。所以我提前半个月就买了可以睡到兰州的卧铺。看实在拗不过我，大叶只好带着儿子吃了饭，把我送到火车站，千叮咛万嘱咐一定要注意，有事要打电话。去兰州没有直达的火车，还要在绥德倒车，我忐忑地在去兰州的卧铺上躺下来的时候，是晚上十一点半，车厢里已经熄灯。接着我真正的烦恼才来了，对面床上一个胖老头正打着惊天动地的呼噜，身体把一张小床铺得满满当当，一只肥胖的胳膊溢出床来耷拉着，那呼噜还不是一直气壮山河，是打着打着突然像被谁掐住了喉咙，嗓子眼儿里咔啦咔啦堵截半天，快断气了又冲破阻碍飞上蓝天……我提心吊胆地听着他嗓子卡住，然后又飞跃天空，心放下了；然后下一个轮回，我的心又提起来，就像那个等着楼上靴子落地的老爷爷。我眼睛困得要死，脑子里嗡嗡直响，烦躁得拿起一张纸巾撕了塞进耳朵，毫无用处，翻个身，呼噜声更响了。对面中铺的男人大概也被吵醒了，忍无可忍地伸手下来摇了下老头说："你能不能侧着睡，吵得别人咋睡啊。"老头醒来吧嗒一下厚厚的大嘴唇，含糊地嗯了一声，侧个身一躺，不出两分钟，又开始了他的表演。我，我，我，能骂人吗？我躺在铺位上，大睁着两眼，清晰地见证了窗外的夜色从漆黑到微白到晨曦微露。下了车，我长长地打了个呵欠，揉着肿成灯泡的眯缝眼站在广场上，感慨万千地扫视了一下阔别多年的金城。心里想，也许上苍就不想让我读博士，一切都是最好的安排。不管怎么，来了咱就好好应考，不要辜负自己。

谁知道到了考场，可能因为不抱希望，我答得很轻松，且来回奔波在考场和宾馆之间，肠梗阻竟然神奇地逐步康复，我答题状态很好，阴差阳错，我居然顺利通过初试复试，幸运至极地被我的母校录取了。更神奇的是，4 月 14 号刚出了拟录取名单，4 月 21 号我无聊查了下携程，榆林到兰州居然有了航班，而且时间都是正中午，根本不用担心安全问题。大叶额手称庆说："看来是老天暗中护佑你啊。"

我不得不感恩上苍，但是我撇撇嘴巴说："出乎意料的事情可不一定就是好事，说不上老天爷是给我一颗糖还要等着打我一巴掌呢。发三篇 C 刊那可是个要人命的事情啊，文科 C 刊形势实在太太太紧张了。"大叶先是为我高兴，接着开始发愁，他一个人要带这个 9 岁的调皮鬼过两年，这才是要命的问题。晚上他可怜巴巴地说："能不能商量下，你不要读这个博士了。"我斩钉截铁说："不可能，想都不要想。就算是死，我也要死得好看点儿。"考上博士是目前我们这个学校很多人求之不得的事情，哪里就舍得大方放弃。

看看他黯然失色的脸，我笑眯眯地在他脸上啄了一下："亲爱的老公，要辛苦你了哦。"

他沉默半晌说："哎，不让你去，你也许会遗憾一辈子的。你去吧，放心，家里有我。出去了照顾好自己，不要傻乎乎地让人家卖了还替人数钱。"

九月份，老公开车把我和我的行李送到学校，两人依依惜别，居然有了恋爱时的感觉。自此一别，我就成了标准的空中飞人。每个月差不多就得飞回家一趟，去陪陪儿子，哄哄老公，打扫下卫生，让两个没娘娃一样的留守儿童享受一下我烹饪的红烧鱼、糖醋排骨、爆炒大虾，走之前把家里的床单被套换洗一遍，算计好把冰箱里的菜刚好吃完——大叶同学什么都好，就是不会做饭，其实也不懒，他自告奋勇地给我们做过几次菜，我都佩服得五体投地了，天知道他咋能把鸡蛋炒成小米大小的碎粒儿，把芹菜切成指头蛋大小的段，而且用来炝锅的蒜和葱花都被炸得黑乎乎干扎扎看上去难以名状，我和儿子一看就吐了，还没等我们说，他觍着脸说："怎么样，我这个大厨还不错吧？"我和儿子听完就口吐白沫晕过去了。我去，能把饭菜做成这样也是要技术的好吧，他还要巴巴地看着我们表扬他，他不是人才谁是人才啊？所以，我坚决地不让他再动油锅，要是实在不想到外面吃就在家熬顿排骨汤吃点儿馒头算了，毕竟浪费粮食是极大的犯罪。我们夫妻俩分工明确，炒菜打扫卫生是我的事，洗衣服收衣服是他的工作。所以在我家，吃完了根本不用我说啥，大叶同学就很自觉地收拾碗筷擦桌子洗锅去了。你还别说，他洗锅可真比我有耐心，碗筷都被他归整得有条不紊，灶台总被他擦得闪闪发亮，然后细心地收拾了餐桌，干得像模像样。他当过兵，所以总有方块情结。我看不上他做饭，他也看不上我叠衣服，早些年，凡是我叠过的衣服必定是马马虎虎东倒西歪，看得他强迫症犯了，一件一件抖开重来，他整理的衣服，分门别类，整整齐齐像是部队在列队等待检阅似的，我吐吐舌头，以后就自觉地放弃了收衣服这种劳动。

每次按部就班把这些活计都收拾完了，冲进浴室洗个小澡，把沾着油烟的衣服换了，也就意味着我又要飞上万米高空奔向我阴暗的知识的囚笼了。父子俩开车送我去机场，沛沛做出满不在乎的样子跟他爸爸斗嘴，时不时靠到我怀里撒撒娇，然后潇洒地挥手跟我告别——这个小东西，我知道他想我，一回家就跟屁虫一样黏着我不放，却表现得无比坚强，这么小，就有了掩饰自己的本事了，我心里就有些惆怅，有些愧疚。

等待的时候在候机大厅翻翻图书角的书，每次读一点儿，断断续续居然把红柯老师《西去的骑手》看完了。然后登机坐好，扣好安全带，闭上眼睛，睡一觉就到中川机场了，还没有从兰州西固坐公交车到西关十字的时间长，感觉自己就像打了个的走了一段稍微长点儿的路而已。

有时候没有睡意，就透过舷窗向外看。大家看到过各种各样的大海，一定没有注意过天上的云海。

飞机到正常高度以后，透过舷窗望下去，雪白的云朵就像几个硕大无比的棉花糖在机身远近慢悠悠地浮动着，蔚蓝的晴空就像浩瀚无比、清可见底且水平如镜的海洋，下面的山川河流就像海底静默的水草，变化无穷的色彩却又像是造化的手在碧蓝的海底画了一幅又一幅巧夺天工的写意画，飞过产煤的地区，隐约可见的山就像墨染山水，山的皱褶明灭可见，比山水画更立体更逼真。往远处看过去，这天上的云海是看不到边的，远处的云海蒸腾成高山大川气蒸雾罩的模样，随着飞机缓缓移动，山川也在变幻，却又像大气磅礴的水彩画，晕染着色都恰到好处无懈可击。看的时间久了，心里就有了沧海桑田的感觉，本是天下少见美景，却让人悲从中来。

回首半生，功业未建而鬓发已灰，在天上飞，在人间奔波，在校园里蛰居，就像只默默无闻的虫子，抛家舍业，皓首穷经，我们到底要追求什么？

到底是大叶的侄女那样在海风里振臂欢呼是生活，还是像我们这样沐风栉雨是生活？想了许久，觉得人就像百花，牡丹大都开在皇家园囿里，狗尾巴草则长在田园河沟里，富贵竹喜阴，虎皮兰喜阳，并没有高低贵贱，各司其职各安其分，和谐共生，这就是世界的本来面貌吧。

那么就努力前行吧，自己选择的路，跪着也得走完。那天上的云海，就在我来来去去的过程中，成了一道隽永含蓄的风景，深深地镌刻在我曾经的梦想和来时的路上。

家 园

父亲一次为了反驳我独身和爱幻想的陋习在桌子上很郑重地用手蘸茶水写了一个大大的“家”字，说：“家是什么，是一间房子（宀）下面有很多人和动物，不是一个人，知道吗？你们年轻人，懂什么？”一贯的令我又感动又很不舒服的封建家长的口气，生了无数次闷气仍脱不了爱怜的意味。

对于我来说，念小学时就为自己幻想过一个家，并且痴迷至今——前有清溪一带，后倚青山而立，一幢小木屋结在树林里，有树木的新芽和青藤以及调皮的马兰花装饰在小窗和墙壁上，以至于小鸟可以快乐地在房间里歌唱，蝴蝶可以自由地飞舞。这一个情结伴随我从小到大，到现在才日益明白自己在逃避什么。

事实上这只能算一个幻想。

后来退步到希望自己有一套很小的房子，我可以自己在墙上画上怒放的墨色荷花，可以挂一排晶莹的珠帘，透过珠帘可以看见荷花们摇摆、私语以及安眠。用很大的星星和金色的月亮吊在屋里作装饰，让我在安静的状态下随时可以与月亮、星星作秘密的交流。

后来拼死命活地挣钱，终于在一片闹市区拥有了一套小小的房子——房子临街，每晚可以听得见汽车、拖拉机、人声在窗外不停息地呼啸、碾压。刚开始很不习惯，吵得几乎睡不着觉。可是渐渐地感到神奇和美妙起来，夜里放下手头的工作，听着窗外愈来愈安静的车声，从喧嚣一步一步走向平淡，可以分辨得很清楚哪辆车是上行，因为爬坡时马达轰鸣得较厉害；也可以分辨出哪辆车是下行，渐渐朝什么方向去了，刹车蹄片的尖啸温和而隐秘，像一个人在深夜里踽踽地行走并且暗暗长叹了一口气，非常迷惘的感觉。又像人生，纷纷扰扰地登场，你方唱罢我又至，又像是生活的节奏，快慢缓急激流平川，一览无余。后来又至于可以感觉到是什么样的车型，小汽车、解放、拖拉机、三轮车、摩托车，甚至可以根据车开过时的谨慎或者跋扈或各种情态猜揣车里坐的那些人，他们的形容、生活状态以及此刻的心境。马路虽然很长，但是恐怕有几个还不小的坑，因为总有运货的康明斯或者老掉牙的公交车不慎颠入坑内，声嘶力竭地“哐——”一声，像一个垂死的人挣扎着倒那一口气，仿佛一口气，就隔着花花世界和黄泉末路。毕竟天那么黑，活着已经不易，谁还能时时刻刻都睁大眼睛看清楚陷坑啊。每当这一声响过来，总有一些预感，心就先悬起来，等那“哐”一声惊天动地碾过暗夜无边的寂静后，心跳略微加速着落回心坎，就像一个囚犯听到了判决，而且不会再更改，踏踏实实等着服刑，没有什么悲哀，没有什么期待。在这种时刻，许多往事，夹杂着甜蜜、心醉、快乐、幸福、嘲讽、沉重……一股脑儿涌出来，或者是一个微笑，或者是佛殿拐角的一句誓言，会定格在那里，再三回味，思前想后，怀揣着一种自由思念的满足或其他什么情绪渐渐沉入梦乡。

天快亮的时候，有一路公交车上的售票员总爱喊叫，很特殊的一声“西站，五毛——！”像一句谶语，或一个偈，每天开启人们睡眠的后门，于是各种生活气息很浓的声音——吐痰的，刷牙的，打呵欠，伸懒腰的，一一从这幢大楼的不同角落散发开来。马路上的车声又由夜里的沉寂一点一滴流淌出浓密黏稠的高潮。很稀罕的是偶尔会听见一两声驴铃或者一群羊此起彼伏的“咩咩”声，让人心里泛起一股奇特的酸酸的味道，记忆里小时候常见而如今已在城市销声匿迹的驴车、羊皮大氅以及肤色黯红睡眼惺忪神情各异的赶车大军马上在脑海里鲜活起来，急忙跑到窗边向外看，果然有一长串架子车首尾相连被几头小毛驴拉着，有些吃力地往坡上爬。这一个队伍仿佛从三十年前穿越过来，把我的童年和青春很轻易地连接起来，仿佛那是关于故乡、关于纯朴的一个缩影，让人突然觉得温暖和眷恋。

这样过了许久。

今年四月底，“非典”汹汹来袭，我不得不放弃独立生活的自豪和勇气，终于答应父母回家住一段时日。

大弟正好在北京读大学，他偷摸地踏上回乡的路，在武威火车站就被隔离了七天，到了楼底下那些平素要好的哥们弟兄大妈大爷们老远看见他就躲得一干二净，饶是这样，弟弟单位领导还是下令让弟弟那一个单元的人全部带薪隔离一个月。我一回家就被父亲接到了母亲工作的6#泵房，他们打扫了一间搁置杂物的屋子，支了一张床，一张古旧的抽屉桌，我的归乡寓居就开始了。

小院里刷得红白相间，有一块辟出来的地，母亲因为工作闲暇种了花、草、果树、草莓、葡萄以及各色蔬菜，真的是麻雀虽小，五脏俱全。我们那时候都还单着，没有孙子可带的母亲攒足了劲儿养育那些花果蔬菜，不辞劳苦地去附近农村运来鸡粪在南墙里发酵过，细心地一处处给肥浇灌，那些花儿果儿也没有愧对母亲的辛劳。那真是母亲的骄傲——二月杏花三月桃花，四月梨花白，五月苹果花开得繁盛，招蜂引蝶热闹不休。到五六月开始，那月季首先冲破了桃花苹果花的封锁，硕大硕大的各色花朵自矜地吐芳露蕊，一看就是吸足了养分的底气十足的样子；后来萱草、唐菖蒲和石竹也开始争芳斗艳，指甲花和一株很繁盛的蔷薇以及一棵高大的黄菊很亲密地挤在一块小格子地里，一天蹿一个阶儿地长，很快就各自开始生儿育女；苹果结满枝头，桃子也是睡一夜就大一个圈，枣树和葡萄也偷偷摸摸结出一些不甚分明的青果，不断地有各色人等路过大门闻到花香停下来敲门参观，母亲就带着几分得意地跟人介绍花草的品种、侍弄的经验。遇上公司派人取水样的时候，那些女士更是对这个小院子的美丽青睐有加，摘两颗草莓，捋一个青苹果蛋儿，就把她们美得眉开眼笑；蜜蜂、蝴蝶、布谷鸟、黄鹂、燕子在院子里来往穿梭，尤其热闹的是清晨，母亲用橡胶管给院子里的水泥地坪洗过脸，你看吧，那飘香的枣花，一声一声的布谷鸟啼叫，韭菜散发出特殊的香味，西红柿叶子又是一种麻酥酥的怪味，小油菜娇嫩嫩的脸庞……在阳光下，让人目不暇接，恍若隔世。很想夜里看看这些花是如何张开，苹果是如何一点点长大的，可是没等守到它们成长，我就先睡着了。

晚饭后我喜欢在小院卫生间烧好热水洗一个透澡，将那张躺椅搁在桃树下微睡，母亲说桃树辟邪，可是有人说桃树招鬼，我可不管它做巫婆还是当鬼，我只是喜爱满院子那些芬芳天然的馨香，浑然忘却了还有什么神鬼存在，那一种安静是我多年来仿佛一直追寻着的。

一天早晨，阳光非常好，我读书困倦小憩，梦醒的时候听见窗外异常热闹，抬头看去一下惊呆了，我的窗前屋檐上，密密麻麻落着至少四五十只燕子，没错，就是那种传说中很清高的鸟儿，我瞪着眼不敢大声喊，赶紧给隔壁的妈妈打了电话，妈妈开门出来看，“呼噜噜”一阵，一群燕子飞得无影无踪。妈妈笑了说：“好兆头，燕子不随便落户人家，这么多燕子落在你窗前，百鸟朝凤，姑娘你今年考研肯定没问题。加油啊！”我笑笑，心说妈妈也太迷信了，不过是小院里的风光实在太美了，引来了凤凰而已。

去的时候，路旁的小麦刚刚六七寸长，7 月底却已看到农夫们忙忙碌碌收割庄稼了。在我，仿佛只过了几天，当真是岁月如刀啊。

但是，我必须上课，而母亲不放心我一人在外，从单位请了一个月长假陪着我，于是，那喧喧闹闹的车声又夜夜闯入梦里来了。

母亲很惊奇我的房子里到处都是星星月亮，絮絮叨叨说：“你是从哪里买的这些东西，床单是星星月亮，被套还是星星月亮，椅子上、睡衣上，连放在门口的脚垫也是星星月亮的图案；还有，你戴的项链也是星星月亮，你别是从天上掉下来的星星吧？”我阒然有些惊愕，这些东西都是我不同时期从不同地方买来的，居然凑出一整套。不过，我很快做了一个夸张的表情说：“妈妈，快看，我要变形了——！”母亲被我搞怪的样子逗笑了，摇摇头说：“调皮鬼。”

我不喜欢房间凌乱，于是和母亲每日里将房间打扫得整整齐齐。房间要是乱七八糟会要了我的命，我会烦躁不安什么也干不下去。可是，在家里，我大弟是一个彻头彻尾的懒猪，他那个房间你简直不忍直视，书、衣服、电脑零碎、报纸、床单东扭西歪四散溃逃的样子让人窒息，感觉你在一堆垃圾的孤岛之中贫无立锥之地，唯一的反应就是“逃”。

因之殃及客厅以及我和小弟的房间，在几年前因为他不打扫还不保持房间卫生我伤透了脑筋。经过无数努力后我崩溃了信心，不再去看去管。曾经指望他到北京上学过一下集体生活会好一点，谁知道他的懒散变本加厉，一句“大丈夫一屋不扫何以扫天下”都成了我的口头禅，他却依然故我。天知道他的舍友上辈子造了啥孽才能遇见他这么一个猪一样的队友啊。

那种对于家的要爆炸的感觉是标准地从大弟开始，又从我短暂的婚姻结束的。那个曾经是我前夫的人比大弟稍好一丁点，我仍是喘不过气。我也许有毛病了，我条件反射地想有一间哪怕简陋至极但是清洁温暖的避难所。

现在的房间，某种意义上实现了我美好的愿望。

母亲告诉我说，三岁看小七岁看老，我是从小就爱干净，大人忙了顾不上我，我从不把屎尿沾到自己身上，一洗脸一洗手就咯咯直乐。

贫穷、疾病、爱情、恩怨都在那一个岁月的长廊里一个接一个飘然闪过了，是什么样的屋顶在容纳什么样的心情和经历呢？

如今屋子大了，许多人失去了心，开始手足无措。

哪里才是栖息心灵的家园啊。

芳华小姐与她的蚊子们

（一）

到这座庞大的城市以后，芳华小姐经常会感到城市就像一只张着大嘴的怪兽，不动声色地隐藏在浅灰色的天空和死板的钢筋水泥背后窥视着街上来往如蚁的人群，不时打出一个充满血腥味的懒洋洋的呵欠。“它看着人们匆匆忙忙紧张焦虑地奔波，它冷笑，去它妈的！”芳华小姐就经常在这种臆想里诅咒这个怪兽，因为外表妆扮得容光焕发，她脏得发臭的诅咒经常在心里翻滚成一锅粥，却不好意思出了口。她有时候怀疑自己在骂国骂时会不会脸上更显得优雅。

今年多雨，天老像个寡妇一样扯着脸，不时还尿尿一样滴着眼泪。刚开始芳华小姐还有点替农民伯伯和麦子高兴——今年麦子能丰收了，她想。进入六月初，眼看月余了晒出衣服老一股子霉味，芳华小姐就有点恼火。并且市内各媒体相继报道省上拨省长经费两百万到各地进行小麦条锈病的防治，本省各地小麦条锈病覆盖面已达60%。这还教人不活了？她眼前浮现出本来绿得诱人的麦苗上伤痕累累的景象，禁不住诅咒得咬牙切齿了！好在又有消息称省内有关人士认为虽受雨势影响，今年粮价不会上扬。原因是虽然小麦条锈病对小麦危害极大，会使作物产量有所下降；同时由于雨量充足，未受灾小麦会增产，功过相抵，粮食产量会呈微弱增幅，芳华小姐那爱国爱民的心才略放下一点儿。

芳华小姐在一家不太正规的杂志社供职，每月的工资除去房租花销外刚够糊口。尽管杂志社对她还算器重，给她的工资是在这个城市媒体工作者中偏高的，她工作起来也还挺卖力，但她总觉得城市那带着口臭的呵欠会将她卷进嘴里。因此，单位、电梯、同事都不在她认为亲切的范围之内，一个惶惶不安的打工仔，只有她租住的那间阴暗潮湿的、脸像麻子一般花花渍渍的小屋子才是唯一让她感到温暖的地方。

（二）

鲁晓燕没来之前很有一段日子，芳华小姐在这间小屋的生活还算挺小资——每天下班在街上吃完饭，进门之后打水烧起来，洗脸刷牙洗脚，然后用洗得干净整洁的抹布将旮旮旯旯里的尘土擦得干干净净，然后把水泥地板拖得锃光油亮，换睡衣上床喷香水，展被躺平开始读书，夜里十二点准时入睡，天亮六点那只可爱的小花猫闹钟半娇半嗔地一阵喊“懒虫起床懒虫起床”，她心情或好或坏地起床，把一切归位放齐整之后洗漱上班。

雨季来临之后，鲁晓燕也来了。鲁晓燕是芳华小姐打穿开裆裤时就吵吵骂骂一起长大的闺中密友，因为银行分配的宿舍是双人间，吵闹不堪，故而借她这块清静之地复习迎考的。鲁晓燕不习惯像芳华小姐那样终日门窗紧闭，连窗帘都不拉开，“我要急疯了！”她嚷道。“你看嘛，小巷就像龙须沟，一下雨屎尿横流，咱们的窗户又正对着臭水沟，这一带租住户这么多，人又杂，我一个外来女人不知道扎紧篱笆等狗往里跳呵，傻！”芳华小姐瞟一眼窗外，不紧不慢地应答后，鲁晓燕只好无言。

雨季一深，屋子里那股潮气就像一个冤死的人阴魂不散地飘来飘去，被子是潮的，洗了晾不干还带上馊味，芳华小姐的诅咒简直就像捂臭发酵的稀屎一样在心里翻腾，随时都有忍无可忍爆发的可能。

这一天随着那些不明身份的小虫子在屋内出现和蔓延终于到来。

（三）

芳华小姐实在忍无可忍了！

屋子里呆头呆脑的小虫子在空中翩翩起舞，不时还在她的睫毛、嘴唇、胳膊和大腿上“亲吻”一下。一想到这些可恶的生物诞生于小巷东头上——确切说就是芳华小姐租住屋前三十米处一个脏得惨不忍睹的厕所里，并且不知羞耻地在她为鲁晓燕和自己买来的食品和锅碗瓢盆跟前搔首弄姿，芳华小姐就恨得直想买一瓶强力杀虫剂喷遍屋内每一寸土地，只是鲁晓燕生性娇弱，她强烈抗议芳华小姐的这一思维倾向，理由是：蚊子还没熏死，我们早被整翻了！

于是，现在芳华小姐的作息时间稍有改动：回家，与鲁晓燕一起吃饭，洗餐具，洗漱。之后十分重要的一项不是读书，而是在墙上、门上、美丽的窗帘上……一切她可以目及并在蹦、跳、劈、拍、抓十八般武艺都施行的状况下可以被消灭的敌人，都休想逃过她的手掌心，她有一个无比坚定的决心：斩草除根，斩尽杀绝。

然而此蚊繁殖力太可怕，今天刚觉余蚊不多暗自得意时明日又一支大军杀入屋内，恨得芳华小姐那些在街上不便出口的诅咒雨点一般急泻而出，譬如：老子要是医生，保证阉了你们全体公蚊，让全体母蚊不能当妈妈伤心而死！老子明天就变作搞计划生育的，两蚊之家只准生一只！……反正鲁晓燕是她的死党，听见什么也见怪不怪了。此晚，又一轮灭蚊高潮到来。不同的是，芳华小姐认为爱干净的自己不得不满手肮脏的虫尸，因此将这仇恨又加深了一层。她于是睁大眼睛像城市这个怪兽一样不动声色地巡视屋内，凡是那些呆滞的天一黑就知道关灯繁殖下一代的蚊子纷纷落马，她一只手悠闲地插在裤袋里，一只有意沾满水渍的右手左右开弓，或像指鲁晓燕脑门一样满怀疼爱地一点，极温柔地一笑说：“傻孩子！”那一只呆虫子就在她的纤纤玉指下化作齑粉，因而在蚊子们看来那笑就带了点儿狞笑的意味；或温和地在它们背上拍一拍，让它们在婴儿般甜蜜感觉中走向天堂或地狱；要么用手轻轻一晃，沾了水的小虫就乖乖在她握住的手心里湿漉漉死无葬身之地了！

她充满成就感地做着这一项工作。

“妈的，社会上为了抢一个饭碗人人眼红充血恨不能白刃相见，你一只小小的虫子也可以虫眼看人，也来对我趁火打劫，去死吧你！”她笑眯眯地将一个又一个虫子家族送上了断头台。

鲁晓燕看着她抽空往门缝、窗缝里点卫生香，慢悠悠地说：“你点上香这些驴们又不怕！”

芳华小姐充满自信地回答：“我要让这些光荣牺牲的先蚊和侥幸存活的后蚊在海陆空三军的联合袭击下以各种可能的方式告诉它们在别的空间生存的同类‘别去那个姓芳的寡妇房里，那里会使所有的公蚊失去繁殖能力甚至死亡’！”鲁晓燕一阵爆笑说：“女人结过婚之后就寡廉鲜耻了，说这么黄色的职业术语！”此话让芳华小姐想起她那个无聊的好不容易离了婚的男人，心情陡然阴沉得可怕。然而，她继续温柔地消灭她的敌人，笑模笑样不作声像个菩萨，是城市造就了她的这种机能。

“哈，我成功地一巴掌让一家三蚊全见了上帝！”打出技巧和水平的芳华小姐高兴地叫了一声，鲁晓燕在灯下看书，听见芳华小姐的宣告之后善意地一笑。

时针指向十一点时，是夜的灭蚊工作基本结束，芳华小姐洗手上床后，对落在床头墙上的几只幸存者进行围剿，包括两只正在死难之前最后抢做一次爱的夫妻蚊——她曾手软了一下，然想到它们家族对自己不折不扣的侵犯时，她毫不犹豫地将它们的婚床变作刑场。

“我已顺利完成剿灭蚊氏祖宗十八代的任务，现在我真想写一篇关于蚊子的祭文，以对这个幼弱而肮脏的生命表示哀悼，毕竟出身是它们无法选择的呵！”芳华小姐为蚊子家族叹了一口气之后说。“它们也不想做蚊子，既然已经是蚊子，它也得生存呵！”鲁晓燕说。

然而芳华小姐已觉得困意上涌，显然卫生香没有熏上蚊子们，成把点燃的香火先让她自己昏昏欲睡了。

芳华小姐于是舒展四肢，在困倦的懒散中进入梦乡，暂时忘了城市的大嘴。

鲁晓燕还在挑灯夜读，不久她听见芳华小姐咂咂嘴，有滋有味地说着梦话："我就像《多收了三五斗》那篇文章里的老农民，冬天冷得要命，一下班赶紧钻被窝。满心希望夏天来了会好过点，可是成群的蚊子又让我丧失了好好活着的权利。他妈的，一直在努力，一直看不到希望！……"鲁晓燕不明原因一阵发冷，不禁打了一个寒战。

给我亲爱的学生们

也许我太懦弱，也许是太敏感——没办法，这是秉性，爹娘生就的，环境造就的。这就注定了我无法不对36年所经历的种种东西产生异常丰富的痛觉和触觉，也因此失去了青春年少时那些在操场枕着大青石板还能酣然入梦的灵气。我开始唯唯诺诺，开始自觉不自觉地追名逐利，为五斗米折腰。这情形像一条曾经清澈可见游鱼的小溪，要穿越无数的河沟和坡坎，也许到得了大海，也许，终其一生也无法投入大海的怀抱，但是小溪的心，已经千疮百孔，那些曾经温暖的流水和调皮的鱼儿，如今干涸，或者在某一段沙滩上鱼儿优美、不优美地死去，那时候鱼儿的心里一定是挣扎的，痛苦无奈的，恐惧的，但是它已经尽力了，它看到过美好，也看到过丑陋。不管沿途的风景以什么样的状态存在，它都会有幸福的感觉。这些幸福同挣扎恐惧和痛苦无奈一并藏在鱼儿心底最深处，那里永远有一汪清泉。

午餐时老公说："昨天甘肃张掖降了将近一尺五厚的雪，有人说六月飞雪是那里有巨大的冤情，所以上天有昭。"我沉默了许久没有接话茬。我也不知道这是一个什么样的启示。

我曾经说过："这个可怕的世界（当然同时它也很美丽），最遵从道德的人都会最终为道德所杀。"

如果你也曾经那么痴迷于在月夜的丁香花下听虫鸣，如果你也曾经白衣飘飘睥睨一切又深爱世界，那么不要笑我今日的狼狈好吗？时光和世俗是个让人啼笑皆非的魔术师，会把你雕琢成你根本不希望的样子。你会惊奇地发现，有时候，明明是白的就有指鹿为马的人偏偏说是黑的，要是你不去乖乖顺从，那么你可能会死得很惨。

如果你在青春年少的时候结束失败的婚姻，本来觉得天真蓝海真阔，可是欢天喜地飞向的远方却充斥了各种各样的骚扰，需要用尽心机保护自己，让你精疲力竭，你会怎样，会不会惧怕和厌倦？如果你们在学校两人间的寝室里，见到一对从网上认识的女同性恋在酷暑的七月放着铺好的上铺不睡，视你如尘埃粪土，毫无遮掩地相拥裸眠，并且白天抽烟喝酒将宿舍整到比猪圈还脏的地步，楼管多次交涉无能为力，而你也只能默默忍受——你不能对宿管科的老师说因为她们有特殊的癖好所以你要换房间，人家的行为你无权批判，可是“70后”从小受到的正统教育使你不能习惯这些，那你会怎样，会不会见到两条腿走路的都只想躲到老鼠洞去？如果你要白天上班晚上学习高强度地劳作，还要避免外界因为种种复杂心理对你采取的打击和镇压，而你无依无靠只能咬牙坚持的时候，你又将怎样？如果在职场和象牙塔你的确无意中见到了形形色色的交易只能缄口不言，而交易的双方却心怀嫉恨，想方设法欲置你于死地时……如果你到一个陌生的连花草看上去都不太明亮的地方准备你人生的另一次起跑时，又有人打着爱情的旗号疯狂侵略要置你于不堪的境地，或者还要面对一些根本不愿面对的同事那些能够让你瞠目结舌的所谓追求，或者说叫威胁，令你连寝室门都不敢轻易打开，你又将怎样？当然玫瑰和丁香依然在校园的各个角落热热闹闹地喧嚣着，这些在现代社会只是一个符号，它们再也不是芬芳和爱，你的心会疲惫得只想熔化了吗？慢着，父母、夫妻、亲朋、儿女、上司、学生、社会，这一切都把一根由责任和复杂人际关系织就的绳子紧紧、紧紧地束缚在你的脖子上，还有病魔——该死的压迫着动脉血管使你看上去贼溜溜一点儿不像个好人的颈椎病以及其他头痛脑热，同事之间明明暗暗的是是非非，虚虚实实的尔虞我诈，当然肯定不乏真诚感人的细节。家里的锅碗瓢盆洒扫庭除油盐酱醋，这些你都要做到足够好，因为这是一个女人的本分。等等，等等，顶着这一切琐屑去上课阅作业修改论文，你还要尽量地面带微笑，以免把可能隐藏不及的心理阴霾带给学生，使他们过早地丧失了应有的天真，我亲爱的学生们，你们还会天天时时刻刻秒秒泰然自若吗？你能不对好多时候巧妙地统率着这个疯狂世界的荷尔蒙产生铭心刻骨的不良体验吗？闭上眼想想，那些疯狂，那些不平，那些黑白颠倒，是不是皆源于人类的荷尔蒙是否光明正大或者偷偷摸摸达到平衡？这些，和你本身隐秘的生活状态关联甚微。你可不可能觉得自己渺小无助，可不可能觉得手足无措，我想神仙也不敢保证。

你还可以说，这是借口，是无耻的疯话。可是我们还能够卑微到什么程度呢？在某些卑躬屈膝俯首称臣换来所谓荣华富贵的“大人先生”眼里，在一些冠冕堂皇却对日本人毕恭毕敬的优雅人士眼里，或者在一些根本没有体验过世事艰难的孩子们无辜的眼里，我们的确是眼神飘忽不定有点可疑的，我们是“装子”（小梅创造的这个词真是妙极了），不过充其量是初级的，业余的“装子”先生啊。当然比不了那些藏污纳垢却神态雍容华贵的专业的“装子”们。可是，我一开始就说了，我心理极其脆弱，这是天生的，谁让我生性那么喜爱人世间一切美好的东西呢？我被迫长大去接受这些我不想接受的阴暗面，从 19 岁至今的蹂躏，我能不崩溃吗？所以，不要笑我的狼狈。也许未来你会超尘脱俗，根本不受风雨侵袭；也许岁月的牙齿会恶狠狠将你咀嚼成无法拼凑的肉泥和骨渣，你还能保留有你如今的纯真和自然吗？我是这样地喜欢你们的真率和可爱，我也是这样地害怕面对出水芙蓉般天然的你们，因为觉得自己在这个浑浊的俗世中无可奈何地挣扎飘零，或者连挣扎的风韵都没有，而你们却清丽简单，一如当年丁香树下那个不为尘染的眼神晶莹透彻的小女孩。所以，我选择逃避，选择闪烁。

所以，再说一遍，我不需要你们多么尊敬，但至少请不要凝视着我的痛苦娱乐我，更不要自以为是地猜测别人的生命。我希望你们看见，在读研期间，我拿到了所有可以拿的证书（四、六级证，对外汉语教学资格证，在自考期间没顾上拿的学士学位证，普通话证，等等），成本的毕业论文和平时发表的论文，以及博士考试优异的成绩；2008 年 6 月，我刚孕一月，反应很厉害，别人考驾照的理论考试都要花钱，现在市价至少 3000 块，可我用了一天时间看了整本资料，首战就节约了这 3000；2009 年 3 月，我大腹便便随时可能生产，但是我用了不到十天的时间拿到了五门职称计算机的合格证，其中一门考了 100 分——老公心疼我，让我明年再考，可能在考试当天我会分娩，考试都无法参加，要是你们，是不是一咬牙一跺脚可能就放弃了呢？要知道本系外系的几个年轻同事用了至少一个月才过了两门或者三门。这绝不是我的炫耀，也绝不是我的光荣榜，孩子们，学会宽容的同时，请将眼睛盯在这些也许对你们有些许用处的积极的地方，请注意，现年36岁已经骑在40门槛上的那个老女人一直在努力，一直在路上，这让那个老女人在惊惧的同时也有欣慰的感觉。平息你们莫名其妙的伤感和忧郁吧，莫斯科是不会相信眼泪的。既然上帝靠不住，就勇敢地昂起头，靠你们自己的手和眼去开辟自己的未来。不要惶恐，因为未来有的是时间和机会让你惶恐；不要怀疑人生，你们年少的时光没多少可以让你们拿来怀疑的。当然，我无意也无权要求你们做象牙塔下的苦行僧，你们的现在和未来，是你们自己选择和创造的，不是上帝，更不是他人。

我真心诚意地祝愿时光老人的手杖不要把年轻的你们击打成手足无措、奴性十足而毫无创造力的谦卑的石像，但愿你们永远是明亮的，芬芳的，美好的，不管该死的生活多么令人无奈和难以随遇而安，不管内心的波涛如何搅得你纷乱无绪，请相信，存在的就是合理的，这熙熙攘攘的尘世自有其神秘的美丽，热爱它吧，因为你必须老死其中。

亲爱的同学们，三尺讲台是我心里永远神圣的舞台，虽然疲惫不堪，虽然厌倦心惊，我还是努力地在耕耘那一块领地，这一种深埋在心底的感情，请相信，与我的糊口无关，与我的颓废亦无关，与我的混乱不堪的思维更无关。让我们珍惜这不知是萍水相逢还是报应的缘，一起走过你们大一的最后一段长廊。让西天的云彩作证，我们都曾年轻过，我们都曾有过旖旎的梦想，并且在为这个梦想日夜不停地奔跑着，这是多么美丽的状态啊，不是吗？

不要拿板砖盖我啊，如果你们嫌我啰嗦，就当一股不太好闻的空气扩散吧，扇一扇，骂两句，飘过。

芳草无情

我刚参军回来，被安排到一家公园工作。

冬天的保卫工作比较清闲，我一有闲暇总爱往文物馆跑。文物馆设在后院，挺大一间正厅里陈设着各等型号的仿“马踏飞燕”及彩绘仿陶器、书画、玉石，阳光透过两扇很大的窗户温柔地投射在那些古朴而凝重的器物上，使它们有一种飞动的气势。而门前那棵古槐上传来由于清冷而像雪花一样清灵灵的鸟声，穿过岑寂的冬天的天空，在心上溅起“叮叮咚咚”妙不可言的回响。我常常有这样的感觉：冬天的阳光懒洋洋铺在明亮的屋子里，反射得柜台橱窗都泛着柔和清亮的光，屋角乌油油的老铁皮炉子上锃光瓦亮的大铝壶“呼呼呼”温暖地冒着热气，而最让这间屋子生动而古典的还是梅。我常常若无其事地打量她——她仿佛一只无声无息的猫，表情安详，两手托腮，微抿着嘴的样子美丽极了，我在与不在，于她根本没有什么分别。她就这样要命地微微笑着要么看书要么遐想什么，背后是古色古香的文物架子，那张白皙如雪的脸和一头乌黑如瀑的长发总让我联想到“女子无才便是德”这句古语。

而实际上，梅不但有才，而且是正牌的北大中文系的毕业生。

我不知道北大毕业的梅为什么会选择在这个小城里这样一个毫不起眼的角落生息，而且看上去毫不沮丧和颓废。

一句话，我是迷恋梅，迷恋那一种让人于不知不觉无声无息中忘却俗世烦恼内心归于安宁的极古典极空灵的气氛。

那一个冬天，日出月落，雪去雪归，我的梦里梦外全是梅抿着嘴微笑的模样。最美的一个梦是我和梅去绿色焉支旅行结婚——碧水青山，高天远雁的时候，我们修成一间木屋，前穿清溪一带后依青山而立，窗外马兰丛生，星点兰草绕窗和羞。我抱着羞涩的梅迈进了我们可爱的洞房，我的羞涩的新娘低着头抿着嘴儿乐……醒来后，我还自个儿美了几天，当然也有点惆怅。

我无法向梅吐露一切，我怕破坏了那份美好。

我还知道几乎每天总有一封自金城兰州来的航空信会准时到达梅的手里，字是狂荡洒脱的行草。我装作顺道的样子把信带给梅，梅抿嘴笑笑，并不道谢。

梅不会不明白，但梅无言。

我记得非常清楚，那是 1992 年 12 月 31 日，一年的最后一天，雪下得铺天盖地，玉树琼花的一个美丽的祭——那天傍晚我看见梅立在未结冰的西湖岸边，一套黑色羊毛筒裙一条白色真丝围巾，哀婉如画仿佛是向什么告别，湖面上碎雪点点荡荡漾漾，梅手里拿着一封撕成几片的信，这是我半小时之前刚拿给她的。一瞬间我心里产生一种强烈的预感："我该说些什么，否则我会失去梅。"但我最终什么也没说。

第二天没见到梅，听办公室的人说是梅走深圳闯世界去了，连辞职信都来不及等批复。

人们议论着惊叹着，日子一久就各自忙各自的事业不再提起。

我却知道是金城的那位"行草哥儿"与另一位姑娘洞房花烛了，原因很复杂，梅不愿意多说，我也没有多问。

我知道总有一天梅会挽着一位潇洒的男子姗姗行于灯火如潮的深圳街头。那个柔弱羞涩的雪白的梅，那个不知会有些什么念头的梅会不会记起那间宽敞明亮又古典的文物馆，而我，最终会从她的意识中渐渐隐去。

去年冬天，接到一个电话，竟是梅，"你要当初说出口，我就留下来……我明天大喜，你来吗？"

"……！"我的手无力地垂下，我的女儿小满都三岁了。

1997 年 8 月 1 日发表于《张掖日报》

貂蝉经商

却说戏杀董卓、吕布之后，貂蝉去向何方?

初是一名唤“贾庵”的小地方一座“笑佛寺”，貂蝉本欲在此间晨钟暮鼓而了却残生来着，这又为何?

其实，貂蝉自小寄人篱下，为义父所养，若说疼爱，义父待她可真是比亲生女儿还好。可是，兄弟姊妹们谁又把她当人看过，嫉妒她的美貌也嫉恨她的得宠，于是，当着义父王允的面还假意对她逢迎，及至无人处或私下相聚，或当面相欺露蔑言厉色，或三五背着貂蝉以恶毒的语言讥讽和诅咒她，貂蝉竟皆收入耳目，于是素常不与他们亲近。在义父跟前又不肯吐露衷曲，怕惹得家中不宁。偏那王允，又自恃养育貂蝉有功，且本攒了心思把貂蝉嫁与高门大户，好改善和巩固自己日益衰微的势力。不想国势衰微，眼见此愿落空，又欲青史留名，遂拿家国情怀的大帽子扣在自己头上，竟生生将一个贤良的女儿堕作钓饵去与残暴异常的董卓和少勇无谋的吕布二人周旋，你说貂蝉烦也不烦?

纵然有两千个不愿，父命难违且又养育深恩在前，从小受到王允的教育使她根本不可能违抗父亲，弱女一人，又无力报效养育之情，只好蹙眉作怨望风流之态，敛衣效青楼做派，则二贼如愿被一个貂蝉离间而死也。

二八女儿，谁不怀春?

况那董卓虽暴戾异常，对蝉却百依百顺；而吕布纵是祸国殃民，亦对蝉一往情深，无论闭了眼选哪一个，蝉一生都可平安不惊也未为不可，毕竟在那个年代女子也无路可退。可是，历史决定貂蝉不能选。一具活色生香的肉体，就做了人肉炸弹，无人顾及她内心的凄凉和疼痛。

中国历史一向是男权历史。倘是哪个皇帝或将军自身贪鄙而至国亡身败，“祸水”一词是注定要戴到与之相伴的女子身上。而如蝉之类，虽有立功表现，古律“一女不嫁二夫”又注定使她身败名裂，天下俱訾。即便她本来是个贤妻良母，又有谁可以化了虫子钻到她的心里去听见她的呐喊呢？

貂蝉无路可走，只好遁入空门。这个“遁”字讲究，热乎乎的生活你说有多少佛性聚通的人天生就厌弃啊，可是人间再好再烂都与貂蝉无法关联了，不“遁”还能如何呢？

貂蝉就是做了小尼，也是绝色之尼啊。

这样，只不久，贾庵地方的笑佛寺不但香客盈门，且邻寺邻庵的和尚尼姑也赶来一瞻色尼貂蝉容光。蝉又像猴子一样置身于众人的惊叹、惋惜、嫉妒和流言之中了。有些纨绔子弟未免动手动脚酸文醋语，貂蝉怒时，这些人几乎众口一词：“装什么正经呀，又不是鲜桃了，别人吃得，我便吃不得？”

貂蝉重新落入烦恼之中。佛门净土，亦不能清静，何处可以掩蔽一个进退失据的弱小女子啊。

一夜，貂蝉独卧禅房，正梦花好月明之境，一片繁花铺天盖地耀人眼目——就连这样的好梦，她都好久没有做过了。突然梦断，她正觉无限遗憾时，睁眼却大骇——睡榻前居然黑黝黝站着一个和尚。蝉一声惊叫，急欲翻身，那和尚已一把捂上她的嘴，口里“亲亲肉肉小猫咪”一顿乱叫，“想死我了，我要跟你困觉！”蝉一阵眩晕，恶心得快吐了。和尚宽衣解带便欲行奸，貂蝉知硬抗不是对手，便如戏卓、布一般柔声曰：“好哥哥，急什么，反正我也逃不过哥哥你的手掌心去，再说蝉青春年少亦是饥渴云雨之人。待妹妹去洗白白可好？”那和尚听这等吹气如兰早已半身酥软，焉有不允之理？

蝉故意说：“哥哥且在这香榻之上候我，妹妹瞬时即到。”喜得那和尚连声应道：“妹妹快去快回，快去快回哟！”

蝉一掠身闪出禅房，脸上早已黑气翻滚，杀意腾腾。即于厨舍端来半盆滚烫开水，轻轻推开门，柔声唤道：“哥哥，我来也。”那和尚喜不自禁，颤着声嗓一跃而起前来搂抱，貂蝉兜头一盆罩下去，但听得杀猪也似的一阵鬼哭狼嚎，在夜里佛寺格外瘆人。

好貂蝉，拿起床头防身刀具，手起刀落，好斩狗头。不等众人前来，一卷衣物轻轻隐入夜色之中。

第二日，贾庵当地又爆新闻：“美尼貂蝉身居佛寺，居然不改淫荡之心，夜约和尚同寝，令该僧暴毙禅房。”因为僧人没有家人，且当时手段，既没有天眼系统也没有火车汽车，官家也找不到貂蝉去向，更因为寺庙贫寒没有油水，也不愿意认真追究这红男绿女的烂事，所以这个狗和尚也死得无声无息，不枉狗生。

这一回，貂蝉不愿意再以寺为家了。寺是正经寺，佛也是正经佛，和尚正不正经就不好说了。世间万事，哪有两全。

她早就看透了，所谓黄粱韶华，世上从来有钱便是真理。于是她将私藏的部分银两拿出，隐姓埋名开了一家“碧溪服装公司”。因蝉美貌娇姿，善于搭配设计，又加善用计谋，很快该公司成了一家兼服装、餐饮、三国文化、旅游、戏剧演出的集团公司，并且很快上市。

貂蝉发了。

发了的貂蝉仍旧一如既往待人接物，昔日那些冷眼讥讽貂蝉花心萝卜的文人学士自然对貂蝉另眼相看，见了她奴颜媚骨不说，还在民间撰写诗文把一顶又一顶冠冕堂皇的美名加之于蝉。未免又引非议，有热心孔子门生积极无比地挖出貂蝉真面目，说貂蝉虚伪做作，一介淫妇，何来脸面戴冠披锦？

蝉心悲凉呵！自卓、布之后，飘零四海，无一人可以相知，无一人敢于相知，到处是对貂蝉“红颜祸水”的滥议乱砍，甚至曾有一文人搜来貂蝉每夜连换三夫的“确凿证据”，有声有色四处渲染，其实卓、布之外，蝉已不知男人是什么动物了，其谁知之？

如今，进也不是，退也不是，无论如何，总有人追着你评头论足指手画脚。匹夫无罪，怀璧其罪。而不怀好意却借各种名头前往的男人络绎不绝，个个道貌岸然正人君子的模样，貂蝉在商海之中辗转而心疲神劳，还要提防这些男性动物得之而轻贱失之而中伤，状若飞蛾。

她无意于爱情，苦于人间口舌，只好选一个古衣冠的小丈夫长期相伴。

这时，有聪明人又指曰：“人们不说貂蝉清高自诩吗，还不是耐不住寂寞，又找了男人！”

蝉久历商海已然尖刻，她回头粲然一笑：“耐不住寂寞咋了？有错吗？我就是耐不住，尔当如何？吃你家大米了，挡你家棺材了？你忘了动不动偷偷摸摸拍我屁股假装不小心碰我胸部趁没人对我动手动脚的事情了？你以为你自己是个什么东西？！”聪明人一向温文尔雅惯了，也见貂蝉软弱惯了，不料貂蝉会绝地反击。聪明人张口结舌的当儿，貂蝉哈哈哈哈一阵娇笑，满脸泪水轻移莲步，衣袂飘香而去。

“呜呼，此等贱淫之婢，胡不遄死！”这位正直的聪明人咬牙切齿地在刚清扫过的街面上猛吐了一口浓黄的痰，气得浑身发抖，忧国忧民地骂了一句，昂首挺胸拂袖走远了，路上，一块小石头绊了他一下，他差点摔一个大跟头，嘴里气呼呼地骂道：“这个贱婢，简直是个笑面虎。老子真是看走眼了！”

貂蝉抹去脸上的泪水，冷冷地、蔑视地笑了一声，脚下一步也不停顿。

黄河断章

（一）

第一次路过黄河铁桥时，是个初冬的黎明，天的轮廓影影绰绰尚不分明，看不清黄河水的总体模样，激动不安地隔着玻璃只看见许多的水泡“咕嘟咕嘟”在河里翻，锅开了一般，八成是些水涡吧。

汽车一声长啸，“嘶——！”像是把初冬的城市吵醒了，城市睁开慵懒的眼睛，挤巴挤巴。就看见行色匆匆的人们睡眼惺忪地打着呵欠，口鼻“呼呼”喷着白汽，这一切对我来说仿佛是具有别样的韵味。在忐忑不安的张望和猜揣中，天光大开，城市彻底醒来，精神抖擞地开始了这一个新的早晨。

“未来一日我一定要在这个城市住下来，我喜欢这里。”我在心里暗暗地对自己宣告。

几年后，我基本在此地立住了脚，这一个城市勉勉强强接纳了我这个流浪的婴孩。

我性喜静，在多年的坎坷之后已十分厌倦人世的悲凉和势利，非常渴望有一片心的田园让我蛰居。

首去八盘峡，因要与单位同事及众兄弟媒体若干位不相识的老师们一同公出，且占用了我宝贵的周末时光，固然已知八盘峡风光甚美，亦是十分没有兴致。我以为出游当有二三佳友相伴，一路笑谈，或随意听听喜爱的音乐，看看窗外的桃果李杏桑树花草，及至目的地，席地而谈或放眼眺望，至会心处众友相视一笑，千般心思尽在不言之中，游毕通体舒泰，唯觉心明眼亮，兴致尽矣，而无应酬之疲累。

果不其然，是日天热加处处小心翼翼，那滋味恰似“缚着脚镣舞蹈”，还要你每一秒都做得恰到好处，累极！回来有友问及游感，我一副死气怏怏的神色：“没劲透了，山是秃的，水是浑的，两岸尽是衰草败木，什么风光啊，简直一个臭水塘子！”

瞧嘛，这一日的旅游竟让我把无限旖旎的黄河两岸风光视作败笔。

（二）

隔几日，首届西部龙舟节在该风景区举办，我们单位共五人前往，我素面朝天，着平常布衫平底鞋，一副大大咧咧的丑模样，径自去了。因为场面大，倒是无专人来应付我这等小号人物，于是自由自在地在那儿咧着大嘴笑，舞蹈《辣妹子》和《好一朵茉莉花》是社区的中老年人跳的，旁边有一人乐道：“都辣婆婆了，还什么辣妹子！”也的确，老太太们做起青春玉女状怎么看怎么像是在捣蒜和舂米，把我逗得呵呵呵傻乐个不停，不知不觉间，胸中闷气竟消去许多。

午餐设在黄河边，道旁是挂满鲜果的园地，一边是河岸上隐隐飘来的庄稼地的清香，正午的毒太阳使遮阳伞形同虚设，同桌不相识的客人们一商量，干脆移桌入林，让果园作为我们天然的屏障，边吃边聊，玩笑开得自自然然，如同久未谋面的家人。甚至，分手的时候我们谁也没问对方来自何方欲归何处，那份洒脱，甚合吾意。

下午，我们再次登艇溯流而上。今日看来，两岸青山竟有七分姿色似的，虚实相映有如泼墨。清风徐来，坐在凉亭下一个不为人注意的角落里，每一个毛孔都舒张了，把陈年的郁气统统挥洒吐露出去了，把山的形水的魂花的香蝶的舞都吸纳进来了，心里满满当当地鼓胀着鲜有的静气和平常的快乐。两岸十里，处处有沿岸乡民放鞭炮招手呼喊，我看不见他们的面孔，但我感受得到他们的心灵。艇上众人亦受感染，兴奋地向远方挥手呐喊致意，老少中青无一例外，官大衔小一律如此，连艇也难以抑制自己的快乐，一声高亢悠远的长啸，算是对盛情夹道的人们的一声问候吧？以后的项目，有羊皮筏子、飞艇表演，坐在上面的人们兴奋得大喊大叫，双目灼灼如电，岸一边四组啦啦队敲得锣鼓震天价响，隔河望去，但见人头攒动彩旗招展，气氛欢快到了极致！河面上形体奇大的彩蝶似也留恋这欢乐，久久盘旋不忍离去……

相形之下，安排压轴的龙舟赛倒不是特别出彩，仿佛一台皆大欢喜的戏后面一幕可有可无的背景。当艇上指挥台宣告龙舟节结束时，在河那边草地上的啦啦队恍若瞬息之间就消失得无影无踪，张望过去好像置身梦境，可地上的狼藉一片和两岸尚未撤退净尽的乡民们证明这是一个真实的故事。刹那间有一种淡淡的曲终人散人去楼空的悲哀，仅只是一缕烟似的，转眼即消逝得干干净净。

归途中，回望滔滔大河，但见河面碎金万点，夕阳如画，青山如黛，百草招摇，和风像此刻的心情，全无倦意地从床头拂向床尾，似有余味未尽。

同样是黄河、汽艇，同样是不相识的人们，两般心情竟有天壤之别。人的心，高兴与否，全凭自己。

一棵草的心愿

一

我们匆匆来去，风雨如织，唱着歌，流着泪，不需要鼓掌，不需要忏悔，一生如同落在爱狱的茧子，丝尽而逝。结局在那没有爱情盛开的城堡里沉睡，等待下一次的化蝶。

做人美则美矣，可也真是累。

总觉得冥冥之中有一只手，不动声色地拨弄我们的生命。我们努力地想冲破茧子，化作一只鲜艳的蝶。哪怕只是一只令人厌恶或者在扑向灯火一瞬让人敬服的蛾子呢，然而也不禁要怀疑那个扑向灯火的瞬间是梦还是醒，是梦着好还是醒着好？我不知道。

全国的城市，不知道为什么独独喜欢北京。我只去过一次那里，一周只在北大那花荫四起的校园和北师大那些古典幽深的塔楼群里痴迷而虔诚地穿行，偶尔路过的街道，还是很老土的样子，而且那几日天气无比糟糕，风吹得我的头发都成了华丽的绸毡片。住的宾馆很贵，而且灰暗阴冷，整得我感冒得像条懒惰的狗，除了在校园里游走，基本就是缩在被窝里白日做梦，并且勇敢地把这样荒唐无稽的梦做到了黑夜和第二天清晨。回来的时候在北京西站十块钱吃了一碗像大扫帚那样生硬无味的牛肉拉面，天安门没时间逛，也没兴趣的感觉。快上车了买的五个蜜橘居然在神鬼不知的情况下被小偷先生品尝了去，东西贵得让人肉疼不是大问题，生平第一次与小偷先生结缘还是在异地他乡，这感觉让我上了自己矮小逼窄的铺位良久都有点心惊肉跳。当然也有好的，比如说去的时候刚好赶上百年不遇的 2 折机票，白给一样，比火车票还便宜，我做梦一样第一次体验了从高空落到心中圣地的感觉，降落那一瞬间我清楚地感觉到自己喉头哽咽了一声。而且遇上了几个帅哥，其中一个德国的，看我外语整得那个差，马上换中文跟我聊起来，我矜持地应对着，心想：一定要苦攻英语，我不能丢咱中国人民的脸不是。在北京机场，头三脑四都不知道，那个北京帅哥一站式服务，一直将我送上到北太平庄的大巴，且告诉司乘到站提醒我下车才潇洒地迈开大步自己走了，虽然留了电话，我至今也就发过一条短信感谢他，自此天涯不知，了无遗憾。想想在陌生的北京机场大巴上，我感激地注视着一个高大帅气的陌生男子远去的背影，和友好的德国兄弟挥手告别，一切是那样美好。

我絮叨半天，先说不好的情况，并不是我生性悲观，而是想强调即使在北京我没有任何牵挂，我还是像思念情人一样迷恋那里。在那些似乎还泛着城墙土味的地方，我嗅得见拉姆央金的草原的味道，看得见儿时熟悉的人们平静的脸。漫无边际地在街上走，随意地挑些小吃酣畅大吃，像小时候在家乡拖着鼻涕在风里疯狂地跑，脸冻得像两只暮秋的红苹果，没有一丝陌生的意味。我是无缘无故地喜欢北京，就像喜欢一个怀抱。我最后想我可能前世是一个北京人，因为要跟我梦中注定相逢的人不远千里来到这风沙弥漫的地方，然后他不远千里回到这个偏远蒙昧的草原，就是为了一场相逢。至今，我至少已经听过三十几人说我像北京人，或者上海来的，原因他们说不出来。

二

我最后就自说自话，解释说前世我是个京油子，然后我注定要相逢的人流浪到了这里，可能是在花荫下，也可能就是在哪个小胡同里，或者就是一座立交桥上，我一定渗透肌骨地伤了他，然后自己决然地转身走开，可能心里也是绝望和悲凉的那种痛苦。

从此，是两个人的世界，一个人的地老天荒。

如果说是文化的原因吧，为什么我那么讨厌西安，我最崇拜的诗人李白曾经那样地笑着哭着在那里进进出出，悲凉透骨的秦腔和民歌是那样的让人迷恋，我却下意识毫无理由地讨厌那里，甚至只是想一想将来可能在那里生活都觉得毛骨悚然，觉得干涩的呼吸被宿命的手卡住了喉，不能继续思考。再说上海，应当说，我的生活有时候连自己都觉得实在很小资情调，有点不好意思，我是那么喜欢奶油蛋糕，喜欢各色美丽的服饰，喜欢吴侬软语，喜欢水乡小桥，喜欢高楼霓虹的，可是我对那个城市也没有概念，只是不像排斥西安一样憎恶而已，那里只是一个模糊的影子，谈不上爱谈不上恨。

年轻的时候，特别向往的两个地方是西藏和深圳，现在依然痴迷于西藏，但是觉得那样的地方也就适合人的心里已经满当当到发堵的时候抛下一切，一个人去蓝天白云的草原上打打滚，唱唱歌，醉醉酒，而且现在还通了进藏的铁路。韩红在歌里深情地唱：“那是一条神奇的天路耶”，我被歌声感动得热泪盈眶，但是觉得藏家儿女等到的是不是吉祥还有待观望，人心的隔膜，奸诈的笑容，茫然失措的高原红，漫天飞舞的白色垃圾，日渐消瘦的草原，不再湛蓝的天宇，这一切都有可能，有人类的地方就可能会有这样的风景。深圳却不再向往，甚至不再想象，那个地方，对我来说只是中国版图的一个部分，如果有朝一日哪个鬼子入侵，我可能会不顾一切地去捍卫的一片土地，仅此而已。

简单的生活最好，买买菜，做做饭，洗洗衣服，上上班。上班时不用时刻提防被谁黑了，不用担心下一个升官的是谁，下一次下岗的是谁，只要用心做好自己该做的，月底高高兴兴领了工资，供养老人，善待家人朋友，就这样地过一辈子该是多么幸福无边的事情啊。可是这是一个整体流浪的世界，原以为流浪就是自由，可是奔波是这样的让人不能喘气，于是人们挥戈相向，人间一片汪洋。呵呵呵，只有花草还能相对自由地默默经历春来秋去，只有飞鸟还能相对快乐地在遥远的丛林和平静的天空里自由歌唱。

看着一棵草，一枝花，静静地绿着，静静地开成姹紫嫣红的世界，那里没有太多的杀戮和荼毒，除了人类那些不怀好意的眼睛和不祥的手，它们活得多么快乐啊。

又或者，它们也有不为我们人类知道的痛苦和欢乐？

我真的不希望有来世，我之所以对世界充满感恩并努力地帮助别人，是觉得世界给了我水和空气，给了我鲜花和蓝天，给了我活着的勇气和感动，所以我像那个被学生杀害的英国女教师说的那样“随时随地做好事”，希望能够回报世界给予我的这许多美好。或者非得有来世的话，就做一棵小草，悄悄地生，静静地死，自由地歌唱和舞蹈。

只是，坚决地，不再做人。

或是那个下辈子相逢的盟约使我心悸，也许是无处可以践踏那些弥漫在空气中令人沉醉的花香。

关于春天的怀想

——纪念改革开放30周年小文

细鸟莺啼，弱柳拂风，好一派明媚醉人的春光啊，让人不由自主地想放声高歌，不由自主地伸开臂膀想拥抱什么东西。这一个春天，似乎都没有通知沉醉的人类就开始胡乱地发芽开花，仿佛一只神奇的手拂过大地的琴键，猝不及防就花红柳绿了，百草舞动得喜气盈盈了。

在这样的气氛里，人们都可能希望说点什么。那就来两句吧。

都说：千里之行，始于足下。

1949 年，毛主席在天安门城楼上，用他特有的抑扬顿挫声韵十足的湖南腔宣布："中国人民站起来了！"那一句话曾经是多少人梦寐以求的仙乐啊，那一句话曾经使多少人热血沸腾、热泪盈眶啊！

那是真的开始吗？我们真的站起来了吗？

不可否认，那几十年是有成绩的。可是，一场浩劫，以令人瞠目结舌的形象席卷了整个中国，毁灭了许多人，颠覆了半个时代，也成就了许多人，包括后来以"伤痕文学"屹立于文坛从而千古流芳的文人学士。也不得不承认，在那个时代人们的思想是单纯的，热烈的。毛主席的大旗一挥，天下翕然宗之；毛主席的大手一招，百姓欣然呼应。那样一个时代，亦算得是一个历史的奇迹了。不是吗？

可是，我们真的站起来了吗？

我们以劳动为美，所以像那样的语句会出现在一个豆蔻年华少女的日记里，那句话说："我一到农村就闻到了香喷喷的大粪的香味"，从十几岁看完那本书至今，书名我已不记得，可是对这句很普通的言辞记忆犹新，我甚至记得自己在第一眼看到这句话时候的复杂表情：有迷惑，有恶心，有怜惜，还有庆幸……用百感交集来形容，一点都不过分。在写这些唠唠叨叨的话时，我是不断地在内心打着寒战的。

也许任何一个时代，都可能有它的辉煌和扭曲。但是，我希望我们的时代，全部都是像奥运福娃那样充满喜庆吉祥的内容。至少，是顺利的未来大于失败的过往。

我们不能忘记，我们是中国人，我们是黄皮肤的中国人。

在每一个除夕之夜，看见海外的游子隔山隔海向大陆和亲人问好，我总会禁不住地心潮荡漾，泪水忍不住地一股一股往外冒，好像他们是我嫡亲的亲兄弟姐妹，跟我们隔着千山万水无法相见，或者在异地他乡——在每一次有中国运动员出场的运动会上，一看到中国的国旗飘扬，听到有中国的国歌响起，我也仍然会固执地感觉到眼泪像潮水一样一股一股往胸口涌去，尽管我不是很懂运动规则，我甚至连个球迷都算不上，我不喜欢长时间坐在那里看足球或者篮球，哪怕是我曾经深爱的人很痴迷于此。

我一向以为自己讨厌政治或者跟政治相关的东西，其实每逢如上所述有点滑稽的时刻，我笑话自己“老则老矣，做孩童状，实当耻之”的同时，也会涌起一种说不清道不明的感情：我原来不是游离于政治风暴之外的孩子，我是中国人呢，黄皮肤的中国人。

从内心里，我希望我们西部的山川处处披满绿玉的琼装，我希望我们山区的孩子都能够坐在明亮的课堂，我希望我们耄耋老者都有幸福的晚年，我希望我们的每一个官员都能够恪守职责廉政勤俭。

春光就这样进入中国大地了吧？ 1978 年，2008 年，是中国人眼里吉祥的年份。我们，也许真的站起来了呢！

30 年，我们有过飞速发展的华年。国防科技、人文艺术、社会秩序、生态建设……是可以用蒸蒸日上和日新月异这样夸张的词语来总结和形容的。我们也有过摸着石头过河的艰辛历程，开放之初的过分谨慎，改革初期的阵痛，改革过程中的大刀阔斧，改革后期的迷茫，至今的百花齐放。我们中国人，是一个不容易的民族。为这样坚韧的民族，为这样古典而高贵的民族，我们应当鼓掌，应当鸣礼炮。

前路遥远，我们还必须努力。路漫漫其修远兮，吾将上下而求索。

在苍茫的宇宙之中，任何国家和个人都是一粒尘埃。看这一粒尘沙是要迷住世界的眼睛呢，还是作为某块砖瓦的一分子，为天地间的浩然正气发热发光？这也许取决于我们每一个独立的人。

梁启超曰：少年强则国强。

我只是一粒尘埃，是一粒黄皮肤黑眼睛的尘埃，我希望，自己来过，并且曾经给世界留下美好——不仅仅是希望，我应当尽力去做每一件细小的事情。“莫以善小而不为”，“吾日三省吾身”。勇于正视自己，也勇于正视自己的祖国。

当今中国，似乎国家强盛的重担都担负在中青年人的肩膀上，家、国、是、非，一肩皆挑。我们的少年呢？我们振兴和强大的希望呢？这是一个存疑的问题。

可以欣慰地看到，新一代的少年，有他们强烈的自我挑战的勇气，有非凡的自我调整的能力，有博大的放眼四海的胸怀。但是，羔羊总是需要在初学走路的时候，有母亲在前面示范走路和捕食的技能的，没有任何人天生就会什么。所以知识只是我们必须给他们的底线，我们的职责所在。而“授之以渔”才是我们最应当承担和探索的路，我们能做到么？

我分析，我们许多“灵魂的工程师”是在诚惶诚恐地身体力行，力量有强弱，心情都一样。

作为一名大学教师，我们不能只是一个教书匠。传道授业解惑，一个都不能少。

千里之行，始于足下。为人师表，是少年的开始，也是我们这些寒儒贫士的奠基，更是煌煌中华十几亿儿女的起点啊。让我们育桃李化春风滋润人间吧，哪怕我们只是一粒小小的尘埃！

不要忘记，我们是黄皮肤的中国人，我们是黑眼睛的中华儿女，一粒自尊、自爱、自洁、奋进的尘埃。直到我们化为粉碎，静静地睡进大地的怀抱。

写在龙年的末尾

过去的许多年，哭哭笑笑、打打闹闹、走走停停、写写画画、吃吃喝喝、睡睡醒醒，都已经是回忆了。

再有 72 小时不到，龙将会乘着岁月的大马车昂首盘旋而去，蛇将坐着银色的冰冷而暗蕴着温情的小飞船悄没声息地潜入我们的生活。难得有个清静的下午，我想我应该将自己的一些乱七八糟的感想写在这里，是告别，也是开始。

年前看到文丽的博客说：“就喜欢这样的自己，不用取悦谁，以最真实的自我直面自己的人生”（原话记得不太清楚，大概意思是这样吧），瞬间勾起了自己许多的感慨。

真的很怀念我曾经的那段天真无邪不谙世事的日子，那时候会在一树的丁香花下沉醉流连，磕磕巴巴地蘸着月色吹那杆友人赠送的巴山洞箫，心里有淡淡的不知愁滋味的忧伤，有对于花香毫无保留的爱情，花就是我，我就是花，长在土地里，歌唱在原野中；或者背着吉他一个人去野外的河边看书弹琴；或者和三五好友夜宿林中，用啤酒瓶擀饺子皮，掘地为灶，汲河为汤，做简单却一生也难忘的野餐，一伙人彻夜围着篝火唱歌玩乐；或者和喜欢书画的朋友一起读书写字，品评文字，间或小醉……也许旁人觉得此小妞在如水的月色中吹箫，太作；或者所谓的文人墨客们只是一群涉世未深的少男少女，也许有盘根错节的男情女爱，太乱，但是俺单纯到根本想不到别人会有此一说，因为心是一张白纸，没有沾染污垢，即使男情女爱也是很简单的“隔座送钩春酒暖，分曹射覆蜡灯红”这样的初级阶段，所以活得自由自在，诗意而快乐。那时候我最喜欢的裙子是白色，或者蓝色，其他颜色几乎不沾，至于化妆，那是想也不想的。

刚工作的时候在公园，售票窗口的女人们个个花枝招展的，好像全园不化妆的女孩子只我一人，我们主任是个身材符合黄金分割点且面容跟朱琳类似的女人，有“建委一枝花”之誉。她的名言是：“女人化妆的最高境界是没有人认为你化过妆，但都觉得你很美。”伊经常教导我说：“咱们是窗口单位，你素面朝天固然清纯，但是最好还是学学化妆，这样别人看着舒服点。”说得多了，我自己也嘀咕，在这样一群化得白骨精似的女人伙里俺是不是太遗世独立了，所以开始潦草地涂抹自己。过了几年，习惯了出门前装潢面部，尤其心情特好或者心情特不好的时候，都要很仔细地勾画一番才出去，其实是骨子里臭美的因子被激活了，或者借化妆品绚丽的颜色来抵触这个世界的苍凉。要不然，当我们的心里眼里看够了太多的分分合合争争抢抢，累得像几百年的旧砖瓦硌了一胸腔却无力也无能发泄的时候，我们还有什么方式可以证实自己存在着，并且还没有完全给这个乌七八糟的世界低下头，拖着行尸走肉的身子在蝇营狗苟呢？

后来一直保留了这种臭美的姿态，遗憾的是俺的妆容从没有达到过美女主任说的“看似没化过”的状态。她说她每天出门前至少有半小时在镜子前涂涂改改，那样的大美女还要如此修饰，俺这先天不足的就更应该勤勉于捯饬自己了啊。可事实上，俺每天像个被鞭子抽中的陀螺转个不停，家务、工作、乱七八糟的琐事，哪可能花半小时以上在涂抹上呢？顶多 10 分钟，俺所有的装潢过程就必须结束，所以呵呵呵，俺的化妆只能是看概率，如果幸运就能勉强可视，如果不幸那就要惨不忍睹了。即使如此，俺也觉得这是一种面对生活的积极态度，告诉生活我没有太敷衍自己，也是企图尊重别人的，只是设若尊重未遂，也不在俺的本意之中啊。不是说没有丑女人只有懒女人吗？文丽说女人的智慧最重要，这也的确，也许俺就属于随着成长的轨迹逐步去除了天然的睿智而变得面目狰狞，这可是任何化妆任何书籍都解决不了的痛苦，但是，我们必须去面对和正视，生活给我们那么多的伤害，我们不可能全部还给生活，它把命运的刻刀深入到我的骨髓里，切了一个又一个口，有时候还撒撒盐和辣椒面什么的，让你一次一次地承受生命中不能承受之轻，怎么潇洒啊。不过，回视前半生，我可以问心无愧的是无论面对什么样的伤口，我都在尽量保持自己骨子里善良和坚韧的东西，一点一点地让自己的伤口结疤，这一点我没丢，我是自豪的。今年以来儿子有时候会突然扑过来抱着我的脖子说："妈妈，你真是我的完美妈妈，要是化了妆就更完美了。老师说，妈妈是美女，爸爸最帅！我爱爸爸妈妈。"经常地重复这个简单的表达感情的小插曲，貌似也很让我心花怒放。

也许这个黑白颠倒的世界还有它的温情吧，这些温情和那些细细密密难以辞达的伤害是以同一种状态渗透、渲染、潜在的，所以很多时候我们也会由衷地觉得："应该知足了。"

我是一直希望能够达到内外兼修的境界，但是目前俺的状态依然是有些力不从心，心理固然早已经无法纯洁如莲，面容的修饰又常常是打仗式的作为，所以本意要使自己和他人都温暖一点，却可能污染了别人的眼球也是完全无法避免的。尽量吧，我想，也许等我已经鸡皮鹤发的时候，我还是个热爱修饰，将自己打扮得快快乐乐的老顽童呢。至少俺的态度很端正哦。

至于取悦，俺私下里想了很久，单纯的时候，我们也许急于被世界认可，也认可世界，捯饬捯饬的确有取悦别人的嫌疑。但是现在，怎么琢磨都觉得每次如果自认为化妆还不算很可怕的话，首先是俺自己很开心，觉得我人生的青年阶段的尾巴还在我的手里揪着呢，还没有彻底将自己划入中老年的行列呢，呵呵，当然觉得自己是赚了！然后才是发现偶有回头率和夸奖，不管是真是假，小喜悦一下，恶作剧似的喜洋洋，像中了 50 元的彩票。

要是不这样自我扶持，这个世界就未免太冰冷了。看透的时候，心里都会结上霜花。不如糊里糊涂，开开心心，不要为难自己。对了，就这样坚持这一世剩余的生命吧。

老张加油，祝你和你的朋友、家人来年快乐、健康、遂心！

安得广厦

呜呼，安得广厦千万间，大庇天下寒士俱欢颜。

说一个关于生命尊严的小故事。

本来今日阳光异常和暖，出门时心情真的晴空万里。听着喜欢的音乐，懒散而惬意地去市场买菜，手里拿着一个红苹果很不淑女地啃着，假装百无一忧。

寓所外面的马路上新近设置了若干新式垃圾箱，左边是可回收利用的格子，右边是不可回收的废物。我估计苹果核是无法再利用的，所以打算将它回归的右边的废物箱。

一个白发苍然的老太太，正在垃圾箱右面很吃力地弯腰工作，地上放着一堆塑料瓶罐之类的零碎物品——我无法很流畅地描摹当时的场景，是因为到现在我的心还在不明原因地隐隐作痛。又一个拾垃圾的超过65岁的老人，看衣着不是从穷乡僻壤来的。只觉得心忽地提到嗓子眼上，扑通扑通乱撞，紧接着被人扼住喉咙般地呼吸不顺畅起来，来时的愉悦一扫而光。而且我手里拿着苹果的尸体陡然僵住了，不知该让它到哪里寿终正寝。片时愣怔之后，迅速将其抛弃在左面的可回收垃圾里，匆匆逃离，如鲠在喉。她在右面，我既不能无视，也不能对视，我相信无论如何，那一刻她都会觉得难堪和凄凉，也可能一生的场景在心里一遍遍地播放，直到麻木无泪。一个活生生的人，若非万不得已，谁愿意向大众展示自己并不明亮的处境或者经历呢？

耳机里的音乐忽然刺耳得不能忍受，而且朔风乍起，让人脊背生凉，大太阳底下，一个衣着端庄身形曼妙的女人突然小步跑了几十米然后停下脚步，恶狠狠地关了MP3，神态木然而内心凄凉。

生命的尊严，价值几何？

上次遇见一个老人，脸上干干净净，衣服整整齐齐，也跟这个老人一样，在华丽的街幕上挨个垃圾箱搜寻不用的矿泉水瓶子。她很美，我与她擦肩而过之后被她的老人的婉约惊呆，然后回头看见她在一个垃圾箱里认真地翻找，忽然泪盈于睫。追上去对她说：“老人家怕不怕跟我走，我家里有很多这样的瓶子，全给你。”她皱眉侧身，我又说了一遍，她歉意地笑，指着耳朵摇手，“对不起，我耳朵听不见，你找别人问吧。”我惊呆，在她眼里，我是一个求助于她的问路者，而她歉疚于无法帮助我。

行动是一致的，只不过前者尴尬，后者淡然。

一瞬间我真想揪住这些老者的子孙们那华丽或者不华丽的衣襟怒问一声：“你们会不会老？”

可是我没权利，而且我突然不能判断这些老而仍勤的国民和那些年纪尚轻而甘愿沉溺于纸醉金迷里丧失自我换取金钱的莺莺燕燕谁更堪怜。或者按照西方的某些观念，只要劳动着，就不可耻？当基本的生存权失却以后，假如是我，我会选择这样的悲凉还是那样的麻木？

每一次在这样的时候都会默默地给远在千里的母亲发誓：“妈妈，哪怕我真的选择醉生梦死，也绝不，永远不会让你这样难堪，在耄耋高龄还出门自乞。”可是心里真怕，真怕自己这样的承诺不能兑现！

每一次在心里自嘲如同负蝂小虫般拼命争名逐利时都会想起对母亲的承诺。这样的漂泊浮世，不争将何为？心下稍安！

对这样的老人，我不知道该怎么做，给她一顿饭，一个笑脸，一个家？前者不能解决实际问题，后者我无能为力。

自小至大，这样的困扰非止一桩。

有时候真的借助于宿命来平衡这样的不平。可是究竟这样无助的生命是他们做了什么样的孽债换来的？杀人不过头点地，这样的生命，是侮辱、讽刺还是济公的超脱？为他们发出一声呐喊：还我尊严！

有一个 82 岁的老“丐”，说丐不合适，因为她就在本城有孙子和孙媳，儿、媳早逝，她含辛茹苦养大了孙子，给他成了家，二人把老人家当作垃圾扔出来了，又冷又饿的老人家小心翼翼地跟我要碗饭吃，当时刚买完书，身上只有三块钱硬币，全给了她，她居然只拿了一枚，把剩下的两块钱还给我说："姑娘，我看你也不富，我就是太饿了，一块钱买两个饼子，够我吃一天了，谢谢你啊。"震撼！想带她到我租住的地方去，她含着眼泪谢绝了，"姑娘你心好，老天会保佑你的。我不能跟你去，去了孙子会赖上你，我不害人，每天要一口，该死就死算了。"疲惫不堪，把那两个硬币硬塞到老人手里，羞愧难当地跳上一辆开来的公交车，打开月票夹子，老远回望那个坐在候车亭里孤单瘦弱生命残灯余火的影子，泪湿眼眶。她一无所有，可是那么容易满足，天何不佑？

另一个老人，99 岁，遇见她时她正在我们校园的草坪上撒尿，学子教授来来往往，她没有能力顾及自己的尊严了。她没有能力系上自己的裤钩，也没法把掉在草地上的钥匙捡起来装到衣兜里。一见我就双目泪下："我老伴是这里的老师，老伴死了，儿子媳妇也死了，我 99 岁怎么还不死啊？！"叫天不灵，叫地不应。我帮她系上扣子，装好钥匙，强作笑颜安慰："老人家胡思乱想，这么好的社会这么好的日子，不好好享受怎么难过了呢？"可是这样的日子，真的享受吗？她的手里，拄的居然是一根真正的苞谷秆拐杖！而她的孙子，居然一个是本城某公司经理，另一个在德国，说起来还一脸幸福："孙子们对我好，好着呢。就是他们都忙，顾不上看我。上星期经理还开车来看我了呢！"

外婆 85 岁，所幸有姨妈们细心照料还不致受罪如斯。想想儿时她对我们的好，心如刀割，常年飘离在外，我总共才尽孝几天啊！

这样的世界，究竟怎么了？脑满肠肥者，斗鸡走狗者，欺天骗地者，哭喊哀号者，生活原来如此令人心寒齿冷！

我能做什么？！

噫，若得广厦千万间，大庇天下寒士俱欢颜，吾庐独破冻饿而死亦无憾！

吾能乎？摒弃贪欲、虚荣和浮躁，吾果能乎？为天下父母、为天下无尊严的生命一哭！

女人是老虎

昨天下午一家人去参加一个丧礼回来，车里 95.9 兆赫不知哪个男主播假作温柔理智地引导着听众要有红颜和蓝颜，听到伊老娘们似的絮叨某男人出轨了，他妻子不哭不闹，用温柔贤惠等来了丈夫的回心转意且语重心长地告知听他放臭屁的所有女人们："现在你们知道了吗？幸福是自己争取来的。"恨得我牙根痒痒一声断喝："换台换台！"老公在前面被吓得差点追尾，恼火兮兮地声讨我："想听你听，不想听你就当他是一阵空气就是了，发什么火啊？"我拧着眉毛没作声，我是真心想从收音机里揪出他臭揍一顿，再一脚把他踢到九霄云外去。

老公是不知道，我最近正为一个朋友的事情恼火着——我朋友，啊，明眸皓齿，性格温柔，处事大方，工作也不错，娘家也不算卑微——结婚时在西安买了一套房，陪嫁了一辆车，刚开始好像两人还甜蜜了一天两天，孰料刚生了女儿才 4 个多月，男人就坚持要离婚，据推测应当是有小三了。离婚也就罢了，最不要脸的是他也是我朋友一个单位的，居然提出很苛刻的条件：要女儿，也要房子，钱一分没有。好搞笑啊，出轨的是他，凭什么要那么个水灵灵的女子净身出户？人可以无耻，但不能无耻到这种地步！！况且我朋友也说了，她可以容忍男人一时的放纵，但是如果身和心都在外面，对这个家不闻不问，三天五天地彻夜不归，这就实在不可理喻了。这也就罢了，还主动要求离婚，为了孩子，她也努力挽回过这段婚姻，但是男人执意要离。刚听到她要离婚的消息，我都有点蒙，还一个劲儿地劝她为了孩子多容忍多谦让，不要太意气用事，以为是她要追求自由刻意所为。闹半天是那个看上去并不怎么样的男人居然执意要甩了她？我呸！呀呀个呸的。说实在话，我内心里一直觉得如果我是个男人，都不知道要怎么把她捧在手心上呢。老天怎么就给她安排了个这样的狗屎男人呢，太过分了！！

男权社会，男人可以为所欲为，却要女人承担一切后果，他们也不问问，自己配吗？自己是个乞丐，得了省长的位分还不满足，想要皇帝的待遇，反过来说，他们给了妻子什么呢？伤心、无助、欺骗、霸道，真以为自己是真龙天子啊？屁，我看就是个屎壳郎，只配在屎堆里拱来拱去，一见到兰花反而觉得香得头晕，不知所措，就以无耻来掩盖自己心中的凄惶和虚弱，如此罢了。

那主持人坐在那里絮絮叨叨让女人们容忍男人们的红颜知己，且反问他一句，设若是谁的女人有了蓝颜知己，并且这个颜色变绿了，哪个男人肯静若止水地忍着愤怒等自己的老婆回心转意呢？恐怕也有个别的几个，但一般不会是有本事的男人，而是些窝囊无能实在没处找下家的主。BUT 等男人回归的女人往往却是像我朋友这样的精品女，她们活色生香，有勇有智，可“再厉害的香水也干不过韭菜盒子”，她们一旦遭遇背叛，一样六神无主，一样智商为负数。现代社会，女人要工作还要顾家，哪样顾不到都是十恶不赦的，她们的负担远远超过男人。她们付出甚多，所求甚少，所得更是甚少。这，对等吗？

正如凌濛初在“二拍”中所言：“男人们可以置婢买妾，作出若干的勾当，并不为过；女人若有个什么风月上的故事，便万口訾议，认为是个行不得的所在。这正是服不得女娘们的地方。”

再说，现代社会人人精神疏离，如果满世界红颜和蓝颜，如那个欠揍的东西所放——一起吃吃饭聊聊天没有什么，反而有助于婚姻的稳定，那么为什么这个世界到处都是离婚的和苟合的，到处都五颜六色五彩斑斓而不仅仅是红色和蓝色呢？人是贪婪的动物，男女都是。

我实在不是个女权主义者，我一向觉得女人就应该有女人的味道，女人就应该尽量漂亮，多做家务，照顾老公孩子，兼顾双方老人和亲朋——但前提是，你这个男人要值得我们这么做。我也不觉得男人个个都必须腰缠万贯玉树临风，但是做人要有做人的品格。不奢求你是座可以依靠的大山，不奢求你是可以信赖的大海，因为我们也满身毛病。但是最起码的责任心和公德心得有吧？！要不你活在世上浪费粮食布匹，死到底下浪费土地和空气，你该怎么消失就赶紧怎么消失吧。那个欠揍的玩意儿还以蔡康永和小 S 为例，说蔡康永评价小 S：“她是我永难忘记的美丽。”而小 S 则说：“我都不知道没有蔡康永的生活会怎么过。”你以为人人都是潇洒不羁的蔡康永和内心无比强大的小 S 吗？你就意淫吧你，你要意淫都还不够格。一个睡眼惺忪的 2B 铅笔，哪儿凉快哪儿待着去吧，小心让愤怒的女人们把你打得五官变形六神出窍十分难堪。

据说现在流行大叔控，我不想把各个朋友们的生活一个一个梳理一遍，但是奉劝那些充满幻想的小姑娘，在中国，女人的命运得自己做主，所以第一次结婚一定要睁大双眼，听听父母亲朋的没错，如果这样还是选错了，结婚以后只要不是原则问题，那就睁只眼闭只眼啦，不能事事计较；如果你实在不愿忍受要离婚，那就做好一辈子打光棍且活在别人怪异眼神里的准备，因为男人离婚后找个大姑娘的比比皆是，女人就没有什么挑的余地了，挑的余地本来不多，这些存货中你想想要是男人主动离婚，什么原因？要是被老婆踹了，又什么原因？不要总幻想世上就一个精品男，就让你碰上了。一不小心，等伊原形毕露的时候，你就会发现是个奇葩。

这世界什么都可能缺，就是奇葩不缺，遍地都是，小丫头们，小心点哦。因为婚姻的不幸大部分都是由男人创造，由女人承受的呢。

当然，我必须强调一下，女人里也有没脑子的奇货，男人里也确实有俩精品，但是幸运地能够与他们相遇的人并不多，而且，阴差阳错的概率极大，不是说“好女没好夫，好男没好妻”吗？世上没有绝对，合适就好。但愿每一个人都能找到你的 NO.1，一生平安幸福。

给女儿一双翅膀

嫣嫣，我亲爱的女儿，过了今天，你就是十八岁的大姑娘了，我的女儿终于到了如花似玉的年龄。现在已是深夜，你睡得很恬静。窗外虫声如织，月光如水，夜晚的世界真是异常的安详和奇妙。所以，妈妈忍不住跟你说点什么。别笑话妈妈，即使你已经头发花白满脸皱纹，你还是我们的孩子啊。

嫣嫣，我和你爸爸非常相爱，这你知道。可是再亲密的人也会有想法不一致的地方，这时候就需要懂得让步，因为爱，所以不争。记住了吗？比如，当年，我是做梦都想有一个女儿啊，可是你爸爸却想有个儿子，他想陪儿子踢球，想跟儿子游泳，想和小小的男子汉一起大呼小叫。怎么办呢？你一定笑了吧，这有什么怎么办的！这是你们办得了的吗？对。所以我和你爸爸说：随缘，生下来如果是儿子就叫天天，女儿呢，叫嫣嫣——我们希望女儿一辈子都能够笑靥如花啊。

上苍厚待。当我还在产床上虚弱无比、连看你一眼的力气都没有时，听见医生轻轻告诉我："女儿。"我疲倦而满足地闭上眼，深深吸了一口气，眼泪呼啦啦就冒出来了，那两个简单的汉字对妈妈来说无疑天籁！你也许知道妈妈是爱你的，哭得格外理直气壮，格外有成就感。你是怎么知道的呢？日后每次喂完奶，看着你甜蜜地睡去，我都会仔细端详着你那天使一样纯净无瑕的脸认真地思考这个问题。是啊，妈妈和爸爸常常很辛苦，所以我没有让你在肚子里就开始听世界名曲、跳舞、背唐诗，我们希望给你一个无忧无虑、完整的童年。

嫣嫣，不要以为爸爸不爱你。刚生下你，妈妈身子特别弱，奶水不足（这一点我一直很愧疚），你那时候真能吃啊，一天要喂好多次，然后是无穷无尽地又尿又拉，动不动就扁着嘴大声地哭，好像我和你爸爸是后娘后爹。爸爸、妈妈都是孤儿院长大的孩子，你没有其他的亲人。那时你爸爸工作很累，工资却不高，咱们雇不起保姆，只好让他一个大男人在上班的间隙做贼似的偷偷溜出来加喂你奶粉鸡蛋糕，下班还要给你洗一大堆尿布，给妈妈做好第二天吃的饭放在冰箱里，总是要到很晚才上床休息。可是，即使你只是在梦里哭一声，爸爸也会飞快地爬起来抱着你，看着你的眼神柔和得像三月的新柳芽。妈妈心疼他，劝他晚上不必再起来，由我来照看你，爸爸坚持不许妈妈受累。结果，你和妈妈白白胖胖就像两只肥兔子，你爸爸却瘦了一大圈，眼圈上的青黑几个月都褪不了。所以女儿啊，要记得对爸爸好。

嫣嫣，你小时候可真是个至情至性的人啊。昨天妈妈看了丰子恺爷爷当年写给自己孩子的信，觉得你幼时跟他们太像了：的确能为一只小蚂蚁死了，哭到饭也吃不下去的地步；也的确是缠着我们要买一大堆的葡萄，左手两串右手三串，不答应就大哭不止，坠着小小的屁股哭骂："妈妈坏，爸爸也坏人，不给嫣嫣买萄萄。"你总把葡萄叫萄萄，我们纠正了多少次你都不肯改，坚持认为自己说的是对的，泰然自若。我们想想你一辈子能够这样幸福地坚持几回呢？也就放弃了。结果跟丰爷爷的孩子是那么的神似，你满足地抱着一大把"萄萄"伏在你爸爸怀里呼呼大睡，等到了家，葡萄早都一粒不剩了，你爸爸的白 T 恤却被染成大花脸，你醒来一看，乐得在地上翻来覆去地打滚，葡萄丢了，你问都不问。也许孩子们的世界是相通的，你们才是真神。

你不可避免地在长大。我常常惆怅我的嫣嫣不能再跟爸爸玩骑大马的游戏，不能再跟妈妈唱那些奶声奶气的儿歌，慢慢你还得学会成人世界的那些复杂的规则，变得不再那样透明和快乐了。嫣嫣，你上初二的一天，突然有了一个上锁的抽屉，知道你有了自己的秘密那一瞬间，妈妈真是百感交集。妈妈希望你知道，无论你在哪一个角落自己思考，在最不快乐的时候，一定要记得到妈妈身边来啊，妈妈是你生命的巢，再大的风雨，妈妈也能和你一起走过。

嫣嫣，你爸爸和我都希望你过得开心，所以从不强求你在学习上如何出类拔萃，只要你身体是健康的，心情是舒展的，哪怕你未来只能做好一个卖菜的小贩，我们也会为你骄傲。可是，自从上学，你的学习总是名列前茅，而且越来越安静，有着超出同龄人的泰然自若。我们欣慰，也担心。去年有一次晚饭后，你突然很郑重地对我们说：“爸爸妈妈，放心吧，我不怕考不上大学就吃不了饭，所以我反而能考上最好的学校。即使失败了，我也不会觉得沮丧，毕竟我努力了。”我正收拾碗筷，有点愣怔，不知不觉中，我们的嫣嫣长大了。是的，你从小好动手自己创造，用白绢给布娃娃缝衣服，用羽毛拼成一幅画。只要肯动手，人就能活下去，并且活得心安理得。

嫣嫣，那天下班回来我看见送你的那个高高瘦瘦的男孩子了，他虽然黑一点，但是能在突然变冷的秋天把外衣披在我女儿身上，自己只穿着短袖却笑得阳光灿烂，这样的男孩子是可以去信赖的。最重要的是，你在他的自行车后座上，脸娇羞得像只初摘的苹果。我躲在树后，觉得比你自己更幸福，我的嫣嫣是值得一个好人这样去疼爱的。你以后的路还很长，初恋固然十分甜蜜，生活也许会将这样的幸福永远赐予你，也许会给你一些变化，不管怎样，要学会面对和感恩。对有过的痛，记得扔掉它，而记住那些让你快乐的东西，并感激带给你快乐的人们。心中有爱，你就永远不会被自己或者别人打败。

嫣嫣，十八岁的女儿已经不再是个需要妈妈这样唠唠叨叨的成人了，所以我选择了这样的倾诉。爸爸妈妈不能给你用不完的金钱，也给不了你显赫无比的家世，我们能给你的，只有爱和心灵的自由，用这些爱当翅膀，自由地飞吧嫣嫣。飞累的时候，别忘了回来，回到你那个简单、却永远为你开着灯的巢里，歇歇脚，好继续赶路。

我的故事

妻子芸豆总是笑我早熟，我想了想还真是有可能。

我是个略微有些痞子气的男人，但是对于感情却是认真的，从童年就是如此。

小学二年级的时候，我喜欢班上一个叫桃子的小女孩，她是那一年刚从外地转学过来的，为了和她坐同桌，我几乎与班上所有男生都打过架了，直到所有的小男孩都对她这半张书桌望而生畏，而我则如愿以偿地坐在她的左侧，我常常望着她那张几近透明的脸和长长得如蝴蝶翅膀一样扑扇着的睫毛，心里无比地安定和满足。她喜欢吃瓜子，我就把瓜子仁一粒一粒地剥好放在她摊开的小巧的手心里，看她黑白分明的大眼睛里明白无误地写满纯真的欢喜，心想："长大了我娶她当媳妇，天天剥瓜子给她吃！"

课间，她趴在我的胳膊上无忧无惧地睡着了，我挺着小小的脊梁一动也不敢动，生怕惊醒了她的美梦。她的长睫毛就像一排细密而黝黑的小刷子整整齐齐合在美丽的脸庞上，轻轻抖动一下，就扫得我心头痒痒的，暖暖的。

我记得最清楚的就是那个早上，天是毛玻璃一样灰白的颜色，秋雨淅淅沥沥下个不停，我几乎屏住呼吸到了教室，心里充满了神圣的喜悦，这一切都是因为两只苹果。

那时候生活条件并不好，父亲早逝，妈妈根本舍不得买这么奢侈的水果给我吃，是远在新疆的舅舅探亲回来带了为数不多的几颗给外婆尝鲜，正好我和妈妈头一天夜里住在外婆家。箱子一打开，整个屋子都腾起一股醉人的清香，我的眼睛立马像电灯泡那样闪闪发亮起来，外婆和舅舅看着我如痴如醉的样子，哈哈大笑起来，外婆怜爱地摸摸我的小脑袋说："好了，分给你一只，小馋猫样子！"说着拿出一只最大最红的苹果递给我，他们几个用刀子切开另一只分开吃，把其余的果子小心翼翼地装入一个篮子里放到柜子顶上。实在很惭愧，拿到苹果我的脑海里第一时间浮现的竟然是桃子的笑脸，我毫不犹豫地把那只苹果装进书包，又眼巴巴地瞅着外婆的脸，嘴唇一抿一抿的。

外婆奇怪地问我："怎么不吃呢？"

我嗫嚅地低下头，不知怎么就红了脸，一只脚在地板上划来划去，犹豫再三说："外婆，能不能再给我一个苹果？"

外婆愣了一霎那，诧异地问："为什么？"

我的脸更红了，不知如何是好，幸而舅舅替我解了围，他一伸手从柜子顶上又摸下来一只苹果，递给我说："给你给你，傻娃娃。"

我高兴地谢过舅舅，把苹果塞进书包，飞身就跑出外婆家，剩下一屋子的大人面面相觑。

我去得太早，教室里还没有多少同学，我幸福得满脸红晕，一眼不眨地盯着教室门盼着桃子赶紧来上课。谢天谢地，桃子那天来得仅仅比我晚几分钟，我骄傲地掏出那只最大的苹果递给她，等着她浮起美丽晶莹的笑脸来。她当然是高兴的，可仅仅是咬了几小口，上课铃就响了，她急忙把苹果放进书包里。

下课了，我本想着和她一起吃那枚神圣的苹果，结果她匆匆忙忙跑到教室外面去了，我不明所以拿着自己那颗苹果追了出去，却看见她进了女厕所，我极力憋住快要决堤的口水，怏怏地站在教室门口等她。直到上课铃响了，她才皱着眉头走出厕所。

我心神不定地跟着她进了教室。

不容易又等来下课铃声，我高兴地掏出自己的那只苹果，只等她一声令下我们就开吃了，结果她翻了翻书包，她包里的苹果居然不见了！

她倒是无所谓，听说她们家条件比我们同班同学都好。我却立马气坏了，把自己手里的苹果给了她，馋得口水只打转，她不忍心，拿铅笔刀分了一半给我，那苹果真是甜哪，甜到人心尖尖上，让我简直舍不得下咽，因此我更恨那个小偷，暗中打听到了他的名字，下午放学的时候把他揪到操场的沙坑里一顿胖揍！他哭着跑了，我一个人流着泪在操场上坐到傍黑，是母亲在学校里找到我，拉着我的小手回家了。

小学没毕业，她突然无声无息地去了上海，没有给班上任何人留下地址和联系方式。她父母是知青，离开我们这个西北小县城是迟早的事情。可我陡然觉得天地都空了下来，一片无边无际的空白笼罩得我快要窒息了，很长时间，我都无法走出那一片阴影。

不久母亲因病早逝，我与兄嫂生活在一起，嫂子刻薄寡恩，我实际上成了四海为家的流浪儿。十六七岁的时候，我个子和头发猛长，却不长肉，一副瘦骨伶仃吊儿郎当的痞子相，但我决然归不到痞子的行列里去。举例说吧，我左胳膊上有一块丁香叶片大小的伤疤，那是我在寒冬腊月去城里拉石子儿的时候，半道上被一辆东风汽车追尾造成的。这个责任本来是东风汽车的，但是从车上下来四五个粗蛮的庄稼汉，一个满脸横肉的汉子甩手给了我一耳光，我的鼻血蚯蚓一样爬了一脸，我见他们人多势众，一声都没敢吭。他们骂骂咧咧摸走了我身上仅有的三块六毛钱，气势汹汹地开车走了，我满脸是血，手腕钻心地疼，还庆幸他们没去农场找我哥嫂麻烦。我在呼啸的北风里简单擦了两把就开着手扶拖拉机回去了，到了农场偷偷找医生包扎了一下，把脱了臼的手腕还原了，手上吊着一根红布条，不知不觉就来到西沙丘父母的坟上了。冬天的西沙丘黄沙遍野，连骆驼刺都没有一丝生机，瑟瑟地在北风里摇摆，几根瘦弱伶仃的芨芨草颤悠悠地打着冷战，父母的坟包也和我一样孤单无助地立在原野里，我满腹的悲伤不知道该向谁诉说，双膝一软就跪了下去，一声“妈”还没有喊出口，鼻涕和眼泪就“呼隆隆”从我脸上碾下去了，碾得我心肝俱碎，在这个布满冰霜的世界上，再也没有谁像母亲那样，牵着我冰冷的小手回家了！

正当我哭得天昏地暗的时候，身旁传来一个甜美的声音：“明明，别哭了，快回家吧，要起沙尘暴了。”西沙丘太安静了，只有我狼嚎一样的哭声回荡在丘梁间，乍一听到人声，我都有点毛骨悚然，惊诧而茫然地回头看，北风里一张唇红齿白的脸正关切地注视着我。原来她是农场水文队的会计，叫芸豆，大我五岁，祖籍杭州。我被这突如其来的关怀袭击了，片刻心里温暖如春。她转身走，我随后跟着，虽然她并没有牵我的手，我却觉得是母亲在领我回家。

说来我与她认识很久了。她剪着齐耳短发，长得秀气文静，她的头发总是黑油油的纹丝不乱，鼻子眉眼像一条安安静静清澈见底日夜流淌的河，叮叮咚咚欲语还羞。在农场人们粗皮糙肉满身黄土的背景下，她就像是开放在江南水乡里一支清雅的莲。她和她的父亲住在一起，很少跟别人说话，我没有探究过他们何以流落此地，倒是她父亲满墙的书柜里挤挤挨挨的书让我在闲暇时沉迷狂热不能自拔。

我偷偷地用书里的言语形容她，觉得她有大家闺秀的风范，有姐姐的亲切，有母亲的温柔，无疑是一个神仙一般的存在了，是一个我永远难以触碰的梦幻。

五月的时候，我带她去农场摘草莓。好像是黄昏吧，西天正燃烧着绚丽的云彩，她穿着一件明黄的衬衫，跟在我身后无声无息，我心里一种别样的情愫泛滥成灾。

草莓正新鲜，一颗一颗晶莹剔透，我很笨拙地采摘它们，草莓从我的大手里轻轻地落入她小巧的手掌上，阳光透过散发着青苹果气息的果树林子斑驳而温和地洒落下来，照在她手腕处淡蓝色的血管上，一跳一跳的，恰似我那时的心。我偷偷望了她一眼，她似乎毫无知觉，很认真地咬破一粒酱红的草莓，新鲜的汁水“滋”地冒到她花蕾般的红唇上，鼻尖和额头铺着一层细细密密的微汗，整幅画面美好洁净无与伦比。

世事难料，她后来成了我的妻子。

芸豆现在已经四十五岁，我们儿女双全，与世无争，过着天底下最美好的日子。她依然是我的梦里水乡，小桥楼台，夜月庭榭，空山清溪，风尘无碍。

失心症

L 城于公元 2003 年突然发现一例患者，此人总觉胸口憋闷，喘气不匀。各路一届前辈皆去拜访，望闻问切机器刀剪都用过了，却查不出什么毛病。

此君于是郁郁然四处窜逃，见医就拜。

某日到一村镇，名桃源镇，此人目前一亮，觉此镇民风淳朴，鸡犬相和，人和动物脸上都没有 L 城人的那些焦虑、郁躁、骄傲做作、不自信和自负交替出现的各种病症，只是祥和坦然，人人友善相亲。他于是深信此间有神医，于是问一路人，路人不但告诉他神医“小扁鹊”之名号，而且热心将其携至神医行诊处。

“小扁鹊”用一种特制的仪器一查，吃了一惊，原来此君心脏的部位装着一块木头，且体积奇小，非这类特微探心仪不可见也，无怪乎那些 L 城的专家学者都束手无策。

神医沉思片刻，眉头一皱，提笔写下一方：“良心半斤同情二两盐炒，豁达二两土和，山中朴实一两酒浸，爱心三两、沟通三两热焙，友谊、爱情、家庭各三两，共煮作茶饮，药引：势利，虚荣，虚伪，狠毒，此以毒攻毒。”

此君持方大愧，亦大警，汗颜而归。

然此症传染力极强。未过半岁，父子母女妻儿同事乡党互相熏染，此症候竟传遍 L 城，且症状多样，有的人狂躁易怒，有的人气量狭小，有的人疑神疑鬼，有的人爱财如命，有的人富有攻击性，有的人厌世悲观。大概千人千面，连生个病都可以因人而异，南橘北枳。

自从城里人人眼红耳热，为芝麻大小事情皆大动干戈，别人的任何举动都可以成为任何他人私下里无聊的谈资，人人都看得见别人的疮疤，照不见自己已经病入膏肓。那些咒骂别人最狠毒的病人却在暗中做着连自己都不齿的事。相形之下，倒是他们口訾舌贱的病人相对高贵和尊严些。

尤其是“势利眼”这种症候，潜移默化，自 A 至 B，由 B 而 C，猖獗滋殖胜过狂犬病。于是 L 城世风浇薄，人人却自认圣贤，贵己而轻人，竟不知羞耻何意。

这一块曾经像桃源镇一样平静的乐土如今成了人人避之不及的地方——没有学子愿赴此乡，没有官员愿守此地，没有商人在此行贾，亦没有农民愿往此地种植运送米粮。因为凡一踏入此城界碑，少则三日多则五日，失心症就像魔鬼一样缠将上来，无人可以幸免。

中央得知这一消息，大为震惊，遂以红头文件命令一批医界圣贤及科研人士奔赴 L 城邻界，驻扎研究“失心症”的成因及对策。

然一干高士经三载苦修终无良方，皆怏怏而归。因为 L 城的人要么是不长心，要么心的颜色已如墨染，病入膏肓，无药可医了。

中央苦于无计，只好望洋兴叹曰：“自生自灭吧。”

自是 L 城人被禁于一方井蛙之地，早先从南方传入的一些文明进步的状态皆已南橘北枳，人人懒惰、守旧，又总要吃海鲜穿名牌喝洋酒，而外部不复供应新货，积存城中的一点旧底被各色人等蚕食。于是，为了衣食而父子相残、兄弟刀戈相见，城中一片喧闹悖怖的景象。

不久，L 城的人全体长出尾巴和体毛，变做一城猕猴。只有一个病症略轻微的，挣扎着欲逃出城去，被 L 城的猴们群起而攻，活活打死了。

L 城的人在踏死此人后长吁一口气：“我们都长这样，他居然敢生成那样，他凭什么长成那样，实在太该死了！”

而 2008 年的中国大地，除了 L 城，皆已踏上幸福勤勉的“小康之路”。当然，包括桃源镇人们和“小扁鹊”。而 L 城，逐步从地球上消失了。

乡 关

“劝君更尽一杯酒，西出阳关无故人。”无论是在笙箫的呜咽里，还是在古城墙的剪影里，这句诗都让我禁不住地想起三个不确定的字眼：飘零，沉浮，际遇。

是概念很游移的六个字，然而我的青春年华全在这儿积淀了。

我曾经很刻意地离开家乡去闯天下，什么人都敢见——流氓、地痞、文人、学士、大官、小绅、款爷、腕儿……成也从容，败也坦荡。

记得有一回在张掖，正值我自我升华的巅峰时，突然被一些极无聊的事击入谷底。三四月正是春寒袭人的时候，我无处可去，少年的自尊又让我不愿回家，漫天的风沙裹卷着茕茕孑立于异乡街头的我。每一个人都在风里艰难地移步，然而，他们都是很快可以扑进家门的，在那个温暖的窗口下，有家人的笑脸，有温软的饭菜，而我可去哪里，何处为家？……天色渐至昏暗，沉重的行李和同样沉重的心无处依托，黑暗掩蔽下的我忽而清晰地想起家里的床被柜椅，甚至它们摆放的位置，温暖的感觉和残酷的现状在心里汇成两行冰凉的泪水，憋了许久终于潸然而下。看看天，昏黄苍茫，哀风怒吼，如一个孩子伤心至极的号啕大哭，昂昂头咬牙走向一家旅店。

每一次从异乡漂泊回来，踏上故乡的土地时，都能感觉到心潮狂热的激荡。这街市的灯光，这朴拙的乡村，这俚俗的乡音，以及高楼霓虹，以各种姿态生息着的人们，都让我嗅得出温馨与亲切来，夜色中喉头的哽咽让我一次一次地明白了“故乡”这两个字的分量。

我不能无视自己与母土，我只能逃离她四海为家，然而我又无时无刻不眷恋着她，毕竟她是亲情的摇篮，是我曾经倾尽心力播撒过爱情的地方，即使我拥有全世界的财富，没有爱恨悲欢的刻板重复也只是没有根的浮萍在随波逐流。

一度我是很向往远方的，以为那里的世界充满未知的魔力。现在却似乎很怕离家，哪怕只是出门几天。心想："再繁华的城市一样也不过是山水城池，没有亲朋会有多萧索啊！"虽然有一大堆各式各样的朋友，仍然没有那种想倾诉的欲望，假话套话不想说，真话又没人听得懂。

生计和情绪又将让我踏上茫茫奔波之路，家的窗口在牵引我深情遥望的目光，而心爱的故乡它不容我懒惰驻足。温暖的冬夜，无意间想起我又将踽踽独行在异乡街头，与家乡的一切挥手告别，刹那间床被以及柜椅与它们各自的位置都带了儿女之气。

恰在此刻，从远处传来一声闷而悠长的汽笛声，仿佛看见闪烁在茫茫旷野中那一个个昏黄的火车窗口，我居然难以自禁，热泪盈眶。

2000年12月8日，发表于《武威报》围城内外

水　水

夜气渐渐浸润过江水，江边的雾气就像水水的眼睛。

水水摇动着黑油油的大辫子顺着码头边的青石台阶往下走，胳膊上的竹篮子很依恋地在水水柔曼的腰肢上厮磨。

“水水——，水水——！”一个声音由远而近，干涩而拘谨。水水没有停步也没有回头，她知道是火火。

水水很快就要嫁给火火成为纯粹意义上的女人了。

火火长得人高马大，一身的疙瘩肉，水水专心地拍打着衣服不敢看他。

水水总是不自觉地把火火和那个男人比。火火比那个男人更像男人，但是水水就是忘不掉那个已不属于她的城市男人。那个男人总是用那双漂亮的眼睛火辣辣地盯着她看半天，然后一声长叹，骤然紧紧拥着她，像要把她嵌到他的宽厚而温暖的怀里。“水水，你真傻，你该远远离开我，我是一只狼，会吃了你！”男人在水水的耳边低低地说，咬住水水小小的耳垂。水水的心就山崩地裂般轰响，身子直往下坠，“你吃吧吃吧吃掉我吧，我乐意……！”她在心里不停地狂喊。然而男人只是咬她的耳垂咬她的眼睛和脸腮脖颈。水水就眼泪“扑簌簌”直往下淌。

男人终究没有吃了水水，水水在接到村小的通知后悄悄地从城里回来了。

水水常梦见那个男人。不给小学生上课时，她就常常在石阶上洗衣服，总是希望有一回从小渡船上跳下那个让她朝思暮想的男人来。

风风雨雨，月月年年。

水水就要嫁给火火成为纯粹意义上的女人了！

“水水，你想什么呢？”火火憋足劲问了一句，那脸涨成红布样。

“没想啥。”水水抬起头轻轻一笑，“火火，这阵子别太累着。”又低下头的瞬间水水的眼睛就蓦然蓄满了水汽，心上猛地一疼。“认命吧。”她想。

“水水，你怎么总是穿那么素？你穿红色褂子才漂亮。”火火又吭哧了半天冒出一句，小心翼翼地想拉拉水水的衣服袖子，却最终没敢拉。

水水偷偷望了眼局促不安的火火，心里针扎一样地疼。“那个男人从来都说我素净清爽呢。”这么想着，水水就对那个城里男人的曾经令她心醉神迷的亲吻和拥抱感到一点恨意，一点怀想，又对火火的忠厚感到愧疚……

衣服洗完了，水水直起身轻轻捶了捶腰。

“走吧。”水水说，脚没有挪窝儿。

“走。”火火说，眼睛里忽地蹿上来一股小小的火苗，同时一只手哆哆嗦嗦伸上来停在水水的脖颈上。水水心里鼓励着火火勇敢地做什么，身体却僵僵的不会动也没有半点激情。她奇怪那个男人拥抱自己时自己怎么会全身触电，幸福得恨不能死在他怀里。

火火终于很笨拙地吻了水水。两扇嘴唇可能因为紧张干裂得分分合合，水水觉得有些费劲，却感动于火火的笨拙和战战栗栗。

那个男人亲着水水时，水水永远不会觉得累，她渴望着那个不属于她的亲吻。

水水还是很快要嫁给火火了。

水水不恨水水安静地认命了。

江上的水汽仍静静地笼罩着。

1999 年 3 月发表于《西凉文学》

麻　木

下午在菜市，看见一个女人买鸡。活生生一个芦花大母鸡，秤上一过，五斤半，反剪着翅膀，活像一个被五花大绑的囚犯。

它倒是相当从容自若，姿态优美地偃卧在秤盘中仿佛表演体操。因为怕看见它被宰杀的样子，我拧过身子去。奇怪，听不见宰鸡时的扑打、临死挣扎等等哀鸣，偷眼一瞧，胖大壮硕的女老板已将鸡血肉模糊地倒提起来，一只手舀起半盆开水，“哗”地倒进一个圆筒状到处是蜂窝般开口的铁器里，十分娴熟地“扑通”将长眠的鸡扔进去，一点水花都溅不起来。一按电钮，伴随一阵机器和谐悦耳的振鸣，鸡毛和水源源不断地从铁器下方流出来，2 分钟以后，老板停了机器，再倒半盆水，“哗”，又流出鸡毛水许多。就是一瞬间，从铁器出来的芦花鸡已光着优雅的身子，赤裸裸地睡在盘子里了。

我一时想起“血滴子”这种清朝宫廷里的秘器，我曾经好奇它如何令时人那样闻之色变。这一刻看见这杀鸡利器，有几分恍悟，且很想走过去看看它到底为何有此等矫捷身手，却不敢过去，因为那里每天有多少鸡的魂魄在游荡着，我若也可以像这些视死如归的勇士一般，尚可进入内部探究一番，然我毕竟无鲜艳美丽的鸡毛可褪。

鸡笼离杀鸡器皿咫尺之遥，笼子分上下两层，巴士底狱似的，挤着二十来只肥瘦各异的鸡。我特意弯腰看了看笼里鸡的表情，它们冷冷漠漠，一副事不关己的样子，振翅、搔羽、吃食、喝水，有一只红冠白毛的公鸡见我参观，居然很兴奋而谄媚地高啼了一声，谁也不在乎可能数分钟之后就会在那铁器之中一番血溅，更变做哪家的桌上美餐了。或是如庄子，已看多了这般场景，竟无为而治了么?

想起儿时家里杀鸡，被逮住的倒霉鬼不免是要声嘶力竭抗议一番，待明白此举无效，便恐惧地索索发抖，用乞怜的眼神看人。而笼中它的同伴们便是不曾目睹屠杀现场，也要愤怒地上蹿下跳，鸣叫半日方休。等人再喂食时，立刻全体警戒起来，睁圆眼睛，不安地朝后退，一副随时准备战斗的神色。

有一回，爸爸将一只鸡都宰了十几分钟，放在地上等开水时，头只连一点鸡皮的死囚突然猛站起来，拼命地四处扑腾跃挪，从屋门一直跳到大门口，才猝然而亡。鲜血直淋沥了二十几米远，像一个战场!

花 街

不经意间秋气已经浸淫过来了，那炙人的艳阳黯然离去而凉意先是顺着裸露的胳膊和腿脚，而后心头也缠绵起那丝丝缕缕的乡愁以及无名的伤感。“日暮乡关何处是”“白云千载空悠悠”，古人的探析穿越时空潮水一般纷纭而至，让人分不清哪儿是河哪儿是岸，哪儿是夏花哪儿又是秋叶。

雨是说来就来，不带丝毫迟疑。天空的秉性，除了沙尘暴，风霜雨雪都是坦荡如砥的，想怎么着就怎么着，不像我，连路都不大会走了，所以我比以前愈发欣赏天空了。在这条人来人往的金城最繁华的路上，我恐怕丢掉了我自己，我是哪一个陌生的灵魂?

槐花细细碎碎落满了人行道，我的另一个影子浮在空中，悲悯地注视着我像一朵虚弱的无形的被秋意涨满的莲，以凋零前的姿态努力地心碎地撑着那一瓣红，恍若梦中。因为对同类的眼神和心计都感到恐惧，包括恐惧自己在进退维谷的悬崖边疯狂地且吟且舞，所以恐惧与同类手的接触。我不愿伤害，而伤害常常不期而至；恐惧于和同类眼神接触，我怕那些眼睛里一闪而过的内容像剑一样刺伤我仍旧痴狂的心。我像一朵心碎的莲，开在飘落一地槐花的街上。

十几年前初恋一位来自大漠的铁汉子，总是幻想能和他双双依偎于青青河边草，无语远望，将那种失重的惆怅溶入对方心中，再酿成一杯单纯而朴厚的酒。那时至今只读过一两本武侠，今天行在这街上，在碎了一条马路的槐花中穿行，突然想起自己的爱情经历，觉得自己更像个仗剑天下的男儿，哪里还有一点小女人的花哨。太多时候，我活着必须靠自己。

秋气浸润过，身在异乡，雁鸣天寒，人情冷暖皆让人体之若发肤，一生似乎是一闪而过的一幕戏，若这条铺满花瓣的小街，有声的无声的，若还可以重新拍摄剪辑，那定是另一个版本。不会再脆弱和沉默到烽火连天时仍然埋头苦作，以为时间可以证明一切。

哪知，任何一个身躯都绝对经不住千百双眼睛成年累月的盯视呵。就像一片被蛛网卷曲的叶子，渐渐地，心都憔悴了，被捆缚得筋骨僵硬，却挣扎着硬要舒展，那会是砭骨入髓的痛苦啊。

吊兰的沉默

我清楚地记得这盆吊兰——买来不多久学校放寒假，到开学的时候除了一枝纤细的几乎看不见的小枝孤零零地扎在盆里，别的都枯作一堆化为春泥了。我当时不假思索地把它扔到阳台角落里，打算趁闲倒了土，以后抽空再养新花。

突然有一天，发现这枝小小的花苗——连脑袋也顶不起似的小东西居然长出小小的一盆，快把花盆挤满了。这时候怀着孕，格外不舒服，可是这枝青绿喜人的吊兰招展的小手让我看到了生命的喜悦。老公说："这你要记我一功，我一直给它浇水呢，要不然早死了。"

休产假住在宿舍不方便，就小心翼翼地把这盆吊兰移到家里放在台式电脑的旁边，不仅看着舒服，对身体也特别相宜。如此直到孩子出生都几个月了，这盆吊兰还在我的书桌上青翠欲滴地招摇着，越发让人喜欢。家里的抽油烟机废油多，我经常把它们倒到小区的花池里——听说倒到下水道里可能会变成我们吃火锅的地沟油，所以我老想着怎么能废物利用。这一天无意间从网上得知抽油烟机的那些水油可以用来养君子兰，听说养的君子兰会特别肥。遂忐忑不安地将一盒废油倒在这一小盆吊兰里，幻想着这些自由自在生长的小东西可以饱吸养分枝繁叶茂——当然也害怕将它们爱死。

情况自此开始不妙，原来蓬松的花土逐渐板结成密不透风的一块，浇水以后再也听不见类似于小孩吃奶的噗呲噗呲的欢喜的声音，没有欢乐的气泡咕嘟嘟冒起来，小东西们的绿色手掌慢慢地垂下去不少，接着不少的叶子开始枯死，昨天一看，天啊，连主干也开始枯萎。我这才慌了神，赶紧把花土全部倒到垃圾箱，从花池里挖了不少的沙土，把尚有生机的一些枝叶重新栽到青瓷小盆里，我想它一定会茁壮成长的。

总结了一下，吊兰是一种高傲的植物，哪怕已经沦落为盆栽的，它也有自己的骨气，绝对不会喜欢那些油腻的污脏的所谓养分，只需要你在想起来的时候给它一杯普通的清水而已，不是所有的东西都喜欢膏腴粱肉的。想起不知是归有光还是龚自珍先生写的《病梅馆记》，那些生动的描述，应当是相通的，我实在是一个蠢人。

这盆吊兰以自己的沉默给了我一个警示：顺其自然，也许是最好的生活和生命的方式。

木　脸

李简前半生历尽坎坷，人至中年终于时来运转，一举登上某局局长宝座，自此俯仰尽是奉承之声，来往皆是歌舞升平。

话说一日，李局因“公事过劳”而住进医院，探望的小车排成了长队，成为医院一大景观，连医生护士都对他格外甜蜜几分。不期这个什么怪病居然让专家大师皆手足无措，李局终于一蹬腿悠悠上升，上升的过程中一双双绿幽幽的火苗让李局已经死去的心有一种莫名的惊悸，那火苗是从人眼中飘出来的。

追悼会举行时，李局梦到即将接替自己的新局长脸上一片悲痛，心里却在偷着乐，并且暗自念叨：“老贼啊，你才死吗？”妻子儿女一边哭着，一边却在盘算房子票子该怎么分配，而平日里那些拍马溜须之人亦是各怀心事，脸上浮现着疲惫困惑和心不在焉的神气。

李局在这一片真真假假的泣哭声中忽悠悠醒转来，人们发现马上进入火化炉的尸体突然坐起身来，立时惊得四散奔逃，李局在带着尸臭的殡仪馆空洞洞的现场古怪地咧了一下嘴，想笑，笑不出，想哭，亦哭不出来。

李局活转之后，失去了一切表情，不会笑不会哭，整天像僵尸一样来来去去，上级因此让其病退回家。外人对于李简此人议论纷纷，说人怎么可以说话时什么神情也没有呢？其实李简觉得，没有表情了好，用不着再装模作样装腔作势尔虞我诈，只管僵着脸看人哭人笑，挺好。而且，狼比人好，狼只是在饥饿的时候才吃人，像人吃菜一样。可是人不饿也要下意识地咬人。

一年后，李局真正到阎王那儿去了，人们当然很快就忘了李简这个木头人。不想阎王和判官一见李简连个笑的表情都没有，更别说谄媚了，竟然异口同声地说："妈的，还没见过如此牛的鬼呢，准定不是个好鬼！"李简于是在阴间也开始了苦难深重的一年。

人不是说"阎王好见，小鬼难缠"的吗？李简木着脸在阴间作牛为马，心里一直盘旋着这个疑问。

后记：这是我1997年写的一篇小文，过了许多年也没见什么奇闻轶事。变化的只是那时候我痛苦时哭，现在我痛苦时主要是笑；那时候痛时觉得周围的世界真是灰暗无光，现在极度痛苦的时候觉得周围的世界真是美好，姑娘漂亮，孩子粉雕玉琢，实在是太让人迷醉了。

麦　客

凉州城之外可有麦客，无从知晓。也不知从哪一年开始，这一个衣衫褴褛、浑身散发着酸腐汗腥味的群体亮相古凉，他们说着东西南北的话，在酷热的蓝天下撒向金黄的麦浪之间，那挥汗如雨的劳作的背影一次又一次让我对他们产生某种感情。

早些年，地多地少的庄户人都不舍得或没有余钱去数给麦客。这几个年头，每到麦收时节，坐上公交车，就听别着大哥大的乡下爷们讨论："刚开始那两天才十块钱，昨天去找就已经涨成三十五，就那还是稍微能干动活的，嫌贵说等两天吧，这不是，刚才一问你知道啥价码？""四十？""稍看得过去就得五十，不行些的四十五。四十，门都摸不着！""一天一个行情啊，不收烂到地里呢也不得成。"

要么一车全是神情兴奋、满面尘灰汗渍的麦客，手里提着他们驰骋天下的道具——裹在蛇皮口袋里的弯弯的闪亮的镰刀，车厢里充盈着乡野俚语和刺鼻的味道，然而我觉得这一种沾着麦草气息的酸汗味是久违的东西，它让人看得到蓝天白云下丰收的田野，而这一群一群麦客在付出劳动随之腰包鼓起来后那种喜悦和乐观在不知不觉中就能感染我麻木的灵魂，思维活跃起来像小蝌蚪，一扭一扭，无忧无虑。

是麦客像洒遍田野的麦子一样让人感到实在么？是麦客像我们先辈一样是真正的农民所以我们嗅得到先祖的气息么？

在虚伪做作、欺诈和利欲攀满城市的时候，麦客从山里携来一把原始的朴拙的火，从这一片田野到那一片田野，他们让世俗的酸气无处遁身，包括我自己，终觉得无论怎样用后天的傲骨和美丽衣装包裹，也抹脱不了骨子里那种穷酸气。

2001年9月6日　发表于《西部商报》副刊

第三部分

尘埃微语

尘埃里半开的花

关于莲叶

冰心妈妈关于荷叶和红莲的深情叹息仿佛已经是上一辈的故事，穿过整整四分之一个世纪的烟尘回望过去，年轻稚嫩的我在铺满月光和碎花花的校园里写过一篇《摇篮》，发表后一位男士羞羞答答地问我："你的妈妈真有那么美吗？真好羡慕你！"这位羞羞答答的男士后来成为我的前夫，又在短暂的交汇之后各奔东西。

当时我的回答有些模棱两可，只是置之一笑。《摇篮》里妈妈的形象纯粹是从古典文学中组合出的长裙曳地、温柔贤良、如水如花的梦幻。而现实中，很遗憾，我的妈妈体胖如桶、憨态可掬，无半点动人的韵致。不过，我一直深爱着我那一生操劳形象粗鄙的母亲，近日来更是歉疚萦怀。

父母皆是平常百姓，供出一个"不像他们生的"女儿来（我们公园的大妈们这么说），应当是跟着女儿好好享点清福。可惜，我空空生了一副还算凑合说得过去的皮囊，却长了一颗"上进"或者说"不安分"的心。上班近三年，薪水比同龄同地域的人稍高一筹，我学钢琴、买吉他、学电脑、考本科、当"编外记者"……按老妈的话说：总理也没有你那么忙。

忙的结果就是经费上捉襟见肘要父母不时救济不说，很长时间了才回家拖拖地板炒个菜，连做女儿最平常的孝道都尽不到，心里确实不好受。

母亲是一日比一日苍老、焦枯、迂讷，却总是牵挂着我的一切。

今年二月份，不知哪根筋搭错的我非要请假去张掖赴记者之路，父母苦劝无用，我一头栽入未知世界之中。临行前，母亲匆忙、神秘而又羞涩地把一块红绸布从柜子底层取出来塞入我的小包："建华，带上啊。"见我表情有异，母亲慌忙解释："妈算好了，今天是十九日，三六九，往前走。长长久久的日子要挂个大吉大利的红。"说完，眼眶里似有泪花直转悠，我也有些眼眶发红，故作轻松地说："妈，真的没事，说好的过去就上班。"其实，谁也明白我在撒谎。当时真想扔下包不走了，在海藏庸碌一辈子有什么不好，那么多人都在过，我何德何能，偏要开天辟地？

在张掖的一个月，许多事情如同戏剧，教我欲哭无泪。度过戏里戏外的一月，我在张掖广播电视报社走马上工。忙碌、紧张和疲累的生活正是我所向往的，我工作得很投入。除了工作，我所有的精力都投入了另一场战役——所谓爱情，与京如同隔山隔水的海鸟，天天电话不断呓语连篇。我在河西大地上匆匆南来北往，与京的电话联络也为邮电事业做出了极大的贡献。二轨并行，难免身心憔悴。我渐渐感到力不从心。

有一段时间，我每天只吃得进一小碗饭，总是迷迷糊糊，想起过去心乱，想起未来心里更是杂草丛生，莫名其妙就想哭——人为什么一定要争取什么呢？

母亲知道着了忙，先是给我打了一只镯子，金灿灿硬让我戴上，说可以避邪。我不能戴着镯子夺人眼目地去采访，但是把它带在随身的小包里时不时看一看，毕竟那是年事已高的母亲一片深情呀。一天我刚从省城出差回家，母亲又急巴巴地说："姑娘，妈给你算了一卦，算命的说你最近心情不好，烦乱，十五日跟我到海藏烧香去，记住了？"

我望了望母亲："妈，我不去，我知道我是怎么回事，我会好起来的。"

"不行！"一向不怎么有主见的母亲斩钉截铁，我只好遂了她的心。孝顺孝顺，要顺应长辈嘛。

后来不容易给母亲买了几条裙子置办了几双鞋，她高兴得把她旧日几条裙子也翻出来，一天换一条，逢人问就自豪地说："这是我们建华给买的。"

我常在歉疚时对母亲说："妈妈，对不起，让您辛苦了。其实儿孙自有儿孙福，有啥事儿您把心放宽些，还操心我们一辈子吗？"

"唉，有了孩子你就明白了。不要说对不起，妈永远都不会生你们的气。"母亲长叹一声。我却一愣怔，有孩子？这辈子，我会有那一天吗？如果不能对孩子的幸福和未来负责，人该不该有孩子？

一回做梦自己在一口深不见底的井里不停不停地下坠，第二天告诉妈妈，她眼圈微红说：“昨天我也梦见一个白胡子老头用手一指，一只白兔子和一条黄狗从我家门里忽悠悠飘出去升天了。”（外婆属狗，我属兔子。）母亲的言语间非常担忧。其时我的确有些迷惑，总觉得人世无常人心无情活着真是太可怜太无聊。但是我装作毫不在意地嘻嘻哈哈：“妈，您要着急就去看看外婆呗。”对自己的颓唐的心绪一点不提及。母亲沉静了半晌，意味深长地说：“姑娘，妈给你说，你要想开点，人一辈子，没有什么事过不去的。你看那些老头老太太，练气功练太极，活得多乐和，你一个年轻人有什么不高兴的。你得耐心等，付出了一定会有收获的。”我背转身去，把呼啦涌上来的眼泪憋回肚子里，假装眼睛痒痒，很夸张地挠了半天。

我这么大了，还老要父母操心，我算哪门子女儿。真是空负了亲朋邻居赞叹的“妈妈养了个好女儿”的赞誉啊。我以为自己掩饰得好，以为母亲老眼昏花，其实她都清楚。

今天，我已不再怀疑自己的努力，不再为任何人任何事生生死死投入一切。因为珍惜点点滴滴的幸福，我的生活居然格外平静起来。我不去奢望未来什么样子，但是相信只要耕耘就有收获。

这一切，与母亲朴素而深情的导向是分不开的。祈愿母亲长命百岁，吉祥如意。

沛沛的雷人童趣

儿子一天天大了，越来越有主见，越来越会满嘴跑火车，并且有时自己笑得前仰后合。简单地记录几则吧，留着他长大时看自己曾经多么“幽默”。

1. 儿子在网上看“儿歌串烧 50 首”，突然大叫：“妈妈妈妈，我知道了！”我惊讶地问：“什么？”他兴奋地说：“妈妈我知道‘两岸猿声啼不住，轻舟已过万重山’的意思了，就是船走得特别快，手里提的包太重所以提不住了，绳子断了，包就掉到河里捞不出来了，对不对妈妈？”我笑倒。（教育略）

2. 儿子不知道从哪里听见“娘希匹”这句蒋介石骂人的口头禅，回家来不知道因为犯了什么错被我凶了一顿，他小嘴一噘小声嘟囔：“娘希匹！”我一听又气又可笑，但是不敢笑出来，强绷着脸问：“你跟谁学的这句话，妈妈告诉你这可是错误的哦，是骂人的知道吗？不能学，学了的话别人就不喜欢宝宝了。”沛沛抬起头用最纯洁的眼神看着我说：“妈妈，以后要是爸爸凶我我就叫爸希匹，妈妈凶我我就骂娘希匹。”我终于崩溃，笑倒。（教育略）

3. 沛沛一岁半时，我教他李白的“日照香炉生紫烟”，他正偎在我怀里一手抱奶壶喝一手摸奶奶，然后顽皮地随口就把该句诗篡改为“日照香炉摸奶奶”。并且至今不肯更改。可怜李白若地下有知，不知当哭当笑，大概哭笑不得吧。

4. 刚学认字那会儿，沛沛拿到中间的“中”那张识字卡片，很聪明地大喊：“妈妈这个我认识。”我说：“哦？是什么呢？”沛沛说：“擀面皮的擀。”我愕然，再一看，果真，我老吃擀面皮，这个“中”字很像一块面皮中间竖了一根擀面杖，可不是个“擀”吗。接着，该屁孩又指着“车”问我：“妈妈这是什么？”我循循善诱状：“宝贝啊，这个字就是宝宝最喜欢的汽车的车哦。”沛沛眉毛一拧大叫：“不对，连车轱辘都没有哪里是‘车’字，妈妈骗人。狼来了的坏妈妈！”我跌倒。

5. 一天，沛沛问爸爸：“爸爸爸爸，我是你和谁的宝贝？”爸爸说：“我和妈妈的宝贝呗。”该屁孩若有所思。下午起床突然大喊：“叶锦云——！”老公应声而到说：“怎么了宝宝？”沛沛挤挤小眼睛：“我要当你爸爸，我是你爸爸，你是我额稚（儿子发音）。”爸爸说：“不能嘛宝宝，爸爸生的你，你要叫我爸爸。”该屁孩扑通躺床上开始驴打滚：“不嘛不嘛，我就要当爸爸，我要和你换掉。”我们正处于不知所措的状态中，他又叫了一句：“我是你老稚（子），你要是不听话我就可以打你屁屁哦！”我眨眨眼没反应过来，他又说：“我还要当女的，生一个宝宝，宝宝不听话我就可以当妈妈凶他。”我俩齐跌倒。

6. 看完《喜羊羊和灰太狼》，我们带沛沛上奶奶家。爸爸出门，沛沛直追，我跟后面喊：“慢点，别摔了。”该屁孩一边气喘吁吁跑，一边漫不经心地说：“没事妈妈，我有超能力，收（嗖发错音）地一下就赶上爸爸了。”我笑，然后该小屁孩朝 100 米外的老公大喊：“爸爸等等我，要是不等，我就用龙卷风把你卷走，我就用少林武功打倒你，要不就把你塞马桶里，呼啦一下冲走！”那个喘呦，那个上气不接下气呦，老公和我同时笑倒！

7.2012 年 6 月 17 号下午在奶奶家，我和沛沛的三姑躺床上拉话。沛沛说要把不听话的小朋友扎死（用铅笔），我大恐，说：“可千万不敢哦，你要扎瞎了人家眼睛，你就得一辈子挣钱给人家花；要扎死了，你就得一辈子养活人家爸爸妈妈知道吗？人家也是爸爸妈妈的宝贝，人家爸爸妈妈会饶不了你的。”沛沛说：“哼，我才不会给他们花我的钱。我要给爸爸妈妈买好吃的，还要给我的孩稚（孩子）买好吃的，买玩具，买大吊车，买飞机，买漂亮衣服。”我和他三姑笑。然后沛沛顿了片刻，翻了下眼珠，又很认真地说：“我主要是想让我的孩稚（孩子）幸福知道吗？”我愕然，我从来没有告诉过他“幸福”这个词啊？然后，我故意问：“沛沛，幸福是什么呢？”该屁孩凑上来亲我一口说：“幸福就是快乐的意思，这么大人了，连指阁（这个）也不懂，老白！我亲你了，你就很幸福，就是指阁（这个）意思知道了吗？”我和其三姑同时大笑跌倒，沛沛翻翻眼睛问：“你们两个老白笑什么呢？这有啥好笑的。神经病犯了？”教育略。

8. 2012 年端午节在奶奶家，由于逛街太晚了没回家。第二天一早醒来，沛沛打量了下房间说："妈妈，怎么今天这么快就天亮了呢？难道天空有开关？"我和沛沛爸爸一起笑，好冲鸣（聪明）的孩稚（孩子）啊，想象力太丰富了！

9. 还是端午节，还是在奶奶家，沛沛说了脏话，我看他一眼，他主动趴床上，我在他屁股上打了两下，他站起来，恨恨地看我："哼，打人是不对的，下次我带胶水来，给你两个手涂满满的，把手给你粘住，看你还打我屁屁不了。看你怎么办？！"

10. 还是端午节，还是在奶奶家，沛沛的 14 岁的小表哥科科逗他：我给买肯德基吃，叫你妈妈"张魔鬼"好不好？沛沛为难地看看我，又看看哥哥，然后很爽快地叫："张魔鬼。"哥哥说："叫 10 遍。"沛沛叫："张魔鬼张魔鬼……张魔鬼。"哥哥得意地"狞笑"着出门买肯德基去了。一会儿兄弟俩就在奶奶家的茶几上开吃了。沛沛吃得满嘴流油，小肚子溜溜圆。然后叫我："妈咪，我肚肚疼。"我说："你不是说肯德基是坏人带来的垃圾食品吗？怎么就那么没出息，有奶就是娘，坏东西。"沛沛扑到我怀里撒娇："妈咪妈咪，不生气了哦。捋捋小肚子吧。"科科继续逗他："沛沛，叫张魔鬼。"小屁孩回头甩了一句："不叫，我才不叫呢。什么张魔鬼，这是我妈妈。胡说八道！"全家人笑倒。小家伙又补充了一句："爸爸妈妈爱我，我也爱我的爸爸妈妈。他们都是我的好孩稚（孩子），你，曹魔鬼（科科姓曹）。"然后小猪一样在我怀里拱："妈咪妈咪，亲爱的妈咪，我喜欢你。不生气了哦。妈咪，妈咪，妈咪。"全家在场十几口人皆笑倒。

11. 吃过早饭，沛沛说肚子疼要拉臭臭，我一边给他取马桶一边说："有个人名字叫'杜子腾'可好玩了。"我叫："杜子腾。"沛沛大声应道："到！"母子两人笑倒，然后这成了每天早上的必修课。如果一天忘了，沛沛会大声提醒："妈妈你今天忘掉叫'肚子疼'了！"

12. 晚上散步，沛沛突然指着天上的月亮说："妈妈，是谁那么有本事把月亮挂到那么高的地方去的呢？而且，月亮有时候是圆的，有时候是扁的，是哪个坏蛋把月亮啃掉了一块又一块呢？"

生命如同花开

已经许久没有写过什么东西了，总是忙得晕头转向，却说不出忙到什么事情上去了。工作就像面筋，看上去虚虚泡泡，一捏就出水；生活也并没有单身时候的闲适、做作和诗意，有时候打算抽点时间感伤一下，或者是儿子凑过来说："妈妈，咱们做游戏好吗？"泡汤；或者是老公过来摸摸我额头说："怎么了今天，不开心？突然又听上伤感的音乐了。遇见什么事情了？"泡汤；或者某很久未联系的学生致电于我："老师，考研要注意什么，现在该怎么做？"或者新生问我："老师，你怎么看待恋爱问题？"……总之，我虽不会权谋，也得有满脸笑容，否则生活就处在十五个吊篮打水的状态中，令我惶惶然如丧家之犬。我还哪儿有小资的权利和资格呢？

现在，晚饭刚完，家里是上午下班做完饭收拾过的，衣服也刚收好，最近监考也不用操心工作中还有什么蜘蛛网似的大小琐事纠缠，老公和儿子拿着长枪短棒（水枪和泡泡枪）出门散步去了，我颈椎病复发，眼歪鼻斜实在不便出去影响市容。所以，很可能有空坐下来写一两句话了。倒有点失语——因为长久以来一坐下来写，就要往论文那里靠拢，那又是我最讨厌和最烦却不得不最用心的一种文体，真的，如果它是个人，这又是一个没有法制的社会，我准定像李白哥哥一样仗剑一跃，杀了它丫的。我们这些所谓的知识分子坐在椅子上写着一些连我们自己都厌倦自己都不知所云却必须要铅印的东西，难道不是莫大的讽刺和耻辱么？它那样无耻，却要那样道貌岸然地蹂躏我们的尊严、时间和幸福的感觉，我们还不能恨它，这算什么？！

罢罢罢，不说这些了。咱矫情下，表扬下我的老公吧——我说不出"爱"

还是“不爱”这样的字眼。年龄渐长，渐渐对于这个字眼严肃起来，表面上跟死党嘻嘻哈哈没心没肺，有时候自大得觉得自己是白莲花一尘不染，有时候又自卑得看见咬过人的狗都低眉顺眼（除了社会实在过于复杂浮躁，这当然是一个女人不成熟的表现）。所以，对于这个跟我相守已近5年的男人，即使是私底下，我也不敢轻易地讨论什么过分庄重的话题。他最大的缺点应当属于心眼好但脾气不好了，嘴巴快，直来直去，估计得罪了不少人。但是，结婚头两年他从没跟我发过火，后来因为别人做了一件让他很受伤的事情一度常在我这里发脾气，我提出严正的抗议后，他重新回归到温和理智的好男人状态；结婚这么多年，常常是他做好了早餐叫我、叫儿子吃饭，因为我不敢用高压锅，不会用豆浆机；以前他一个月会有一两次和单位的同事出去打打麻将，我不喜欢，认为那是赌博，他也坚决戒了，只在周末和姊妹们在他妈那里玩一会儿，反正一家人，没有什么彼此，我也不反对；我颈椎病严重，他买了N多种治疗颈椎病的物件，包括按摩枕、治疗仪、足浴盆、若干项圈（叫不上名目的），还常常人工帮我驱魔祛病（按摩）；儿子调皮捣蛋，他几乎很少发火，总是很耐心地照顾那个小猪头的饮食起居；饭后他几乎包了洗碗的工作，洗澡后他几乎包了洗衣服的工作，饭前他几乎包了采购的工作；洗衣机坏了，他能够很耐心地把该物件的手脚鼻子眼睛嘴全抠下来，一件一件复原；我每月那几天，他能够包了几乎全部的家务；因为当过兵，他叠的衣服有棱有角比我可强多了；家里有风有雨，他总是遮风挡雨的墙和伞；基本按时上下班，很少出去跟狐朋狗友混……哎，写写写，就觉得状态不对，怎么跟脑子里塞了砖头似的，硌得人难受呢，原来仔细看过去，老公有这么多好处呢，说也说不完。而且写论文写得脑子短路，写这个居然觉得力不从心，有点像感冒却吃了避孕药，乱套了。是啊，我老公怎么看都像个模范丈夫哪。那我又关心过他什么呢？不温柔，不像淑女，经常犯神经，尤其工作特忙然后身体又捣蛋的时候，连老公带儿子都得遭殃。他能忍受我，我有什么不能宽容他的呢？不就是不喜欢洗澡吗，不就是个别时候给我发了些无名火吗，不就是喜欢乱开玩笑吗？生活在这样令人疲倦的世界上，只有家才是一个人的港湾，才是鸟儿永久的巢穴，作为一个女人，我应当为他和儿子提供这种庇护吧。人活着是应当感恩的，没有谁天生就应该让着你宠着你，他也是没长大的孩子，他也需要宠爱。不知道是哪一天，突然想起妈妈告诉我的这句话，“他是你的男人，女人要懂得心疼丈夫，丈夫才会宠你爱你。”这实在是太有道理了，世界很残酷，谁都很疲惫，谁都不是金刚不倒刀枪不入的人，“人在江湖飘，哪能不挨刀”，所以有缘相守的话，请好好珍惜吧，家里没有谁对谁错，没有谁高谁低，赖一赖又怎样，吵一吵有何妨，以心换心，相依相偎才是真的。

他经常开玩笑：老婆，等你活到 85 岁的时候，我和你一起上天当神仙去。我笑笑：“那不成老不死了，我才不想活那么老呢。”枯燥和无奈的生活已经让我们失去了爱的能力，但是，这是不是也会偶尔地让人感动呢？多找找老公的好处，多看看儿子的长处，生活就会显得很美好哦。

要不然我们老看着生活的阴暗面，整天地让自己郁闷着，自虐就那么好吗？女孩子和女人们，打扮得漂漂亮亮，笑一个给大爷，开开心心地活吧，善待自己，也善待别人，总是没有错的。试一试把坏的逐渐变好点，把好点的变得更好，不追求不朽，只追求简单的开心和努力，这样的生活就像自然界的花开花落，也挺好的貌似。你说呢？

唉，说了半天，无头苍蝇似的，儿子回家了，又缠着我说“抱抱抱抱吧妈妈。”更乱，不写了，惊堂木一拍，我走了。哈哈哈哈哈哈。

衣 癖

对于漂亮衣服的贪恋，大概是每个女人的天性吧。而我于之，则远甚于美食、首饰和探亲会友。仔细追溯起来，这种恋衣情结要归结到童年和少年时代的家境中去的。

小时候，父亲常年在南方工作，母亲一个人既要上厨下地，又得照管我们姊弟三人，那种辛苦不必细述便可想见，然而要强的外婆和母亲从不让我们着破衣履野尘。记忆中我的头发总是梳作两条油光水滑的辫子，不多几件衣裳，也总是洗得一干二净，连补丁都打得很正规细致，绝不马虎。母亲至今还常抹着笑出的眼泪说我从小的干净——刚会坐起时我拉了粑粑从不乱挥乱抓，而是乖巧地抬高两腿或轻轻一滚，高撅着屁股等大人回来，就那一个姿势能坚持很久。而弟弟们则都有过因为疏于监督——多半是自己又好奇心太强，所以用五谷轮回之物抹了大花脸的光荣历史。于是，茶余饭后，这段话题成了我们一家人取笑弟弟的资本，时不时拿出来晒一回。成家后，俩弟媳妇也加入耻笑他们的大军，两位少爷常常笑得擦着泪追打敌军。

及后父亲调迁回来，全家搬入城里，姊弟三个依次上学，家用陡显紧张，父亲又一心指望我们成龙成凤，便格外地削减了我们的衣饰开销。我们虽然学习上皆是很争气，总是让开家长会回来的父母十分宽慰，但是我个人真的是很羡慕同龄小孩儿的漂亮衣裙。我觉得人家就像公主，而自己却是一只令人沮丧的土拨鼠。及至我们相继升入一中之后，开始爱臭美的女孩子群里，我简直就像只鲜花丛中的绿头苍蝇，连小蜜蜂都算不上，又傻又丑。父亲有时候买了新衣也不许我穿，怕穿多了影响学业，于是只能眼巴巴地看着同龄女儿家个个花枝招展，我却只能狗尾巴草一样蜷缩在暗角里发愤读书。有一段时间突然有些暗恋我们知识渊博的历史老师——他长得长身玉立，挺拔俊朗，五官棱角分明，银色的西服愣是被他穿出地道贵族的风度，我知道他正在和我们班主任苗苗谈恋爱，我也希望他和苗苗能够相亲相爱白头到老；我还知道差不多全校的漂亮女生看见他都会双眼放光满脸绯红；我更知道我们班全部女生都公开说自己喜欢他……我知道自己除了成绩出众和文笔略有些功底外简直一无是处。我多想让自己像童话中的灰姑娘一般有一身漂亮的水晶衣裳呵，这种不切实际的幻想让我在很长一段时间内老是在学校西边宿舍和少管所那堵无比高大的水泥墙之间的夹道里且行且吟，并且把二百多米的墙体用花花绿绿的粉笔抄满了各式各样的诗词，其中李清照、温庭筠、李白、柳永、秦观和陆游的抒情名句更是耳熟能详。戴望舒的《雨巷》和舒婷的《致橡树》也让我至今回想起中学生活来仍旧是那一堵在雨天里忧郁而灰暗的高墙和墙的上空毛玻璃一样的天空，挥之不去。

奇怪的是，苗苗和小历史结婚时，我还觉得很幸福，和同桌她们高兴得直蹦高。

后来父病缠身，手术费用是当时的一个天文数字，整整几年我们一家的生活陷入令人窒息的困窘之中，而我正值花季，爱美的权利自自然然被沉重的生活剥夺殆尽，我在哭泣的同时仍旧不懈地努力着，终于柳暗花明、云开日出，父亲竟奇迹般地从阎王那跑回家来，随着弟弟和母亲的工作落实以及我的毕业分配，生活状况迅速好转，紧接着老家房产地产上又有了一点额外的“夜草”，长期纠结在我心上的绳索顺顺当当解开了。

人活着就是这样，大开大阖，起起落落，令人感慨生命如同波涛。

我在有了足够的金钱之后，压抑多年的美丽的奢望一泻而出，黑白两色和格子成了我的最爱，各种质地和式样的衣裙被我源源不断地收拾回家，父亲无奈地戏称我可以开服装店了，我哈哈一笑作答。

其实，我很讨厌逛商场，只是不经意间办事经过若一眼溜过去对某件衣服感兴趣，我就准要买它回去，许多衣服甚至没穿过三次以上，买回来吊在衣柜里只是为了饱饱眼福，我乐意于为它们抚平皱褶、喷洒香水，然后隔三岔五地拉开衣橱像探望老朋友一样将它们一一检阅过，有朋友说我对衣服的占有欲太强了，她哪知道我曾经是如何地渴望美丽呢？更有甚者，一次与三五佳友闲聊，不知怎么讲到死，争先讨论自己临死时会留恋什么，我脱口宣布曰：“父母之外，我的那一柜子衣服！为什么呢，一怕父母伤心，二怕我心爱的衣服再无疼它爱它之人，焚之可惜，留之可叹。至于心爱之人嘛，随缘就是了，来自来去便去，谁又敢强求？”

一位男士听后大笑不已：“你人都没了，难不成会抱所有衣服去跳楼？”我亦笑答：“是啊，我不是至今都没有找到托付我衣服的人，所以只好仍旧没有从二十一层的皇泰大厦飞身跃下呀？”众皆大笑说：“衣服还有血肉，你莫不是傻了吧？”

虽然近年已很少购买衣服，因为的确是有泛滥成灾之嫌，然而若真碰见钟爱之物，仍会双眼放电流连再三，不知君以为病乎？

尘埃的随想

和老公的相遇是很普通的，他让我感到踏实，所以嫁了。

没有花前月下的盟誓，没有惊涛骇浪的追逐。他带小姨和表妹去白云山，下着细雨，我身体不便，怕亵渎神佛，所以没有登山去。老公（当然那时候还是男朋友）将车座放倒一些，仔细地整理好，小心翼翼地像放一只珍贵的瓷器那样将我的头靠到坐垫上，拍拍我的脸说："好了小猪，睡会吧。"也许是山脚下的青草香味让我放松，也许是细雨中的山平添了许多仙气，或者是他长期的呵护让我安心，反正我居然就真乖乖地睡着了，异常香甜的酣梦啊。有他在旁边保护着，真好。

从白云山回来，决定嫁给他。一路走来，很少有人让我如此安心，这种安然不是刻骨铭心的那种爱情，是疲惫时一座不用提防不会尴尬的心灵花园。我想，一个男人可以很细心地对待你养的小狗和你养的并不名贵的花草，可以在走路时很自然地走在你的左旁，可以对年迈的母亲孝顺有加，可以善待任何一个孩子，那这个男人你嫁了，肯定错不了——当然，除非他是装的，不过，难道一个人的伪装可以经历时间的洗涤吗？

如果说，以前晚上送他回家我们会保持一点小小的距离是因为我还没有下定决心的话，从那天开始，我们的缘分已经变了。我记得那年第一场大雪后，他陪我看新年晚会从礼堂出来，偷偷地来牵我的手，我有些扭捏，然后主动挽起他的胳膊，他高兴得孩子似的连连喊："哈哈，终于批准了，好啊好啊。"像得了一块长久以来一直想要的巧克力。校园里人来人往，我也不再怕别人看见。

真快啊，一晃孩子都一岁多了。这就是岁月。

受委屈的时候，有个肩膀靠着酣畅淋漓地大哭一场，再也不是一个人从痛到撕心裂肺再慢慢平静和淡忘。每天上班，有他接送，虽然我们曾经的那辆破车坏了，不值得修了，我们不得不像花草一样沐浴着风雨骑那辆摩托车来来去去。可他有他的细心，冬天他常常先到单位，把单位的车开来再接我，或者如果有重要的事情，头一天他会把大哥或者弟弟的车开到楼下，第二天肯定误不了事。他做什么都比我仔细用心得多，慢慢地就有点依赖他。尤其怀孕和生产那一段时间，可以说，就连一个女人都不可能那样无微不至，医院里，常常是疲惫的妈妈睡得呼噜连天，他却顶多靠在我的病床旁丢个盹。每一个纪念日和生日，他都会早几天就准备着，点蜡烛，做菜，或者到饭店订餐，一丝不苟的样子真的很性感。生病的时候，他可以陪我输液体到凌晨3点多，困了，就到楼道抽支烟提提神，让他迷糊会儿，他怕睡着了液体输完坏事儿。那时候，就很感动，想：就这样陪这个平凡的男人一辈子吧，我是幸运的，可以在过尽千帆后遇见他。

有了儿子，感觉更不一样，突然地有一种以往没有的奇异的亲情悄悄地一丝一缕地潜入我的生命，看他为孩子洗尿布衣裤，看他乐颠颠地抱着儿子在屋里晃，不知道是什么样的东西让我常常泪盈于睫，我想：这个男人是我孩子的父亲，我应当好好地待他了，让他曾经经历的痛苦和欢乐都变成甜蜜和温馨，他配得上我这样。我是这样平凡，长相一般，身材平平，性格也谈不上多好，还有点神经质，有点孩子气，他却对我如此在意。当然，也不是没有激烈的争吵，也不是没有误解和难过，但是，我们会站在彼此的立场宽容和让步，然后和好，毕竟我们都曾历尽风霜。夫妻之间，没有什么对错，有时候也不关乎爱与不爱的问题，根本不值得为一点鸡毛蒜皮的事情伤害对方，那是舍本逐末了。

既然选择了，就有责任彼此信任和理解。在这个被各种颜色的荷尔蒙腌渍的时代里，还是简单的家庭更美好一些。那些惊天动地的爱情是幻梦，也许缠绵悱恻，可是抵不过现实的磨砺。就这样细水长流吧，静静地把我那个天使一样的儿子养大成人，让他快乐，让他健康，让他在多么巨大的风暴面前都不会害怕，因为有展开怀抱的父母做他最强大的后盾——我们不能给他巨额的财富，可是一定会给他数不清的爱。

咖啡厅

这间咖啡厅很美，很随意。

没有闪烁的霓虹，没有特别令人动容的歌喉，不冷清也不热闹，只是一家小小的店面，一角放了“卡拉OK”，几张样子很让人舒服的奶白色椅子，就是这样。

我抱着自己那本日记，缩着肩可怜巴巴地走进去，感觉到了周围人的目光，大概是我太失魂落魄的样子吓着了别人吧！我不敢看别人，咬着嘴唇小心翼翼地择了张椅子踏实坐下去。这椅子坐上去真的感觉很好，仿佛恰恰根据人的性情设计的，坐着既不僵又没有无依无靠的尴尬，我立刻有些轻松起来，刚才还“突突”直蹦的心逐渐排好队放慢了频率。

这时候唱歌的是个长头发的女孩子，从后面望上去很美。并且她还努力模仿着歌星们的前俯后仰，唱得似乎挺动情，挺老练的。

我却是第一次走进咖啡厅，不是我歌喉太差五音不全，也不是囊中委实羞涩……仅仅是因为毫无价值的臭清高——我一向看不大起这些充满浪漫衣裳的地方。今天，我竟然也迈进了门槛，我有一种想唱的冲动。尽管到我的生日，这时间也还有十天之久！我并且想捏着那根甘蔗般的话筒大吼一声“生日快乐”，或者静静地说一句“今天是我的生日”然后含着眼泪唱完那首《你的生日》，不希望又希望那么一个意外的结局出现。

我想今天不是我的生日，我撒了谎大概全世界都知道吧？今天是我背着人流泪在日里爆发的第一次也是我认为的最后一次。今天，我一改自己的温顺和沉默，第一次与文吵翻了脸，我第一次感到我们之间的距离是那么远，这种黑暗无边的感觉压迫着我的敏感因而沉重的神经——是热恋中的人应当经历的一种心情，我只想宣泄，宣泄！至于和文商量了几天的生日就滚它的吧，生日只是一种挥霍愉悦或它的情绪的概念，干吗又记得那样清晰呢？

…………

话筒很快就握在我的手里了，原来要唱的人并不多，大家都是细细地慢慢地啜了茶等着我的表演。前奏已在忧郁地响起，我看见刚才那位背影很美的姑娘自我感觉很好地甩了甩头发，从椅子左侧的空当里穿过，走了出去，出门的一瞬夕阳斜射在她的黄色宽松衫上，一种极有味道的效果。

一股极深极深无敌的失落袭上心头，我自己感觉已坠入了周围都是橘红色如屏幕上摇曳、流动的风景，迷迷离离，无所适从。

“今天是我的生日。”我的谎言冷冰冰凉飕飕有些大彻大悟的味道……红字已经出来了，我很平静地哼着那首文教的歌，没有眼泪，却很辛酸，听进去从话筒里出来的声音像来自遥远的另一个世界的独白。

这回我真的哭了，因为左边那张椅子上过来一个并不帅而很冷峻的男孩，他和着我的歌声低低地、动情地唱那首歌。也许，这又是一个孤独的灵魂。

不等人感觉到，歌已经唱完了。这次是我木然地站起来却很感激地朝左边的人、周围拼命鼓掌的人微笑着，迈步走出了咖啡厅。

仅仅是一份陌生的关怀和理解就足以慰藉我孤独的这一刻了。

晚上，文来看我，我故意不理他。他无精打采地向外走时，我却一下忍不住发笑了。我摇着他的胳膊，把这段经历讲给他听，我真是笑着的，如沐春风。

“对不起宝宝，让你难过了，是我的错。其实，只是你寂寞而已，这世界上处处都有温情，我想你会发现的。”文听了，笑容一如既往那样灿烂。

“好吧，那就在今天——祝你生日快乐。”文看着我的眼睛，笑容如记忆中一样亲切随便。他抱起吉他，六弦琴顿时流起一首婉和动听的曲子，如同往日一样畅快。

1994 年发表于《焉支山》

最后的玫瑰

我一直无法忘记在那个雪后初霁的下午，一群意气风发的朋友在伊人香酒吧间绿色的屋顶下听着轻淡的音乐说着些很简单的话题，黯蓝的灯光下每个人的面影都那么柔和……离别故乡已经多年已儿女成双，今天我仿佛还看见他们的眼神，感受着一些不很清晰的被别人欣赏、关爱的情绪。

我更忘不了，第二天那个孤单而堪丰富我生命的情人节。

那是1998年情人节的上午，我坐在一辆破得惨不忍睹的老牌客车里行在西去阳关的路上，心境凄凉而壮美，你可以想象正值妙龄的我抱定一去不复返的决心递了辞职报告并鬼使神差地在情人节那天一头栽进未知世界独自飘零天涯时那种感受。此前我在站台上固执而安静地等待山的出现，期待着他会不像往日一样粗枝大叶而将一枝昂首怒放的玫瑰突然举到我眼前给我一份久盼不得的惊喜。

“上车吧，他不会来了。”我的死党催促。我无言，再一次把目光投向马路尽头——山说过赶在开车时一定来送我，他一定会来的。我们在许多感受上是那样的不谋而合，我们在一起度过了那么多温馨快乐无阻无碍的时光，这一切他忍心就这样割舍？山，你快来吧，你知道我在这里等着你啊！……“嘀嘀嘀——嘀嘀嘀——嘀嘀嘀——”响了，是山呼我？我大喜。一看号码，是老燕，二货不在南京好好学习天天向上，胡骚扰我干吗！……开车铃很机械地响了，最后一眼望这片曾经养育过我的故土以及恋恋不舍的众友们，垂下头，眼泪潸然而下，山，我走了，我不能再等了，我会恨死你！你当真如此不在乎我？！……你曾经那些关切那些脉脉的眼神都只是表演吗？泪眼模糊中想起昨天，雪后初霁，在伊人香茶座里淡淡的眼神自由的欢笑快乐的调侃——是小泽、言午、松柏、沛云和小平他们的模样在慢悠悠飘过心的码头，茶座里有淡淡的光，有低柔回旋的萨克斯管……许多年后，我仍会记得那间小小的茶座以及那一群未曾谋面却毫无隔阂的朋友们，是因为他们在我孤独的微笑里点起一盏不灭烛火而此后我迷失于灯红酒绿人际嘈杂的世界里，永远未曾像当年那样安详而随意地与人约会过。就让红玫瑰开在心里吧，为我，为他，为所有善良而热情的人们默默吐露她未尽的芳华，我想。

我还记得第二天在敦煌给山去过一个长途电话，“喂，……为什么？”“什么为什么？噢，是这样晓云，……！”“别解释，你知道我怎样等你的吗？……知道，好，那我再问你一句，昨天什么节，你知道吗？……情人节？你知道？！……你保重，我挂了，你什么时候需要我可以打电话，我立马来，但我绝不会打任何电话给你。”我扔下话筒，先是气血上涌热泪盈眶，继而心静如水神情怡然。

那朵未到的玫瑰怒放绚烂了我此后的日子，它教我学会珍惜，珍惜自己，珍惜已拥有的；珍惜别人，珍惜自己给予别人的一切。我深知，在我爱的驿程里，那是最刻骨铭心的最后一朵玫瑰！我给每一位善良的人们以微笑，我觉得一束微笑就像一朵玫瑰，注视别人并照彻我克服了艰辛的余生。

1998 年 4 月 10 日发表于《山丹报》第 4 版

偏爱茉莉

空长至三十将近，倒不是甚爱饮茶，以及食、宿、衣着皆不是很讲究正儿八经。随物赋形，像爱春风秋雨稚儿野花一般，只为遇到的、在握的那一瞬把握内心充盈和踏实的感觉。

茶中佳品甚多，一本《茶道》足有砖厚，大 16 开，古色古香的模样，让人望之则仿佛江南的梅雨，石板路和甜糯的叫卖声，荡漾的碧波里静悠悠的小舟，以及采菱女白得耀目的双足……这一幅画面便悄无声息地在你眼前生动地出现、掠过，龙井碧螺春毛尖铁观音红佛手……那么多的茶树，像伫立在这世间品致各异的人。呼吸溢满了香气，是深谷幽兰的香。原来随遇而安的世界是如此奇妙呵！

而茶也品过几味，从没刻意与谁去搜寻，遇上什么便以很散淡的心去感受感受，就像在一株白色的繁华的花树前不由自主地喜爱并驻足张望，眼底的浅笑真是不加任何功利的呵！众多的茶里也有点溺爱茉莉，到茶店门口尚未迈进，扑鼻的茶香已让每一个细胞舞蹈得很轻盈了。流连在透明洁净的玻璃柜前，贪婪地看、吮吸，对茶叶的品级仅亦是一知半解，所以不加评价。偶尔用小银勺小心翼翼地兜几两兜回来，一路上被茶香包围着，摩天大楼、人群、汽车的大呼小叫仿佛都给滤尽除尘了，那时的心境妙不可言！

茉莉的香是很直白的，置于案头，清香四溢。用清洗过的手捻一小撮泡入透明小巧的杯中，看开水冲下去的那时茉莉在茶热烈的拥抱中陶醉而恬淡地飘洒开，原始的纯朴的香味“腾”地弥散如烟，袅袅绕绕，轻咂一口，香气滋润地滑入喉嗓胃肠，绝无做作戒备的滞涩，也绝无龙井碧螺春的含蓄。我记得龙井总像长袖轻舞的美人，让人嗅出啼痕的味道，在杯中盘旋缱绻不肯释怀，而且老有一种莫名其妙的优越感。因为我更倾向于欣赏农民的智慧和朴实，所以茉莉不加修饰的表白倒让我安静而快乐。

近日偶得一点茉莉，香得让人快乐极了，单位有一同事，我十分敬重的，是他的人品，就像茉莉，不张扬，亲切和平又正直豁达，于是将此茶悄悄置于他办公桌上并留言：吾偏爱茉莉清香，此茶虽属中等，茶气也颇有几分，赠您以解炎暑之劳，请勿以为辞，祝好！

我想这位睿智长者异时开门进屋，在清幽的茶香里见到我这一份简单的馈赠，必会展笺会心一笑。

2002年9月21号 发表于《人民之声报》

月夜听泉

我隔着窗棂，看那一个硕大的金盘子像洞箫的倾诉一样越升越高，只是那么一味安静地温柔着，天空正是月亮的恋人那博大无垠的胸怀么？要不她怎么会心无旁骛心平气和地在那儿自由遨游呢？

小屋南面是一片森林，一条小河缠缠绵绵地穿过林地，在温柔的月亮的注视下,“叮叮咚咚”地与河床和水草喁喁私语。偶尔一声两声幸福而快乐的长叹，不知是青蛙还是夜归的鸟还是金蛉子。在夜的银色幕布下，人和动物、植物终于和平而快乐地互相关注和聆听起来。河岸边不停有“扑通扑通”的声音，搅起水草和绿色的泡沫一起一漾妩媚动人。真想到草地上去啊，那么多不知名的虫鸟都在轻声吟唱，若是有一个宽厚的肩膀依靠着，撒撒娇说说呓语，抑或相偎着默默无语，都是非常美好的啊。

李白“清风明月不用一钱买，玉山自倒无人推”，醉卧月下高歌狂笑，何其豪爽洒脱！而今天下，已无人为月痴迷听雨敲荷，包括我自己在内都挤扁了脑袋为生计奔波残喘，岂敢为错过秋月春华而黯然神伤？想想当年的校园生活，那是真正的不拘形迹。学校操场东边有两块很宽大的青石板，是用来镇压摆在水泥地上的篮球架的，由于日日有人歇息以及风吹雨洗，干净得像家里的石茶几，月夜里我常与数几佳友盘坐其上谈古论今或弹琴吹箫，或者独坐于中望明纱笼罩下的天空，天空的静谧深远和纯净让我常觉普天之下一尘不染。记得有一次，白衣白裙的我竟如月中素女睡卧青石之上，一梦醒来犹如吸足了天地精华之气的带露的栀子花，浑身滑如凝脂，静若处子，于脉脉银辉中飘然踏回宿舍，全无江湖险恶之后怕，酣梦如歌的月夜给了我那么神奇的感觉呵！我还常操一长箫倚于白塔前的丁香树丛里，我喜欢那如水波如镜的箫声，但不喜欢围拢来问三问四的人，这是我一个人的月夜和我一个人的享用。弄箫倦怠之时，便靠住树丛轻轻地晃，小小的花朵香气四溢地扑簌簌落下地去，像一场蕴含着美梦的雨，声音美妙无比。抬头看天，碎小的丁香花一晃一晃，碎碎的银光也一闪一闪，银光里睡眼蒙眬的星星像一大把随意洒落的将坠未坠的宝石，沉甸甸亮灿灿……

一切的美丽在踏入纷繁尘世后不知不觉地离我远去了，杏花梅花都在尘世上喧喧闹闹地展示风情，而我最多是在偶尔经过遇见时在心里感叹一番它的美丽，更多的时候我都忘了它们的存在。夜里只能透过密闭的阳台感受一瞬间的清辉，想到野外听风声、听泉吟是不可能了。单是没有时间也罢，就算有时间，又哪敢独行月下而不心惊胆寒呢?

2000 年 8 月 26 日发表于《武威报》生活随笔

爱 狱

我们常常笑着流泪，也时时流着泪微笑，人生百味，一瞬而知；春夏秋冬，刹那过膝。

转眼间，日子已经掠过十月的尾巴，一个月又像河流一样时急时缓地走过去了。一月间，有多少的悲欢呢？人间一年，天上一日。

但是有了自己的博客，终于可以忙里偷闲胡编乱造一些东西，使自己不至于真的挥舞双手满世界声讨，事情可真可假，表达的我的心情以及神气是真的。呵呵呵，如此说来，新浪博客还真算得功臣。瑜伽是我的小屋第一个客人，一个小女孩儿，叫了我蛮长时间的哥哥，让我偷着乐了很长时间，后来实在愧疚，就实言相告，她晕倒在地，三年之后醒来，拿一块巨大的蛋糕给我做了个奶油面膜，然后霸道宣布："以后咱们就是姐妹了，你做大，我做小！"我坐在床沿，用毛巾擦掉眼镜上的奶油，让其他的奶油滋润着我缺乏水分的脸庞，思考良久，觉得"做大做小"有点像大老婆小老婆那嫌疑，遂果断洗脸，张着荷花一样鲜润夺目的笑靥回话："不成，我决定做小老婆，做大老婆太吃亏了！"呵呵呵，实在是瑜伽那小丫头好人啊，一点都没嫌弃我一个老太婆还算计小老婆的宝座，很爽快地答应了。自此，她老呼我妹妹，我也百般应承。只是习惯上不太舒服，三五天我原形毕露，又开始叫她兄弟，或者妹妹，被她毫不客气地打了一顿屁股，至今睡觉都是趴着的，姿态非常不淑女。得亏没有君子哥哥在旁冷眼查觑，否则，呵呵呵，堂堂女丈夫，颜面何存？不过不怪瑜伽那孩子，她小儿贪玩，我不是大点吗？再说，人家把小老婆这样伟大的职务都让给了我，我也不能太小气不是？

我在夜的灯光下听过天籁般的音乐，看过寒月美丽无比的小屋子，还和高深莫测却十分人情味的东鹰高高低低讨教乱七八糟的东西，以及那个陶渊明的后代，他现在还在非常辛苦地一边种地一边大写“呜呼者也矣”，感动得我数次痛哭流涕。

我们没有能力在人间找到一个安静的小屋，让自己像包裹在母体的婴儿那样完全舒展自己的灵魂，然后用一段音乐一些文字在心灵深处流淌成一条芳香四溢的河，摈弃浮躁，扔掉贪欲，踏踏实实、自自在在地活着，作息着，奋斗着，生命是多么美好的旅途呵。虽然我们很忙，能够在博客的小屋里装饰停留的时间微乎其微，但是足够。这一块芬芳馥郁的土地，连蚊子苍蝇都可以自由飞舞，更别说英雄美女剑客商贾。

“多所爱者，当大心劳”，我们必须有一个地方去歇脚，放下自己的伪装和屠刀，以心灵的舞蹈感动大地，即使没有水晶鞋，即使是光着脚，也会清晰地感受到那大地的吻，直吻到舞到快乐的天堂！

这样的狱，我希望能够把牢底坐穿！

女人的厨房

厨房天生是女人的专利，我有切身的体味。

擦净油烟沐浴焚香已毕，于淡淡的《爱如潮水》或者《秋日的私语》这样的天籁里舒展四肢，以一种非常淑女的心态回想厨房里闪亮的炊具、喷香的菜肴、乱七八糟的调味料，以及各色包装的生冷制品，一种十分温柔平和的情绪就会从收拾得干净舒适的房子四周向我漫溢过来，这时候我觉得自己更像个女人，少了白日许多令人头疼的虚浮聒噪，少了几分咄咄逼人的丑模怪样，女儿是水做的等等这般的概念就像音乐一样让我温馨而安静，多好。

都说天下好厨师大都是男人，叫我看女人若也似男人那般训练个三冬六夏，准保个个比男人强，因为在做饭制衣一类事情上，女人天生具有灵气，能够妙思如花，能够精搭细配。眼看着一家又一家的女人们把花红柳绿的肉禽菜蛋七搭八搭转眼间变魔术似的捧出一道道花朵儿似的美味——吃得男人孩子嘴巴流油脑门发亮，你不得不承认女人就是功勋卓著。古人说：唯小人与女子难养也！吾不以为然，做好菜的是女人，且女人做菜大部分会想老公爱吃什么小儿肯吃什么，很少先考虑自己。饭肴上桌，忙着给老公儿子夹菜，等轮到自己时，一般是只剩下残羹剩饭了。这可不是有什么人压迫的，绝大部分是母性的本能在“作祟”。女子难养乎？一杯羹而已。

至若恋爱中的女人，厨房更是她的一叶驶向爱情港湾的小舟了，女人心甘情愿地把自己的爱意在这儿演绎成“糖衣炮弹”。女人很优雅地捋袖露出嫩藕般小臂和水笋般玉手，迈款款莲步一头杀进厨房，一边细心地炒熘蒸焖煮烤煎炸，一边温情脉脉地幻想与心爱的人在铺了雪白台布的桌子上隔着怒放的红玫瑰喜悦的红蜡烛依依相视共品佳肴的美好，她就怎么看怎么觉得满眼的青翠嫣红在柔和的光线里是那么的赏心悦目。这时的女人尽管腮边香汗淋漓衣襟稍沾油渍，细察其状必是面如桃花心如春水仪态万方。待到除去油渍洗却污垢亭亭迈向餐桌时，必教男人眼前一亮，从厨房里走出来的女人竟如此净朗明亮秀色可餐！低头看桌上五颜六色的“艺术品”，一时感慨冲动怜香惜玉之情油然而生。我们可以设想女人甚至不愿举箸而痴视自己心爱的男人将自己精心炮制的“贡品”风卷残云一扫而光，心里是多么畅快！

这就是了，在女人柔情的目光下，男人你尽管吃相不雅吧，这儿的战场是属于你一个人的，你可以所向披靡，而使尽浑身解数的女人在这时是小鸟依人风情万种。

无怪乎不管啥人，成家的未成家的都不爱总吃餐厅吃地摊，吃久了总想吃一顿家做的饭菜，是不是因为厨房里有一个女人的身影呢？

1999 年 3 月 6 日发表于《武威报》围城内外

女人的爱情

男人征服整个世界而女人征服男人，因而爱情在许多女人眼里常常高于一切。这在某种意义上不能不说是一个悲剧，然而也正因为它的悲剧意味，使女人们的爱情常常排除了许多不纯洁的因素，因此具有排山倒海的力量和撼天动地的柔情。可以说是女人的爱情造就了丰富多彩的女人世界，在这个应当呼唤情感回归的世界上铸就了一道独特而美丽的风景。

女人的爱情之花正如园中风姿万千的花花草草，牡丹有牡丹的雍容，水仙有水仙的美丽，兰有兰的幽婉，梅有梅的高洁。但是归根结底，女人向往爱情寻找爱情的心是一样的。为此，善于修饰风情的女人们竭力扬长避短，把自己最美的一面显露于人，或者说主要显露给周围的男人——认识的或陌生的。因为女人总觉得冥冥之中那一群一群路过的男人或许有一个正是许多年一直站在老地方等着自己的那一个。“众里寻他千百度，蓦然回首，那人却在灯火阑珊处”，为着这个缥缈如夜空浮云般的美好心愿，聪明的女人修身养性，漂亮的女人修饰面孔，也有些二者兼而有之，于是女人个个都成了尤物。美总是比丑好吧？为美付出努力的女人是好女人。好女人们精心地播撒爱的种子，然后一千年一万年地等待它们发芽抽叶开花结果。终于有一天诚心感动上天，心上人出其不意地飞到身边，女人幸福又惶惑地一头扎入爱情的花园，脸红心跳又认认真真地品尝每一点每一滴爱的甘露，尝来尝去总觉得怎么酸甜苦辣咸五味俱全呢？

女为悦己者容，一点没错。

爱情发烧阶段的女人都是世界上最美的女人。高得像竹竿的协调了，矮得像板凳的仿佛长高了，粗得像水桶的苗条了，细得皮包骨的丰满了……爱情的金苹果当真有如此神奇的力量？当然也有失恋的，失恋的女人都是最该同情最需要帮助的，嘴上多硬的心里照样痛苦。这时候的女人不得不叹息：男人的肩膀靠不住女人的浪漫，又是哲人们说对了！

女人视爱情为至高无上者，为了心中分量很重的人可生可死可赴汤蹈火，有些时候男人们其实并不会这样，其强大的外表里“水分”很不少。所以失恋后的女人也把爱情当作一颗红樱桃，是有酸樱桃心理，但是失去了女人仍把它看得完美如初，不愿破坏那种红艳欲滴的美。女人生性善良，在爱情中更是如此。全国数起毁容案，女性操纵者甚少，爱变成恨就没意思了。

女人步态娉婷目光温柔地走在21世纪之前的地球上，以她们的姿态诠释自己的爱与恨美与丑。

1999年3月13发表于《武威报》七彩人生

寄语秋山

祁连以一种昂扬的姿态屹立了千年，也沉默了千年。

我曾经迷失，是祁连宽厚的胸怀接纳和包容了我。现在我无比虔诚地用我已然浑浊的目光由远及近地朝拜它，用心灵与之作纯粹的交流，我无语，祁连亦无语。

祁连如涅槃的佛，我们如展翅长啸的鹰隼。

祁连如安详的女神，我们是其怀里无比沉静的幼儿。

祁连是无数勤劳、淳朴又意气风发的儿女们骄傲又敬畏的母亲呵。看那绵延千里的线条，不正是母亲裸露的玉臂么；看那起伏开合的沟坎，不正是母亲健硕的丰乳么；看那雪山冰川的倩影，不正是祁连甘甜的乳汁么；看那飞鹰盘旋白云缭绕的碧空，不正是祁连高远澄澈的心么？

在祁连的摇篮里，我们静静地吸收天精地华，用稚嫩的目光奋力地向外面的世界张望。我仿佛听见古丝绸路上的驼铃一直地响，响过几千年，我们静静地听，听得泪流满面，听得如醉如痴。

祁连有不败的雄心，祁连用沉默的眼俯瞰天下熙来攘往的人群，包括美好包括丑陋，它一并只是默不作声地看着，亦看呼啸而过的戈壁风沉沉地掩埋这一切。风沙过后，留得住的，又有几何？祁连又是父亲啊，挺直着山一样的脊梁，我化为长风萦绕其间。祁连，用深沉的目光鼓励我、抚慰我、召唤我、养育我的慈父，是祁连。

祁连蕴无尽的柔肠，西北汉子的花儿，一唱三叹百折千回落入祁连博大的心窝，令松柏也动容，群山亦长叹。古往今来，多少风花雪月多少荡气回肠，风刀霜剑金戈铁马，连着优美和心碎和遗恨和怨怼，一一都如云烟，飘散于茫茫长空，淡去远去，抓不住也握不定，祁连我坚强的心酸的母亲呵，用爱来浸润我、滋养我、引领我的母亲，是祁连。

祁连如佛，我们虔敬千年也参不透它静默的禅机。

祁连如风，细细地倾诉或疯狂地宣泄，细听却什么也没有说。五千年沧桑，五千年变迁，尽收祁连眼底，祁连只是安静地侧卧于此，那一双洞察一切的慧眼告诉我们：要努力，要奋起，要忍耐。

我曾做过一个旖旎的梦，梦里满山的绿玉流淌成清亮亮的小溪，梦里祁连如同翡翠，鸟儿在微笑，红蜻蜓在漫天快乐地翔舞，醒来时遥望祁连，祁连仍如处子般低头静立，我不敢说什么，只好如此幻想罢了：或许有一天，我们绿色的梦想在千万祁连儿女的手中会得以实现，这是我对祁连最美的祝愿。

祁连呵我的祁连，我们用火热的胸膛叩击门楣的祁连。几千年的站立，你倦了吗？几千年的洗礼，你哭过吗？

祁连，有你在，你的儿女就有无穷的力量；有你在，你的儿女就有盘旋蓝天的勇气。

我们击剑长歌，我们翱翔碧空，为的只是一个绿玉满山的梦想，祁连是我们心中深藏不移的神话。

我们深信，祁连不败，祁连不倒，祁连永在。

关于公共厕所

这几年榆林富起来了，公厕个个比着赛着地修得漂亮了。可是，常见到值得一哂的场景是——修得像别墅的公厕安了一扇不知从哪里捡来的破破烂烂的旧木门，或者挂了条分辨不来颜色的蓝土布帘，在闹市的一角忽闪忽闪，有风的时候，那就更壮观了。怎么都觉得好像一个绝世美女穿着丝绸和蕾丝花边的衣裙，却戴了一顶乡下放羊老头的破草帽；或者像一个爱美的女子，仔仔细细画好了所有的妆容，独独漏了涂口红，让惨白的嘴唇对比鲜明地陈列在脸上；又或者满身名牌，脚上却穿了10块钱一双的烂胶鞋……总之，怎么看怎么别扭。所以忍不住上来说上两句，大概实在是没事干了，发发闲时的感慨吧。

既然是要美，那就从里到外都美起来才是，人也如此。常见婆婆家对面一个公厕里一些“90后”，其中不少是农村来城里打工的，画着浓艳的妆，或者做很清纯很清高的模样，结果一张嘴脏话满篇且以此为荣的样子。她们常常视男人为钱袋子，只要是男的，不管老少，不论美媸，但凡伸得进手去，总要掏两个铜角子出来，要不就吃亏了似的。搜到了，就洋洋得意，大骂那个被掏的男人曰：“在老娘眼里你狗屎不如！”然后继续奔向下一个目标；倘若此男子警惕心竟然比较高，搜不到什么，就要想法子挫败他，泼他的脏水，让他在地面上没得混。至于在掏口袋的过程中，她们自己必须付出的是什么，她们大概是毫不在乎的。如此场景见多了，不禁让我眼晕，是这个世界怎么了，还是我怎么了？农村的女人有不少有骨气有血肉的，城市也有不少的败家女，这是毋庸置疑的。但是，倘使连在我眼里比较憨厚美好的农村姑娘也变得如此的话，这个世界还能让我们指望什么呢，这种伤害，是大街给我们的还是公厕给我们的？

她们以美好的形容操着说不清道不明的职业或者勾当，破坏的是我对这个世界还算美好的最后一点希望。风尘中尚有红拂，尚有柳如是李香君，怎么普通的女子们倒像那些个招摇搔首的公共厕所了呢？

可见，一个人有没有骨头不是可以拿出身看的。一个女人，随着年龄的增长，社会也许可以给她许多的坏毛病，可以让她有许多的无法克服的弱点，但是，原则的东西、固有的本色是不能丢弃的，如果丢弃了，你就不再是活色生香的女人，而是到处嗡嗡的苍蝇和东游西逛的蚊子，你还有意思活在这个世界上给俺们女人们丢脸吗？去死好了。

唉，本来是在车上见到一个公厕有了些奇怪的念头，却又莫名其妙地写了这么一堆东西，也罢，收线走人。

蝶 舞

我们生着，所以我们流浪，一个人，从生到死，从开始到结束的流浪和飘零，最后的笑容，是我们停息的脚步。

一个人的世界，究竟有多少思想在幽暗的心灵一隅飞舞盘绕，没有观众，没有读者，自己和自己的对话，自己对世界的领悟，自己对自己的批判，终究是繁华落尽，布衣荆钗。是的，我有着这样的躯体，可是这样的容器里能够放置多少陈年的旧事，爱恨情仇，恩怨和哄，不知道，如同不知道小小的草芥可以承载多大的山脉。

那个十六岁的北京少年子尤，脸上还有着清洁的笑容，就那样挥手告别这个美丽的城市，心中有爱，了无遗憾。我们能吗？

我有一些很奇怪的恐惧，为什么每次我一掉眼泪天就会大雨滂沱，天若有情天亦老？还是红颜雕饰的眼泪如同窦娥的血溅白练，真的能够感天动地？长此以往，每将悲伤而窗外狂风泫然而至，接着暴雨骤狂，我的悲哀，虽是透入骨髓，却害怕到忘记自己哭泣的目的，只能呆呆地看这漆黑的夜里肆虐的风雨，然后就恍惚，就发笑。呵呵呵呵，我笑什么，又怕什么？人世轮转，浮生漂流，花有花的魅力，月有月的温柔，我如花的心一样地开放和凋落着，有什么可痛苦的？

想想吧，一列火车，永远没有站台，不停地穿行，或者，在某个心理黯淡的旅客眼里是一种未知的幸福和排遣呢，而对于列车本身，这是一种什么样的伤口和惩罚呵？！我真的有点怀疑那个叫作命运之神的手掌是存在的，否则，早知今日，何必当初！

这些都不是允许我们堕落的理由，更不能作为借口在某地停留，因为我们有翅膀，翅膀的花园是天空，我们必须翔舞而歌，直至口吐鲜血，含笑而亡，这是我们的使命。

将那些剪风的翅膀，忧伤而从容地击打在天空的琴键上，从这一片原野到那一片原野，静静地歌唱和书写吧。人们只看到我飞舞的翅是轻灵而优美的，自然不知道，我内心如焚的艰辛。

但是，我愿意，我希望，我飞过的地方，鲜花开放，硕果千里，麦浪飘香，并且能够看见人们因我的美丽而减去他心头的冰霜。而我，愿意在一个不为人知的角落，颤动自己微弱的触须，在轻轻的战栗中朦胧痛苦而快乐地死去。

心中有爱，了无遗憾。

梦里忧伤

写过一两篇小文章以后，有了一点鬼差神使的模样，经常做梦也为自己一片惊世之作圈圈点点；或者梦见一个无比美丽的故事——我处在一个不为人知的位置看人哭人笑悲欢离合；又或者自己在一个不落俗套惊天动地的爱情故事中真真切切地爱着、恨着，真真切切地感觉得到心痛欲裂的刻骨深情，梦里自己忧伤得像一只盘旋在都市上空的孤独的鸟，形只影单地向最初爱情生长的地方飞翔……醒来后会对梦里曾经无可比拟的忧伤感到心惊：幸好这是在梦中，幸好我没有陷入爱的泥沼！

其实真正的爱它是平淡无奇的。开门七件事：柴、米、油、盐、酱、醋、茶，实实在在，琐碎平庸，但人人都离不了围绕它所展开的形态各异的细节。爱一个人，便关注他的冷热酸甜，他的欢乐与痛苦，这一切往往是在无声无息不知不觉中发生发展的，且在绵延的岁月中历久弥醇回味悠长。因为可以心心相印风雨同舟，所以世界上任何的势利金钱阴谋都无法摧毁，爱情就是一座无坚不摧的堡垒，付出越多，收获的快乐便越多。

梦里所爱的那个人，尽管只是一个可望而不可即的影子，尽管在梦里你花落花开月圆月缺相依相伴，但他其实只是别人为主角的一部戏，严格讲还不是你自己的故事。而在生命中，爱人他可以不英俊，可他善良忠诚；也许他不是大款，但他愿为你倾其所有；也许他抽烟喝酒，但别人和他不一样，他身上的烟酒气息令你着迷；他也许没有过人之才，但所言之事处处合理有道……爱他，并不因为他的缺点而嫌恶。宽容、鼓励和爱能够消弭爱人之间所有的摩擦，这就是爱情的实质。

梦里曾经像一瓣含泪带笑的玫瑰，在雨后寂寂地摇曳，散发出自己独具魅力的芬芳。而那梦中的爱人呢，也许在不远的前方等待着，等待着在寒冬里为我掖好白色的长围巾，拭去我脸上岁月的尘灰和冰冷的泪水，我知道。

2000 年发表于《武威报》副刊

花的语言

离开济南好长时间了，回想起来似乎除了灰暗的东站候车大厅和烦乱熙攘的大街小巷，再没有什么别的印象。但是有一种不知名的花树却像剪影似的，在我离开的前一个下午，蓬蓬勃勃地开放在我的心里，直到今天还栩栩如生呢。

那是一种很矮小的树，树高也就一米多而已，看上去很瘦弱的枝丫却绽满了火红的牡丹一样绚烂的花朵——正是三四月间，济南还有点料峭的春寒，这使那些满街道怒放的花树显得异常顽强和美丽，坐在公车上，透过窗子看着它们的身姿，掺和着将离别的伤感，一股说不出的情绪像海水一样，瞬时间将我的心填了个满满当当。

我那时候想：活着多么好啊，春天年年都会光临人间，绝不需要催促，也绝不需要人类的回报。

客居的大院里，各色各类的花草奇树一年四季喧喧闹闹不肯停息。一天经过五号公寓时，发现一树杏花开得无比清纯，有几枝正好透过二楼窗户伸进屋内，蜜蜂蝴蝶殷勤地在它身旁且歌且舞，心里突然特别羡慕这一家人，他们多幸运呀，不用费半毫力气，杏花娉婷的红颜就俏皮地伸进他们的阳台，在夕阳下，倘有暇刻的清闲，便可以沏一杯透香的红茶，一边享受茶的清香，一边吮吸杏花的清甜，一边乐呵呵地看蜂飞蝶舞，高兴时还可以拣一两片飘落的花瓣，或者夹做书签，或者同红茶一起泡了喝，这就更可以欣赏花瓣飘零时那绝美的舞蹈，不知道是一举几得呢。倘若我是个百万富翁，单只因为这几枝“出墙”的红杏，我都可能马上买下这一间并不华丽的旧公寓呢。

生命真的是非常奇妙的过程啊，孕育、抽枝、绽叶、着花，婴儿的牙牙学语和酣畅哭泣、少年的激情和梦想、中年的奋斗和积淀以及老年的安详和宽容，一切都是美好的，包括痛苦和眼泪 —— 当然你得有从容的心去欣赏和咀嚼。

每一种花都像一个空灵的世界，我们从旁边经过，在了解它的同时，也应当原谅和爱惜自己，因为生命虽然美好，但是转瞬即逝，不容亵渎。

且行且吟之尘香

最喜欢这几句："欲上青天揽明月""偶开天眼觑红尘，可怜身是眼中人"，其实人世，恰似一旅千里，沿途繁花河流，春秋代序，不过一景尔。快乐生活，因为明天不会再有。

黄花委地香满尘，蝴蝶飞去满城空，快乐的定义之一是在文字的天空里静静地飞翔，伴着孤灯一豆。

这是一间静静的心灵小屋，没有喧嚣，没有倾轧，我们的灵魂，或者可以自由翔舞。

我们是无可逃避只能面对的旅人，蓝天绿草、清风明月、风狂雨骤、山崩地裂，一切都在眼中，一切都可歌可泣，足尖是否有音乐的精灵在舞蹈都不重要，只要有勇气，山长水远不再是距离，地老天荒不再是神话，即使天使之翼在迷途的森林折断，心灵的安静和风的呼吸一样是那只抚平忧伤的手，一天一天，当忧伤不再是忧伤，当热闹撕下面孔，我们还能剩下什么？

夜里从朋友那里回宿处，一个人轻盈行在校园的曲折长径上，一种沧海桑田的感觉，四处的灯光如同人世间蚁行的群落，烦躁而温馨，照在已逝暮秋的三叶草那些依然浓绿的叶子和依然招展的花簇上，似乎夏天那一场大雨打落在斜径上那厚厚的一层花尘也在未知的地方默默地酝酿隔年的香，可是明年的这个夜晚，斯人何处？这才看出原来这里的半月是怀着惋惜、怀着美丽而迷惘的心事，以她烛照如水的眼，一年一年照了这个校园多少的春秋和变迁的。她只微笑不语，神情脉脉。

而我的心是愉快的，朋友今日凤体欠安，虽然不像我前几日那样全身的零部件集体造反，可也影响了她本来就比不上向日葵的心情，我是一个小小的虫子，固然不能为谁排忧解难，和鸣两声总堪负荷的，这样，就是在夜色里回归时自己惆怅而愉悦的心无比温暖，毕竟可以为别人遮挡半丝风寒，一介凡俗，足矣。

这样的光阴，没有做出惊天的伟业，平凡而踏实，宽容而和谐，竟也可以是快乐的源泉，是心痛时照亮前路的灯火。

那颗可以歌唱的心，一路尘香，且行且吟。

雌雄同体是否是人类进化过程中的一段链条？

上帝造人和克隆之猜想

因为“大姨妈”来做客，我这个科学的门外汉突然生发了一种近乎科学的假想，所以赶紧记下来，或者是有用的呢。

说起来很简单，因为知道女人来例假是跟激素的分泌有关，肚子疼病卧在床的我突然想：不对啊，为什么一个人会同时具有雌雄两种激素呢？自然界某些植物有雌雄同体的现象，同一个植株雄蕊的花粉落在雌蕊的柱头上，自体授粉，因而产生新的生命。人是不是早期也是这样的个体呢？进一步说，阴阳人是否跟这些植物一样，是属于一种隔代返祖现象——也就是说，人类根本就不是什么上帝造成的，而是最初有过一种像上述雌雄同体的植物一样的存在状态，后来才随着环境的变化一步一步分化成雌雄两性，并分别担当了生育和社会责任。这就是男主外女主内的由来。

由此我又想，为什么会有上帝抽取亚当的肋骨造成夏娃的说法呢？因为在这个时代，科学技术已处于相当发达的地步，克隆技术早已产生，那根从亚当身上取出的骨头不过是那个掌握了先进科学技术的人（后来的人类假想出的上帝）随机地从一个叫作亚当的人身上找来的克隆源，仅此而已。

可能后来，比如那场亘古未有的大洪水（挪亚方舟的传说）或者其他可能更可怕的灾难（比如星球大战或者星体互撞）毁灭了地球，于是地球上重新产生了单细胞植物，一直进化直到再次产生雌雄同体的人类——当然，这种进化肯定是复杂的，并非在每一个进程上都一模一样分毫不差。

这只是一个外行的我一个无聊的猜想吧，但是我常常想，古人没有现代人这样复杂的人事纠纷，所以他们的智慧来得更纯粹一些，他们通常是不会信口开河，在人类始祖这样重大的问题上随便乱说。当然，远古的神话传说有不少玄虚的地方，可我们不能否认，再玄虚的故事里都有着现实现象的影子呢。

这样，或者如今存在于地球上的许多难解之谜以至外星人等等的猜想就不会是空穴来风了。

无　语

5 月 11 日夜，因为弟弟生病的事中宵不眠，心里如刀割一样地疼。我疼的不仅仅是上天不肯放过我们一家，更是为亲情的沦丧而万念俱灰。我们还不得不磨着性子活下去。

我非常戏剧化地伸手向天，我不想怨天尤人，我只想有些什么理由让我们活着的人能够坚持下去。我笑自己可笑，然后泪流满面。我说：为什么不来一场地震呢，毁灭一切的地震？很快我就疲惫地想：我是太自私了，怎么可以希望以那么多人的幸福和苦难为代价给自己一个小小的灾难殉葬呢？我实在是最该死掉的人啊。上天，不要，不要为人类发怒，他们都是无知的孩子，贪婪一些，任性一些，是可以理解的。不要随便发脾气啊上天。

5 月 11 日夜半，我就是在这样混乱的思维里拖着疲惫的身子移到自己的床前，我心里的痛，并没有告诉每日相依为命的丈夫。

可是，12 日阴风不停，像是地狱里吹来的索命的风，怎么就真的地震了？怎么就真的地震了呢？！我想起姑姑家的火灾，我第一次到姑姑家新房子的时候，脑子里曾经闪过一个念头：“这地方巷子如此狭窄，如果发生火灾的话救火车都开不进来，那就完了啊。”那是大新年的，我骂自己满肚子狗屎，有这样不净的念头。不久姑姑家果然火灾，烧得一干二净寸土不留，姑姑姑父在废墟边上号啕大哭，我几天粒米不进，怀疑那样的灾难是因我那个不祥的一闪念。我恨我自己。

我今天也非常懊悔，我知道地震根本跟我无关，可是我有过那样的念头，我真不是个东西。

老天的脾气发得委实不小啊，是震怒了吧？呜呜呜呜。

神州夜哭。

呜呜呜呜呜呜呜呜。

阿弥陀佛，佛祖啊，你看到了吗？他们知错了吗？宽恕他们吧。他们只是一些无知的孩子。

原谅他们吧。我无语。

红颜劫

晚饭后收拾了碗筷再进卫生间洗一手的油气，无意中打量了一眼镜中的自己，不知什么时候两眼之间的鼻梁顶峰窜出几道浅浅细细不易觉察的纹路，淡淡地悲哀着想：别人的历史都刻在额头，我的岁月怎么爬到鼻梁上了？

一皱眉，浅的纹路清晰起来，原来竟是年久的忧郁留下的烙印呵！

尽管现在我仍然每天把自己妆扮得容光焕发，每天都有认识或不认识的先生或真或假地夸我漂亮或美丽，然而岁月无情，我孤注一掷地开放着花朵，却没有一个能真正懂我的人认认真真地来欣赏或怜惜。总有一天，我的娇艳的面容将如同寂寂的花瓣飘落一地，又有谁会想起那曾经的芳菲是令每一位经过的人都叹息的呢？

于是更加思念心中所爱的那人。在茫茫人海中，他毫不起眼，甚至有不同的人在讲关于他的不同的坏话，然而我独独无法忘怀的就是他，我只希望他一个人在我最美丽的这几年多看看我，记住我的婀娜窈窕。因为等他有空闲安静下来注目的时候，我已经凋零残缺或碾作尘泥，那种悲凉是无法弥补的。

想想人的一生，何其杳渺又何其短暂，恍惚间却又长得没有尽头，而只在一瞬间生存离别爱和恨就会悄悄偷走人的青春呵！仅仅一年时间，由幽哀的少女成为失去心爱孩子的妈妈，尽管我仍旧以独有的方式热爱和诠释着自己的生活，然而生命的印记已不露痕迹地写在眉眼间了。

岁月是谁也挽不住的，那么只有努力使生命活泼一些了。历尽风霜之后，颤颤巍巍开在枝头的老菊或许仍有一种旧时的洁净呢。

2000 年 9 月 15 日发表于《武威报》爱旅情途

流泪的爱情

一

美丽的荷，就绽放在那个初识的孤独而古老的池塘，那个铺满月光的夏夜。

星星开始书写第一笔风景时，我们的故事就会画进那忧伤的记忆。注定来路是那样短暂，热情被西风一卷而去。

你也匆匆，我也匆匆。

二

机缘对命运来说，实在苛刻，一如秋空的轻云，飘飘荡荡虚虚浮浮总是引诱你的幻想。一如永远不会迷失的森林，燃烧得郁郁葱葱，用生命抵抗着死的壮烈，于是——

你重复着我的梦。

我也重复着你的梦。

三

美丽的错误已画上凋残的夏荷，美丽的心却深藏着月下那个古老的飘满白色芦荻的池塘和池塘边那句美丽的许诺。

今生今世我们已成陌路。请原谅我们一次吧，塑造了我们的上苍。让我们来世重复一次有结局的美丽的爱情，改写一次生命的阡陌。

我们为什么要再流泪不止呢？我们不再流泪，为了来世的祈盼，让我们在月夜里对着那叶荷祈祷吧。

一切不是你的错。

一切也不是我的错。

四

命运已把我们装订成远古的图画，韶华只剩下了你和我的名字，一切都只有抽象的空洞了，最后演绎成了一堆苦涩的沙丘。

你也默默。

我也默默。

五

流泪的爱情早已挂在小鸟的眼角，也早已洗刷着珠黄池塘的青苔，成了一个永恒的向往。

高轩霜冷，关山万重。

这绝世的荷的一生，丰满与凋残的思念。

这绝世的爱情的浮沉，来与去的视线。

1998年4月7日发表于《武威报》第4版

超越自我

那个叫作“道德”的东西常常杀死世界上最恪守道德的人啊。

因为耻笑道德的人做了再多的鸡飞狗跳的事情也不会脸红心跳，叫作“脸厚三尺非一日之寒”，境界啊。一般的人绝难达到的。

而恪守道德的人毕竟也不是圣人，他会因为一个不经意的恶念而自责难过。

打个简单的比方，假如人们说：“这些人里有一个是贼。”真正的盗贼因为早已千锤百炼，皮已经厚到刀枪不入的地步，平常一句两句议论又怎能撼动他的根基呢？他照样大摇大摆，不到最后关头绝不可能缴械投降。而那个心理素质不怎么好的恪守道德的人却可能马上手心出汗面孔发红，怎么看怎么可疑。这时那真正的盗贼再趁火打劫，四处散布这个看似害怕的人是小偷，人们只相信表面，结果可悲的老实人就无缘无故被舆论强大的力量压死在舌头根下了。流言的传播形式一般会有添有加，到最后连制造流言的贼寇自己都张目结舌，觉得不像自己说出来的那句原话，于是可以厚颜无耻地大方对外宣称：“我从来就没有说过那样的话。我是很纯洁的啊。”扑闪着眼睛无比真诚地望着他面对的任何人，别人于是越发觉得那个看似老实的家伙是不折不扣的贼盗无疑。这个人心理素质不高个人修养却好，觉得不屑于分辩，后觉得无从分辩，久活在别人的眼光之下必然要心理失衡。

这是这个时代的话剧，遍布整个世界的剧情。

除非你是圣人，可以在物欲横流的今天还能几十年如一日地手摇蒲扇、口吟诗歌傍水而行，心如止水的境界却不是可以轻易修炼来的。

第四部分

新诗旧句

尘埃里半开的花

出积石堂即习

柳丝如烟次地翠，雀鸣流泉三两声。
远山近树莫入画，一点桑梓袭春闱。

初　雪

胡天八月飞雪至，惊雷狂电霰如瀑。
遥想春风拂面起，杨柳堆烟故人迟。
一剑飘香天涯远，稚儿坐拥书城里。
明月几何万重山，夜梦离人忽望乡。

10 月 8 日夜，疾风暴雨并薄雪飞降金城，晨起闲诹和雅士，仍不和律，只记录。

卜诗二首

（1）

人是人非我不管，抬头笑看白云闲。

晴天一川烟徒碧，乱红几度荒草间。

2005 年第一次考六级，3 月 3 号凌晨成绩发布。2 日不适，午睡起已下午四时余，未洗漱即口占四句，恰逢隔壁姐妹来串门——大家那几天都处在极度郁闷和紧张中，她听我闲吟毕，抚掌笑曰："你六级这一次过不了！"（她学唐宋文学）我心下一动，回思四句，毫无构思，毫无预兆，"烟徒碧""乱红几度"颇不祥。确有其事，当晚 12 时，网上公布成绩，果然，我以 58.5 的"好成绩"屈居榜外，大惊，乃记此句。至此，想阳光灿烂的生命树小弟弟奇才，六级居然可以考得溢出卷面。大羡垂涎，虽今六级早为吾所克！

（2）

月上九重天接峰，帝阙龙门旦晓登。

明朝杏花满城笑，红裙楚楚舞书生。

此四句拟为明春考场做卜，倘应运，则吾愿称矣，亦已奇矣！

潮 汐

潮来了
远方没有海浪的共鸣
从日出到暮沉

伫在夜的怀里
读一片曾经
淡远的天空——
看一两点归鸥
朝芦笛响处
渐失纤影……

春光谣

原知春色无限好，信步塬上百花闹。
最喜小儿卧沙畔，闲吟垂下绿丝绦。
春寒无计人间走，白发垂髫并戏绕。
人生百年一回首，几度春风红颜老。

春日寄行

落花暗随流水香，春色正在轩辕堂。
翔燕穿帘山欲近，微雨衔枝绿含烟。

春日出积石堂所见

紫云才蒸黄云喧，一片春色万人欢。
柳丝不道离情苦，梅蕊争得一分香。
谁家小儿弄纸鸢，二月花里比笑颜。
天朗地阔竹色青，春水如烟戏鸳鸯。

春雨赴陵园有感

——和恩师为师娘七七即日赋诗

七七七次到桃园，
桃花杏雨湿春衫。
人言七七魂归去，
慈颜何忍离凡间？
夜来春雨飘旧瓦，
香魂一缕泪阑干。
雨催春去无觅处，
冰寒消解九重天。

凋　荷

那个牧羊的女子
在唱什么样的歌?
一生的柔情
只为　在草原上　浇灌
一朵梦幻中　款款盛开的白莲
目光写满了娇羞的心愿

夏日远去
执牧鞭的手
已握不定　那轮转的缘
等待了一世
以为已错过　花季
飞鸟衔来的
又是何处的青枝呵!
青枝落地
红艳的一片　静静绽开

感 怀

衾残香冷，心空情倦，又闻春风吹落梅，青丝半挽。斜倚栏，看潮起潮落，伶仃余生，一笑残阳中。

归 乡

倦鸟飞絮两相照，
终日青山气不老。
明月还乡应羞人，
半入帘幕半入云。

夜　雨

孤灯夜雨倚罗窗，
平生忧乐何敢言。
痴儿难炼世情达，
且作草芥罹风霜。
春来秋尽夜复长，
去年遗恨燕子双。
啼下罗衣无人知，
红颜泪尽春山远。

和二曹异地相遇一韵

金戈鼎前听夜雨，少年意气皆穷途。
把酒高楼明月间，剑气一挥凉州曲。

和三瘦先生红楼一梦

红楼一梦西园晚，泣下拊膺复长叹。
潇湘斑竹泪痕多，芙蓉帐暖公子殇。
春风桃李三五枝，秋来入夜皆不见。
功业一笑如青瓦，一时茫茫向云烟。

和书生品茶诗

裙裾旋旋绿衣舞，红泥新就小火炉。
三五书生天边来，卧捧长卷坐听壶。

荷

亭亭一叶明月中，
何处秋风吹清尘？
卓立天际不乞怜，
自写芳华少争春。

积石堂走笔赋诗

浓黄嫩绿蔽春荫，雀噪鸦静香沾路。
风过落花卷不尽，十里长河乱春心。

急 雨

2006年8月4日黄昏，急雨忽至，雷鸣电闪，顷刻瓢泼如幕，骤有所叹，披衣至宿舍小阳台远眺，而中道所得紫罗兰一盆，在斜雨纷飞中怡然自得生机勃发，遂口占数句。今日颇有所惑，环顾屋中，无意所集，居然除紫兰外，尚有干枝梅一丛，富贵竹一簇，向时所得菊花已死，若仍在，则“梅兰竹菊”恰聚斗室也。惜乎吾人品糟糠，无法与其相匹。叹叹！

忽闻雷霆夕气收，蓝玉铸剑遍穿穹。
一时三千壮士怒，飘雨惊风下绿洲。
花荫浓淡蔽深径，栗栗榆霰扑地稠。
唯有阶上紫兰闲，惯看倾瀑出天斗（dǒu）。

祭

我的青春是一条绿色的藤
手臂伸向无边无际的痛
那无涯的天空
就是盛放忧伤的湖
甜蜜、潮湿
使我一醉无底

紫色的花朵
是我暗夜绽放的心事
为那早已逝去的
为那即将来临的

寄别石兄

一

蜀州青山万里遥，
一江平息一江涛。
日暮宝刀拭不得，
如何相思使人老。

二

夜寒更深绮罗暖，
春色几重赴琼筵。
更深白发将军泪，
却跃青戈绿霓裳。

三

何处乡关一夜寒，
魂归石园遥卷帘。
问君冷暖君莫知，
杯酒金鞭半驰叹。

客里

常恐谤言下悲尘，
缁衣未知几千重。
一笑飘去泪满裳，
芰荷落露不闻霜。
春来秋往纷纷谢，
寒寒暑暑久自香。
欲抑还扬身不休，
一枝独擎天地间。

暮冬出行小记

向晚残雪暮钟远，
疏林微烟小雀憨。
夕阳青山扫四合，
万里芦笛归旧乡。

梅花二弄

梅花调

（1）

衾残香冷，心空情倦，又闻春风吹落梅，青丝半挽。斜倚栏，看潮起潮落，云舒云卷。零丁余生，一笑残阳中。

（2）

水里照影单，梦中频惊魂，桃花三月泪纷纷。何处是秦州，几人忆秦娥？锦瑟年华玉润娇，行人皆断桥。陌上杨柳堤边芳，伤心碧色烟满川，今朝双飞几时重？（柳湾湖山庄与君同游记。）

觅

翻过了一千座山
涉过一万条河
什么是你寻觅的　花朵?
长须苍颜呵　你这行者

天空的蔚蓝
在长久的沉睡里绝望
平原的绿野
在浮华的漂泊里　哀伤
而鸽子的家园　集体麻木和得意着
成为鲜花和雕塑群中
人们的玩赏和伫望

只有
只有变异的钢筋水泥
以千万种诱人的身姿
在河边　在山下
露出僵硬和虚伪的笑脸
其实　不过人间万能的囚笼

马路和高楼间　没有翅膀
你向何处张望
又向哪里飞翔?
如果　梦幻
是一座美丽的花园

偶　寄

雨浸秋窗风渐稀，
山野小曲穿帘入。
谁家女子夜望乡，
声声如雁南北去。

妾薄命

转眼秋风冷，月上玉弓寒。红颜凋残，莫唱妾薄命，夕阳前生今世里。凝眉把盏，君知否？

夜半起坐舞琵琶，银旗半卷易水蓝，湘裙风里可尽欢？妾薄命，凋红颜，为君玉指馥如兰，为君陌上杨柳断，壮士金兰皆柔肠，醉里望边关。边关何连连，迢递关山知何年？

妾薄命，湘罗霓裳泣如霰。为君歌一曲，劝君莫回川。川上烟如丝，柔丝惹愁肠，恐损君心九回湾。一曲一叹肠欲断，应料新柳断尽，明年又复还。怎如生离别，浮沉含泪无限恨，春风又绿了，江南十里岸！

述志诗

白马春风柳千条，芳菲开遍尽逍遥。
谁知荆门柴户里，快弓高悬传捷报。

秋歌二首

（1）

欲作秋词寄荒远，
忽然心乱泪如霰。
相思九回无言语，
恨去怨来流春江。

（2）

夜来小炉香消尽，
愁损双黛红烛凝。
春色总随雁飞去，
可知年年瘦罗裙。

秋　夕

雁去年来尘如霜，北风长笑卷秋阳。
罚作书生枯斋老，坐看黄叶舞前堂。

书　怀

云收雨敛峰初开，
淡扫青黛聊忘怀。
夜夜好风吹香庐，
伴我挽髻眠书海。
塞上青草年年绿，
鸣笳响绝关山路。
素手携日轻舞来，
光照长城飞汉塞。

月夜逢家英先生

湘女老来风神洁，
清心朗朗举逸荷。
仰首飞鸿且一笑，
天下英魂迷山月。

思　念

在那个夏季的弦架上
不着一言
饮一杯酒
便阻断了
关于雨夜所有的故事

我的年轮是
一片漂浮的红云
在那些异乡开开闭闭的欢笑哭泣的窗口
悠悠荡荡
演绎　回家的长梦
我想 你一定看见
红伞下红裙子在红色的风中
袅袅远去
紧接着　夏天的绿荷
静静凋谢……
而月光里的心事
水一样安详地铺在残荷上
我们听
听雨敲月色的声响　珠圆玉润

在那条经年的山道上
飞出
无忧的牛背上的少年
那可是我
“叮——当，叮——当！”

驼 铃

你挺直着山脉一样的胸膛
我萦绕为长风
在你沉睡千年的怀里回想

你浩瀚无比的蓝色是海洋
我歌唱为知更鸟
在你不复述说明天的平静里
飞翔

在你无悔的岁月里
我只想
在远方 注视着你——
看你身后的大漠上
瓷月如镰
脚印生根的地方
炊烟袅袅 鲜花正在开放……

无 题

丁香凝结为
紫红的心事
忧郁在冬夜
化成碧绿的
翡翠
而只有呵
只有心情
是七十二孔桥下
无尽无休的
淡白的日子和流水和落花……

无　题

红粉秋暮闭深斋，
多情山月过帘白。
昏晓诗书灞桥柳，
一行雁鸣几人怀？
三春无暇对镜愁，
终日金榜为君开。
尘暗霜劲不足惊，
一旦锦衣出瑶台。

无　题

——访《平凡的世界》拍摄地神木高家庄

十年曾访旧亭台，不遇仙人多感怀。
但只笔如清水流，皓月一轮破云开。

无　题

晨起见剪燕翔舞，秋意初来，有一燕独立于楼顶，自在回顾，若有所思，遂口占小诗以记，不合律，仅描述。

百尺楼头一燕斜，
彷徨忍顾复孑孑。
晨光微破初阳凉，
秋风乍过街红叶。

无　题

春风虽好无限恨，拍遍栏杆啼尽血。
明月夜，小窗前，
前生如梦皆茫然，
早岁常知世事艰。
拟怜杨花遍野飞，浑无计
多情应笑，
花去千年月摇芳，年年春又至。
书生无剑尽白发，忍泪蓬蒿里。

2003 年 6 月 7 日习作

无　题

半海残花随波来，一篙嫣红何所待。
春光已尽咸阳道，凋落粉妆为谁改。

夜归有感

小径初夜归故人，
黄花委地香满尘。
可怜去年秋风里，
蝴蝶飞去满城空。

夜归走笔

——今日黄昏金城大雪纷飞，晚餐后回宿舍走得一联，此记。

风吹夜城灯影冷，雪欺丁香玲珑塔。
寒巢犹倚高枝颤，客乡断魂不还家。
落花堪怜淖泥酥，小桥无人默默立。
明朝杏子连片窥，疑是晓梦惊归鸦。

午　夜

寂寞的行人里，
谁是唱歌的那一个
命运是一只遥远的蝶影
含泪的眼睛把握不住　那舞动不休的翅翼

如果
如果在远方
还有无声的羊群　在那一片草原上
缓缓移动
和白云一般
还有苍鹰在高天盘旋
给我绿色的牧鞭吧
让我去放牧
那些时间的光环
和 那些依然美丽的家园

是谁
栽种的生命如此苍凉?
纤长的手指
拂过岁月那古旧的琴弦
一滴烛泪　流过千年

2003 年 4 月 5 日夜闻路人歌惊梦起

焉支山雨后

1

千山初雨滴翡翠，一朵雏菊喜流泉。
踏马花香青峰过，惊落新绿织锦乱。

2

明涧临镜抚新妆，羞颜岂是胭脂染。
一枝青鸟乱乱啼，三山回眸望春光。

3

乱石溪边泛玉色，将欲渡水凌众峰。
遥望松林烟蒙客，试问仙人几人闻。

4

净月三两星，孤帆江外天。
白夜几回明，何处不断肠？

咏　怀

（1）

天高万里秋风远，吹断寒漠到玉关。
起唱易水壮士曲，回首烽火古战场。
红颜迢迢三千里，也度明月傲青山。
四面黄河春光现，不负金绢书少年。

（2）

凌云出尘天界舞，紫光照月东岭出。
五月春风抚谁面，高歌笑言一素女。

此诗盖为2003年10月7日考研卜，于2004年四月中旬与校办签协议，此后独自赴拉卜楞寺与阳光和神鹰及经幡同呼吸，于四月底满载而归，当然，各色滋味皆得。